ausortiert
am
25. 11. 2024

Wolfgang Gerber
Hans-Georg Eckert

Gewerbliches Miet- und Pachtrecht

D1729513

RWS-Skript 268

Gewerbliches Miet- und Pachtrecht

Aktuelle Fragen

7., wesentlich überarbeitete Auflage

2010

von

Richter am BGH a. D. Wolfgang Gerber, Saarbrücken

Vors. Richter am OLG a. D. Hans-Georg Eckert, Rostock

RWS Verlag Kommunikationsforum GmbH · Köln

Die Deutsche Bibliothek – CIP-Einheitsaufnahme

Gerber, Wolfgang:
Gewerbliches Miet- und Pachtrecht : aktuelle Fragen/von Wolfgang Gerber;
Hans-Georg Eckert. –7., wes. überarb. Aufl. – Köln:
RWS Verlag Kommunikationsforum, 2010
(RWS-Skript; 268)
ISBN: 978-3-8145-6268-1

© 2010 RWS Verlag Kommunikationsforum GmbH
Postfach 27 01 25, 50508 Köln
E-Mail: info@rws-verlag.de, Internet: http://www.rws-verlag.de

Druck und Verarbeitung: rewi druckhaus, Reiner Winters GmbH, Wissen

Inhaltsverzeichnis

Literaturverzeichnis

Monographien, Handbücher, Kommentare

Blank, Hubert/Börstinghaus, Ulf P.
Miete, Das gesamte BGB-Mietrecht, Kommentar, 3. Aufl., 2008

Bub, Wolf-Rüdiger/Treier, Gerhard
Handbuch der Geschäfts- und Wohnraummiete, 3. Aufl., 1999
(zit.: *Bearbeiter*, in: Bub/Treier)

Dauner-Lieb, Barbara
Anwaltskommentar zum Schuldrecht, 2002

Erman, Walter
Handkommentar zum BGB, 12. Aufl., 2008
(zit. Erman/*Bearbeiter*, BGB)

Fritz, Jürgen
Gewerberaummietrecht, 4. Aufl., 2009

Herberger, Maximilian/Martinek, Michael/Rüßmann, Helmut/Weth, Stephan
juris PraxisKommentar BGB (zit.: jurisPK-BGB/*Bearbeiter*)

Herrlein, Jürgen
Steuerrecht in der mietrechtlichen Praxis, 2007

Herrlein, Jürgen/Kandelhard, Ronald
ZAP-Praxiskommentar Mietrecht, 3. Aufl., 2007
(zit.: Herrlein/Kandelhard/*Bearbeiter*)

Hinz, Werner/Ormanschick, Heiko/Riecke, Olaf/Scheff, Matthias
Das neue Mietrecht in der anwaltlichen Praxis, 2001

Lindner-Figura, Jan/Oprée, Frank/Stellmann, Frank
Geschäftsraummiete, 2. Aufl., 2008
(zit.: *Bearbeiter*, in: Lindner-Figura/Oprée/Stellmann)

Martin, Anton
Sachversicherungsrecht, 3. Aufl., 1992

Münchener Kommentar
zum Bürgerlichen Gesetzbuch, 5. Aufl., Bd. 2, 2007, Bd. 3, 2008,
sonst: 4. Aufl. (zit.: MünchKomm-*Bearbeiter*, BGB)

Münchener Kommentar
zur Insolvenzordnung, 2. Aufl., 2008, Bd 2: §§ 103–269, 2002
(zit.: MünchKomm-*Bearbeiter*, InsO)

Palandt, Otto
Bürgerliches Gesetzbuch, Kommentar, 69. Aufl., 2010
(zit.: Palandt/*Bearbeiter*, BGB)

Prölss, Jürgen/Martin, Anton
Versicherungsvertragsgesetz, 27. Aufl., 2004
(zit.: Prölss/Martin/*Bearbeiter*, VVG)

RGRK
Das Bürgerliche Gesetzbuch mit besonderer Berücksichtigung der
Rechtsprechung des Reichsgerichts und des Bundesgerichtshofes, 2001
(zit.: *Bearbeiter*, in: RGRK-BGB)

Schmidt-Futterer, Werner
Mietrecht, Kommentar, 9. Aufl., 2007
(zit.: Schmidt-Futterer/*Bearbeiter*)

Staudinger
Bürgerliches Gesetzbuch, Kommentar, §§ 535–580a (Mietrecht 1),
Bearbeitung 2003 (zit.: Staudinger-*Bearbeiter*, BGB)

Wolf, Eckhard/Eckert, Hans-Georg/Ball, Wolfgang
Handbuch des gewerblichen Miet-, Pacht- und Leasingrechts, 10. Aufl.,
2009

Aufsätze

Aufderhaar,Henning/Jaeger, Gerold M.
Praxisrelevante Probleme beim Umgang mit Preisklauseln im Gewerberaummietrecht, NZM 2009, 564

Bergsdorf, Martin/Thrum, Jana
Vorausverfügungen in der Zwangsverwaltung, ZfIR 2007, 164

Bitter, Georg
Die Nutzungsüberlassung in der Insolvenz nach dem MoMiG
(§ 135 Abs. 3 InsO), ZIP 2010,1

Blank, Hubert
Der Urkundenprozess in Mietsachen, NZM 2000, 1083

Boecken, Tobias/Schieferdecker, Stefan
Kaution und Bürgschaft im gewerblichen Mietrecht, ZfIR 2004, 133

Bork, Reinhard
Anmerkung zu BGH, Urteil vom 19.1.2001 – V ZR 437/99, JZ 2001, 1138

Both, Dirk
Ansprüche aus dem Mietverhältnis im Urkundenprozess, NZM 2007, 156

Derleder, Peter
Die Sicherung des Vermieters durch Barkaution, Bürgschaft, Ver-
pfändung, Sicherungsabtretung und Schuldübernahme, NZM 2006, 601

Disput, Anja/Hübner, Oliver M.
Probleme bei der rechtlichen Prüfung eines Gewerberaummietvertrages in
der Praxis, ZfIR 2008, 836

Disput, Anja/Wortberg, Sven
Wirksamkeit und Wirkung einer „Heilungsklausel" im Mietvertrag,
ZfIR 2009, 57

Dötsch, Wolfgang
Ende des „Baukostenzuschusses" als Einwendung „fauler" Mieter,
NZI 2009, 714

Drasdo, Michael
Die Verjährung von Ansprüchen nach § 24 BBodSchG, ZfIR 2005, 280

Eckert, Hans-Georg
Bedeutung der Mietrechtsreform für die gewerbliche Miete, NZM 2001,
409

Eckert, Hans-Georg
Der Mietvorvertrag – ein Ausweg aus der Schriftformfalle?
ZfIR 2007, 666

Eckert, Hans-Georg
Keine Fortwirkung der Finanzierungsleistung des Mieters gegen Grundstückserwerber, Zwangs- und Insolvenzverwalter nach Abschaffung der
§§ 57c, 57d ZVG, ZfIR 2008, 453

Eckert, Hans-Georg
Ausgleich werterhöhender Mieterinvestitionen bei vorzeitigem Vertragsende, NZM 2009, 768

Eisenschmid, Norbert
Das Mietrechtsreformgesetz, WuM 2001, 215

Fischer, Gero
Die Bürgschaft auf erstes Anfordern als formularmäßige Mietsicherheit,
NZM 2003, 497

Flatow, Beate
Räumungsvollstreckung ohne Räumung – Vermieterpfandrecht als
„Kostenbremse", NJW 2006, 1396

Fritz, Jürgen
Wohnraummietverträge in der Klauselkontrolle, NZM 2002, 713

Fritz, Jürgen
Die Entwicklung des Gewerberaummietrechts in den Jahren 2002 und
2003, NJW 2004, 3390

Fritz, Jürgen
Umwelt- und Umfeldmängel im Gewerberaummietrecht, NZM 2008, 825

Gerber, Wolfgang
Anmerkung zum BGH, Urteil vom 15.9.1997 – II ZR 94/96, ZIP 1998,
1196

Gerber, Wolfgang
Rechtsfolgen vorbehaltloser Mietzahlung in Kenntnis des Mangels, NZM 2003, 825

Gerber, Wolfgang
Überraschende Regelungen im neuen Preisklauselgesetz, NZM 2008, 152

Gerber, Wolfgang
Anmerkung zu OLG Rostock, Urt. v. 10.7.2008 – 3 U 108/07, ZfIR 2008, 632

Hau, Wolfgang
Schadensersatzhaftung des Mieters und ihre vertragliche Erweiterung, NZM 2006, 561

Heinze, Harald
Die (Eigenkapital ersetzende) Nutzungsüberlassung in der GmbH-Insolvenz, ZIP 2008, 110

Herrlein, Jürgen
Versorgungssperre im Mietrecht: Possessorischer Besitzschutz als Legitimation offensichtlich rechtsbräuchlichen Mieterverhaltens?, NZM 2006, 527

Jaensch, Michael
Schadensersatz beim vorweggenommenen Vertragsbruch und relativen Fixgeschäft, ZGS 2004, 134

Kandelhard, Ronald
Kurze Verjährung rückgabeveranlasster Vermieteransprüche, NJW 2002, 3291

Keller, Ulrich
Aktuelle Rechtsprechung zur Zwangsverwaltung im Jahre 2007, ZfIR 2008, 349

Kraemer, Hans-Jörg
Die Gesellschaft bürgerlichen Rechts als Partei gewerblicher Mietverträge, NZM 2002, 465

Langenberg, Hans
Die Mietrechtsreform im Rechtsausschuss, NZM 2001, 212

Lehmann-Richter, Arnold
Verjährung vor Vertragsende, NZM 2009, 761

Leo, Ulrich
Sind Schriftformheilungsklauseln in Gewerberaummietverträgen wirksam? NZM 2006, 815

Leo, Ulrich/Ghassemi-Tabar, Nina
Ausgequalmt! Und nun?, NZM 2008, 271

Lindner-Figura, Jan/Hartl, Benedikt
Verspätete Annahme eines (Geschäftsraum-)Mietvertrages und die daraus
resultierenden Risiken, NZM 2003, 750

Lützenkirchen, Klaus
Wegfall der Preisindizes für spezielle Haustypen ab 1.1.2003,
NZM 2001, 835

Michalski, Lutz
Pflicht des Pächters von Gewerberäumen zur Nutzung der Pachtsache
(Betriebspflicht) und Rechtsfolgen eines Pflichtverstoßes, ZMR 1996, 527

Möller, Christian
Aktuelle Rechtsprechung zur Schriftform langfristiger Mietverträge,
ZfIR 2008, 87

Mossler, Patrick
Rücktrittsrecht vor Fälligkeit bei solvenzbedingten Zweifeln an der
Leistungsfähigkeit des Schuldners (§ 323 Abs. 4 BGB), ZIP 2002, 1831

Paschke, Regine
Rauchverbote im Mietverhältnis, NZM 2008, 265

Prölss, Jürgen
Der Schutz des Mieters vor einem Regress des Gebäudeversicherers nach
§ 67 VVG. Zugleich Anmerkung zu BGH, Urteil vom 8.11.2000 – IV ZR
298/99, ZMR 2001, 157

Scheffler, Karl F.
Zur Verlängerung der kurzen Verjährungsfrist des § 548 Abs. 1 BGB in
Mietverträgen, insbesondere in AGB des Vermieters, ZMR 2008, 512

Scheidacker, Tobias
Versorgungssperren im Miet- und WEG-Recht, NZM 2010, 103

Schlemminger, Horst/Latinovic, Andrej
Die Beweislast für Verschlechterung der Mietsache durch Bodenverunreinigungen, NZM 1999, 163

Schliemann, Christian
Die 26 °C-Rechtsprechung im Lichte der Energieeinsparverordnung,
ZfIR 2005, 488

Schlößer, Daniel
Die Hemmung der Verjährung des Bürgschaftsanspruchs nach neuem
Schuldrecht, NJW 2006, 645

Schmidt, Karsten
Nutzungsüberlassung nach der GmbH-Reform, DB 2008, 1727

Scholz, Harald
Versorgungssperre bei vermietetem Sondereigentum, NZM 2008, 387

Schultz, Michael
Stolperstein Wertsicherung, NZM 2008, 425

Schuschke, Winfried
Zwangsräumung ohne Räumung (im „Berliner Modell"?), NZM 2006, 284

Schweitzer, Philipp
Rechtsfolgen der Unzulässigkeit von Wertsicherungsklauseln in gewerblichen Mietverträgen – Überlegungen zu § 8 PrklG, ZfIR 2009, 689

Steinke, Christian/Maroldt, Hendrik
Die Bruttomiete als Berechnungsgrundlage für die Mietminderung?, ZfIR 2005, 393

Timme, Michael
Rechtsfolgen vorbehaltloser Mietzahlung in Mangelkenntnis – Mehr als bloß eine Etappe beim BGH?, NJW 2003, 3099

Voelskow, Rudi
Anmerkung zum Rechtsentscheid des OLG Schleswig vom 27.3.1995 – 4 RE-Miet 1/93, ZMR 1996, 431

Voß, Stefan
Ladenschluss im Einkaufszentrum – Einflussmöglichkeiten des Vermieters, ZfIR 2007, 832

Weitemeyer, Birgit
Der Vorschussanspruch des Vermieters für Schönheitsreparaturen im laufenden Mietverhältnis, NZM 2005, 646

Wichert, Joachim
Mietrechtsreform: Analoge Anwendung von § 536b BGB (ehemals § 539 BGB) bei nachträglich auftretenden Mängeln?, ZMR 2001, 262

Einleitung

Das Mietrechtsreformgesetz ist am 1.9.2001 in Kraft getreten. Es besteht aus **1**
einem allgemeinen Teil, sodann folgen als Kernstück der Reform die Bestimmungen zur Wohnraummiete; in einem dritten Abschnitt finden sich
Vorschriften zu Mietverhältnissen über andere Sachen; § 578 BGB zählt die
Vorschriften aus dem vorangegangenen Abschnitt auf, die auch für die gewerbliche Vermietung gelten. Grundsätzlich ist das neue Recht auch auf vor
dem 1.9.2001 abgeschlossene Mietverträge anzuwenden. Besondere Übergangsregelungen zu einzelnen Bestimmungen finden sich in dem neuen
Art. 229 § 3 EGBGB.

Nicht zu unterschätzen ist die Bedeutung des Schuldrechtsmodernisierungs- **2**
gesetzes für das Mietrecht; einschneidende Änderungen bringen die Neuregelung des Verjährungsrechts sowie die Umgestaltung des Rechts der Leistungsstörungen im allgemeinen Schuldrecht mit sich. §§ 535 ff BGB in ihrer
jetzigen Fassung stehen – anders als die neuen kaufrechtlichen und die werk-
vertraglichen Vorschriften des BGB – nur bedingt in Einklang mit den Regeln des neuen allgemeinen Schuldrechts.

Die neuen Bestimmungen waren schon in der 6. Auflage 2006 berücksichtigt. **3**
Inzwischen sind aber sehr zahlreiche Entscheidungen ergangen, die das neue
Recht umsetzen. Außerdem waren einzuarbeiten das neue Preisklauselgesetz
(PrKlG) und das Gesetz zur Modernisierung des GmbH-Rechts und zur Be-
kämpfung von Missbräuchen" (MoMiG), die beide Bedeutung für gewerb-
liche Mietverträge haben.

In der Praxis ist die Unsitte zu beobachten, seitenlange Mietverträge mit einer **4**
Fülle vorformulierter Klauseln abzuschließen. Vielfach besteht wegen der gesetzlichen Regelungen hierzu kein Bedürfnis. Je detaillierter im einzelnen
Vertragsklauseln ausfallen, umso größer ist die Gefahr, dass sie intransparent
sind. Ein Übermaß von Klauseln ist mit dem Risiko behaftet, dass sie den
Vertragsgegner unangemessen benachteiligen und deshalb der Inhaltskontrolle nicht standhalten.

Außer den Mindestvereinbarungen über Mietobjekt, Miethöhe und Vertragsdauer sollte der Vertrag entsprechend den jeweiligen Bedürfnissen regeln:

Miete
– Umsatzsteueraufschlag
– Mietanpassung
– Fälligkeit
– Begrenztes Aufrechnungsverbot
Umlage der Betriebskosten

Vertragsdauer
- bestimmte Vertragszeit oder unbestimmte Laufzeit
- Verlängerungsklausel oder Optionsrecht
- Ausschluss der stillschweigenden Vertragsverlängerung

Vertragsgemäßer Gebrauch, Betriebspflicht, Konkurrenzschutz Gewährleistung
- Ausschluss der Haftung des Vermieters für anfängliche Mängel
- Kleinreparaturen
- zulässige Begrenzung der Mietminderung

Schönheitsreparaturen und Instandsetzung

Untervermietung (Verbot oder Erlaubnis)

Sicherheiten (Kaution oder Bürgschaft)

I. Abgrenzung der Miete von der Pacht und von anderen Verträgen

1. Unterschiede in den gesetzlichen Regelungen

Beim Mietvertrag werden ein oder mehrere Gegenstände (bewegliche Sachen, **5** Gebäude, Grundstücke oder Teile davon) entgeltlich auf Zeit zum Gebrauch überlassen (§ 535 BGB). Grundsätzlich gilt das auch für den Pachtvertrag. Bei ihm kommt jedoch zur Gebrauchsüberlassung hinzu, dass der Pächter berechtigt ist, während der Pachtzeit die nach den Regeln einer ordnungsgemäßen Bewirtschaftung anfallenden Früchte zu ziehen (§ 581 BGB). Außerdem können Gegenstand eines Pachtvertrages (anders als beim Mietvertrag) außer Sachen auch Sachgesamtheiten, Rechte und Rechtsgesamtheiten sein (z. B. Unternehmen).

Obwohl die Bestimmungen des Mietrechts auf Pachtverträge weitgehend an- **6** zuwenden sind (§ 581 Abs. 2 BGB), kann es von entscheidender Bedeutung sein, welchem dieser Vertragstypen ein Vertrag zuzuordnen ist. In den letzten Jahren sind allerdings durch Eingriffe des Gesetzgebers die bisher bestehenden Unterschiede in den gesetzlichen Regelungen der beiden Vertragstypen verringert worden.

Nach dem am 1.1.1994 in Kraft getretenen § 565 Abs. 1a BGB a. F. und nach **7** § 580a Abs. 2 BGB n. F. beträgt die gesetzliche Kündigungsfrist nun auch für die Geschäftsraummiete, wie bisher schon für die Pacht (§ 584 Abs. 1 BGB), im Ergebnis ein halbes Jahr (jeweils ab dem dritten Werktag des ersten Monats der Frist). Bei Pachtverträgen ist die Kündigung aber nur zum Ende des Pachtjahres zulässig, bei Geschäftsraummietverträgen zum Ende eines jeden Vierteljahres (§§ 580a, 584 Abs. 1 BGB). Dieser Unterschied kann z. B. erhebliche Bedeutung haben, wenn ein langfristiger Mietvertrag nur zum nächsten zulässigen Termin gekündigt werden kann, danach nicht mehr (z. B. durch den Ersteigerer eines Grundstücks nach § 57a ZVG).

Vgl. hierzu
BGH, Urt. v. 25.10.1995 – XII ZR 245/94, WM 1996,
133 = NJW-RR 1996, 144.

Folgende Unterschiede bestehen unverändert weiter: Anders als der Mieter **8** (§ 540 Abs. 1 BGB) hat der Pächter kein besonderes Kündigungsrecht, wenn der Verpächter die Unterverpachtung verweigert (§ 584a Abs. 1 BGB); beim Tod des Pächters sind abweichend von § 580 BGB nur seine Erben, nicht auch der Verpächter zur außerordentlichen Kündigung berechtigt (§ 584a Abs. 2 BGB); das Nutzungsentgelt bei verspäteter Rückgabe der Miet-/Pachtsache nach Vertragsende ist unterschiedlich zu berechnen (§ 546a, § 584b BGB); bei der Verpachtung eines Grundstücks mit Inventar ist, abweichend von § 535 Abs. 1 Satz 2 BGB, der Pächter schon nach den (allerdings abdingbaren) §§ 582, 586 BGB in gewissem Umfang zur Erhaltung der

Pachtgegenstände verpflichtet, auch ohne eine entsprechende Regelung im Vertrag.

2. Abgrenzungskriterien

9 Entgegen früher in der Literatur vertretenen Meinungen hält es der BGH, um einen Pachtvertrag annehmen zu können, nicht für unverzichtbar, dass neben den Räumen auch das Inventar zur Verfügung gestellt wird. Es genüge vielmehr z. B., wenn der Vertragspartner, der die Räume zur Verfügung stelle, wesentlich dazu beigetragen habe, dass das vorhandene Inventar genutzt werden könne. Das sei z. B. der Fall, wenn er für die Anschaffung des Inventars eine günstige Bezugsquelle nachgewiesen oder einen Kredit bereitgestellt habe. Allgemein spreche für die Annahme eines Pachtvertrages, wenn nicht nur Räume zur Verfügung gestellt, sondern daneben andere Leistungen erbracht würden, die geeignet seien, das Gewerbe dauerhaft zu fördern.

> BGH, Urt. v. 27.3.1991 – XII ZR 136/90, WM 1991, 1480
> = ZMR 1991, 257 = NJW-RR 1991, 906 = MDR 1991, 1063.

3. Besondere Vertragsgestaltungen

10 Wird in einem einheitlichen Vertrag ein Teil der Räume zu gewerblichen Zwecken, der andere Teil zum Wohnen vermietet (sog. Mischmietverhältnis), hängt die Frage, ob einheitlich Wohnungsmietrecht oder gewerbliches Mietrecht anzuwenden ist, davon ab, welche Nutzungsart überwiegt.

> OLG München, Urt. v. 2.7.1993 – 21 U 6514/90, ZMR 1995, 295,
> 296 m. N. aus der Rspr. des BGH.

11 Die stundenweise Überlassung eines Großrechners gegen Entgelt ist als Mietvertrag über eine bewegliche Sache zu werten, und zwar unabhängig davon, ob der Benutzer die Räume, in denen sich der Rechner befindet, aufsucht oder ob er den Rechner von außerhalb mittels Datex-P (heute wohl: oder auf ähnliche Weise) nutzt. Der Anspruch auf Nutzungsentgelt verjährte daher zur Zeit der Entscheidung gem. § 196 Abs. 1 Nr. 6 BGB a. F. in zwei Jahren (nach § 195 BGB n. F. in drei Jahren).

> BGH, Beschl. v. 28.10.1992 – XII ZR 92/91, NJW-RR 1993, 178.

12 Der Abnehmer von Strom, der zugleich Grundstückseigentümer ist, kann gesetzlich verpflichtet sein, auf seinem Grundstück das Aufstellen einer Transformatorenanlage ohne besonderes Entgelt zuzulassen. Schließt er in einem solchen Falle mit dem Stromlieferanten einen Vertrag, in dem dieser sich verpflichtet, für die Überlassung der betroffenen Grundfläche ein regelmäßiges Entgelt zu zahlen, so handelt es sich – auch wenn das Wort „Miete" in dem Vertrag benutzt wird – regelmäßig nicht um einen Mietvertrag. Das gezahlte Entgelt stellt keine Gegenleistung für die Überlassung der Grundfläche dar, sondern eine Entschädigung für das Sonderopfer, das der Grundstückseigentümer im Rahmen der Sozialbindung seines Eigentums erbringen muss.

BGH, Urt. v. 25.11.1992 – XII ZR 177/91, WM 1993, 428
= NJW-RR 1993, 271.

Ein Vertrag, der es einem Unternehmen gegen Entgelt gestattet, auf dem   13
Übungsgelände eines Golfclubs (der sog. Driving-Range) mit Werbung ver-
sehene Entfernungstafeln aufzustellen, ist nicht als Mietvertrag, sondern als
Rechtspacht zu beurteilen. Im Vordergrund steht nämlich nicht die Überlassung einer (winzigen) Bodenfläche für das Einrammen der Tafeln, sondern
das Recht zu werben.

BGH, Urt. v. 26.1.1994 – XII ZR 93/92, WM 1994, 557
= NJW-RR 1994, 558 = MDR 1994, 346.

Die entgeltliche Überlassung von Standard-Software kann sowohl in Form   14
eines Mietvertrages als auch in Form eines Kaufvertrages erfolgen. Für die
Abgrenzung ist es nicht von entscheidender Bedeutung, ob der Kunde über
die Software frei verfügen, sie z. B. auch weitergeben darf.

BGH, Urt. v. 4.11.1987 – VIII ZR 314/86, BGHZ 102, 135, 142
= ZIP 1987, 1567 = WM 1987, 1492 = NJW-RR 1988, 312,
dazu EWiR 1987, 1171 *(Paulusch)*.

Ein Mietvertrag liegt vor, wenn die Software im Rahmen eines Dauerschuld-   15
verhältnisses auf Zeit zur Verfügung gestellt wird, Kauf dagegen, wenn die
Übertragung „im Wege eines einmaligen Erwerbsaktes gegen einmaliges
Entgelt" erfolgt.

BGH, Urt. v. 4.11.1987 – VIII ZR 314/86, BGHZ 102, 135, 141
= ZIP 1987, 1567.

Die entgeltliche Überlassung eines Gleisanschlusses enthält mietvertragliche   16
Elemente, die jedenfalls die Anwendung des § 548 BGB (hier: kurze Verjährung für Ersatzansprüche des Vermieters) rechtfertigen.

BGH, Urt. v. 10.4.2002 – XII ZR 39/00, NZM 2002, 605.

Macht ein Unternehmer, der ein Baugerüst gestellt hat, Ansprüche geltend,   17
weil das Gerüst über die vereinbarte Zeit hinaus gestanden hat, sind jedenfalls diese Ansprüche ausschließlich nach Mietrecht zu beurteilen.

OLG Celle, Urt. v. 3.4.2007 – 16 U 267/06, MDR 2007, 1127
= OLGR 2007, 434.

Die Annahme eines Mietvertrages setzt aber nicht voraus, dass die Miete in   18
Raten gezahlt wird, im Einzelfall kann sie auch für die gesamte Mietzeit in
einem Betrag zu zahlen sein.

Ein Vertrag über die entgeltliche Benutzung eines Fitness-Centers hat zwar   19
mietvertragliche Elemente, weil die Räume und Geräte zur Nutzung zur Verfügung gestellt werden. Daneben kommen wegen der Beaufsichtigung der
Teilnehmer und der Einweisung in den Gebrauch der Geräte u. U. auch
dienstvertragliche Elemente in Betracht. Jedenfalls aber entspricht ein solcher Vertrag nicht in allen Punkten dem typischen Bild des im BGB geregel-

ten Mietvertrages, so dass nicht alle Bestimmungen des Mietrechts (z. B. nicht § 552 Satz 1 BGB a. F. = § 537 Abs. 1 Satz 1 BGB n. F.) unkritisch angewendet werden können.

> BGH, Urt. v. 23.10.1996 – XII ZR 55/95, ZIP 1996,
> 2075 = NJW 1997, 193,
> dazu EWiR 1997, 1 *(Heinrichs)*;
> vgl. auch BGH, Urt. v. 4.12.1996 – XII ZR 193/95, ZIP 1997, 282
> = NJW 1997, 739,
> dazu EWiR 1997, 241 *(Heinrichs)*,
> beide m. N. und beide auch zur Wirksamkeit von AGB solcher
> Studios.

II. Die gesetzliche Schriftform bei Abschluss und Änderung eines langfristigen Immobilienmietvertrages

1. Normzweck

Mit dem Schriftformerfordernis nach § 566 BGB in der bis zum 31.8.2001 **20** geltenden Fassung (a. F.) verfolgte der historische Gesetzgeber im Hinblick auf § 571 BGB a. F. vorrangig den Zweck, einen Grundstückserwerber zuverlässig über das Bestehen und den Inhalt langfristiger Mietverträge zu unterrichten. Die spätere Rechtsprechung betont zunehmend die Warn- und die Beweisfunktion,

> BGH, Urt. v. 15.6.1981 – VIII ZR 166/80, BGHZ 81, 46 = NJW
> 1981, 2246 = WM 1981, 1032;
> BGH, Urt. v. 24.9.1997 – XII ZR 234/95, BGHZ 136, 357 = ZIP
> 1997, 2085 = ZfIR 1997, 721 = NJW 198, 25,
> dazu EWiR 1997, 1121 *(H.-G. Eckert)*;
> BGH, Urt. v. 24.6.1998 – XII ZR 195/96, ZIP 1998, 1397 = ZfIR
> 1998, 457 = NJW 1998, 2664,
> dazu EWiR 1998, 1119 *(Sternel)*;
> BGH, Urt. v. 19.9.2007 – XII ZR 121/05, ZIP 2009, 2079 = ZfIR
> 2008, 101 = NZM 2007, 837;
> BGH, Urt. v. 7.5.2008 – XII ZR 69/06, BGHZ 176, 301 = ZfIR
> 2010, 141 = NJW 2008, 2178 = NZM 2008, 482;
> BGH, Urt. v. 24.2.2010 – XII ZR 120/06, zur Veröffentlichung
> vorgesehen.

Zweck der Schriftform ist es nicht, dem Erwerber Gewissheit darüber zu ver- **21** schaffen, ob der Mietvertrag wirksam zustande gekommen ist und zur Zeit der Veräußerung des Mietobjekts noch fortbesteht. Er braucht keinen Schutz, wenn Letzteres nicht der Fall ist. Diesem Ansatz folgend argumentiert der BGH nunmehr mit der Unterscheidung zwischen Zustandekommen des Vertrages und Beurkundung.

> BGH, Urt. v. 14.7.2004 – XII ZR 68/02, BGHZ 160, 97 = ZIP
> 2004, 2142 = ZfIR 2004, 986 = NJW 2004, 2962 = NZM 2004, 738;
> BGH, Urt. v. 19.9.2007 – XII ZR 121/05, ZIP 2009, 2079 = ZfIR
> 2008, 101 = NZM 2007, 837;
> BGH, Urt. v. 7.5.2008 – XII ZR 69/06, BGHZ 176, 301 = ZfIR
> 2010, 141 = NJW 2008, 2178 = NZM 2008, 482;
> BGH, Urt. v. 4.11.2009 – XII ZR 86/07, ZIP 2010, 185 = ZfIR
> 2010, 139 = NZM 2010, 79 = MDR 2010, 133,
> dazu EWiR 2010, 177 *(Fischer-Zernin/Krüger)*.

Ohne sich mit dem Zweck der Schriftform auseinanderzusetzen, hält der **22** BGH den Vorvertrag für nicht formbedürftig.

> BGH, Urt. v. 7.3.2007 – XII ZR 40/05, ZfIR 2007, 681 = NZM
> 2007, 445 = ZMR 2007, 516.

Mit dieser Auffassung ist die Warnfunktion der Schriftform schlechterdings unvereinbar.

> *H.-G. Eckert*, ZfIR 2007, 666.

2. Unterzeichnung der Vertragsurkunde

23 Nach § 126 BGB ist der Vertrag von beiden Parteien derart zu unterschreiben, dass die Unterschriften das gesamte Vertragswerk abdecken. Üblich sind Ausfertigungen für jede Partei. Es reicht jedoch, wenn die Parteien nur eine den Formanforderungen genügende Vertragsausfertigung herstellen.

> BGH, Urt. v. 30.6.1999 – XII ZR 55/97, ZIP 1999, 1311 = NZM
> 1999, 761 = ZMR 1999, 691,
> dazu EWiR 1999, 777 *(Emde)*.

24 Es genügt nicht, wenn eine der Vertragsparteien ihre unterschriebene Erklärung der anderen per Telefax übermittelt; eine formbedürftige Willenserklärung wird erst wirksam, wenn sie dem Empfänger in der erforderlichen Form zugeht.

> OLG Celle, Urt. v. 12.7.1995 – 2 U 109/94, ZMR 1996, 26,
> dazu EWiR 1996, 161 *(H.-G. Eckert)*;
> OLG Düsseldorf, Urt. v. 22.1.2004 – I-10 U 102/03, ZMR 2004,
> 508;
> vgl. zur Bürgschaft: BGH, Urt. v. 28.1.1993 – IX ZR 259/91,
> BGHZ 121, 224 = ZIP 1993, 424 = NJW 1993, 1126,
> dazu EWiR 1993, 561 *(Koziol)*.

25 Bei Vermietung unfertiger Räume ist häufig zu beobachten, dass der Vermieter seine Vertragserklärung erst geraume Zeit nach Unterzeichnung der Urkunde durch den Mieter unterschreibt und sodann diesem übermittelt. Der Mieter hat sein Vertragsangebot in schriftlicher Form abgegeben. Ist die Annahme durch den Vermieter verspätet, so gilt sie nach § 150 BGB als neuer Antrag; diesen nimmt der Mieter nicht schriftlich an. Nach verbreiteter Ansicht ist deshalb die Schriftform verfehlt.

> KG, Urt. v. 11.1.1999 – 8 U 3572/97, KGR 1999, 143;
> KG, Urt. v. 25.1.2007 – 8 U 129/06, NZM 2007, 517;
> *Lindner-Figura/Hartl*, NZM 2003, 750;
> *Disput/Hübner*, ZfIR 2007, 836;
> *Möller*, ZfIR 2008, 88;
> *Wolf/Eckert/Ball*, Rz. 112.

Dieser Auffassung folgend hängt die Wahrung der Schriftform davon ab, wie lange man die Annahmefrist gem. § 147 BGB bemisst.

26 Der BGH hat diese praktisch relevante Streitfrage nunmehr entschieden. Der Leitsatz lautet wie folgt:

> „Zur Wahrung der Schriftform des § 550 BGB genügt es, wenn die Vertragsbedingungen eines konkludent abgeschlossenen Mietvertrages in einer der „äußeren Form" des § 126 Abs. 2 BGB genügenden Urkunde enthalten sind."

> BGH, Urt. v. 24.2.2010 – XII ZR 120/06, zur Veröffentlichung
> vorgesehen.

27 In der Begründung gesteht der BGH zu, dass die schriftliche Annahme des Vertragsantrags nach Ablauf der Annahmefrist ein neues Angebot darstelle,

das der Vertragsgegner nicht schriftlich angenommen habe. Der Mietvertrag sei jedoch durch seine faktische Vollziehung konkludent zustande gekommen, im konkreten Fall durch die protokollierte Übergabe des Mietobjekts.

Unter Berücksichtigung des Normzwecks des BGB und seiner Rechtsfolge sei die Regelung in § 550 BGB dahin auszulegen, dass sie über die Einhaltung der äußeren Form hinaus nicht voraussetze, dass der Vertrag durch die schriftlich abgegebenen Erklärungen zustande gekommen sei. Die Formerfordernisse seien auch erfüllt, wenn der Mietvertrag inhaltsgleich mit den in der äußeren Form des § 126 BGB niedergelegten Vertragsbedingungen konkludent abgeschlossen werde. Den vorrangigen Zweck des § 550 BGB, einen etwaigen Grundstückserwerber zuverlässig über den Vertragsinhalt zu informieren, erfülle auch eine nur der äußeren Schriftform genügende Vertragsurkunde. Sowohl die Beweisfunktion als auch der Schutz vor Übereilung würden durch die Einhaltung der äußeren Form beachtet, denn beide Parteien hätten den Vertrag unterschrieben.

Kündigt eine Partei den auf längere Zeit als ein Jahr abgeschlossenen Immobilienmietvertrag vorzeitig, einigen sich die Vertragsparteien aber nach Vertragsende auf die Fortführung des Mietverhältnisses, so bedeutet dies einen dem Schriftformerfordernis unterliegenden Neuabschluss. **28**

> BGH, Urt. v. 24.6.1998 – XII ZR 195/96, ZIP 1998, 1397 = ZfIR 1998, 457 = NJW 1998, 2664 = NZM 1998, 628,
> dazu EWiR 1998, 1119 *(Sternel)*.

Anders zu beurteilen ist die vor Vertragsbeendigung getroffene Fortsetzungsvereinbarung. **29**

> BGH, Urt. v. 30.3.1974 – VIII ZR 31/73, NJW 1974, 1081.

3. Beurkundung des wesentlichen Vertragsinhalts

In die Vertragsurkunde sind alle wesentlichen Absprachen aufzunehmen. Allenfalls bei Vertragspunkten von untergeordneter Bedeutung ist eine Lockerung des Formzwangs angezeigt. **30**

> BGH, Urt. v. 30.6.1999 – XII ZR 55/97, ZIP 1999, 1311 = NZM 1999, 761 = ZMR 1999, 691,
> dazu EWiR 1999, 777 *(Emde)*;
> BGH, Urt. v. 7.7.1999 – XII ZR 15/97, ZIP 1999, 1635 = NZM 1999, 962 = ZMR 1999, 810,
> dazu EWiR 2000, 219 *(H.-G. Eckert)*.

Die Abgrenzung ist naturgemäß fließend. Unverzichtbar sind jedenfalls die genaue Bezeichnung des Mietobjekts, der Vertragsparteien, der Vertragsdauer sowie der gegenseitigen Verpflichtungen. **31**

Wesentlich ist jedenfalls die Vereinbarung zur Fälligkeit der Miete. **32**

> BGH, Urt. v. 19.9.2007 – XII ZR 198/05, NJW 2008, 365 = NZM 2008, 84,
> dazu EWiR 2008, 7 *(H.-G. Eckert)*.

33 Bei Vermietung an den Betreiber eines Baumarktes ist die Lage der mitvermieteten Parkplätze wesentlich.

> OLG Rostock, Urt. v. 10.7.2008 – 3 U 108/07, m. w. N.
> ZfIR 2008, 627 (m. Anm. *Gerber*, S. 632) = NZM 2008, 646.

34 Weniger bedeutsam sind:

- eine widerrufliche, aber nicht widerrufene Herabsetzung der Miete,

> BGH, Urt. v. 20.4.2005 – XII ZR 192/01, ZfIR 2005, 460
> (m. Anm. *Hamdorf*, ZfIR 2005, 411) = NJW 2005, 1861 = NZM
> 2005, 456,

- Absprachen über einmalige Leistungen zu Vertragsbeginn, Aufzählung der Betriebskosten gem. § 2 BetrKV und die Hausordnung,

> BGH, Urt. v. 30.6.1999 – XII ZR 55/97, BGHZ 142, 158 = ZIP
> 1999, 1311 = NZM 1999, 761 = ZMR 1999, 691,
> dazu EWiR 1999, 777 *(Emde)*;

- die genaue Umschreibung der Rangierfläche für Kraftfahrzeuge, die der Mieter mitbenutzen darf,

> BGH, Beschl. v. 25.10.2000 – XII ZR 133/98, NZM 2001, 43;

- das Fehlen des Inventarverzeichnisses, da gem. § 314 BGB das Inventar eines gewerblichen Objekts im Zweifel mitverpachtet ist,

> BGH, Urt. v. 29.9.1999 – XII ZR 313/98, NJW 2000, 354
> = NZM 2000, 36 = ZMR 2000, 76.

35 Ist der Vertragsinhalt nur durch Auslegung unter Berücksichtigung von Umständen außerhalb der Urkunde zu ermitteln, so ist im Zweifel der wesentliche Vertragsinhalt nicht beurkundet. Der BGH schließt jedoch nicht aus, Umstände außerhalb der Urkunde heranzuziehen.

> BGH, Urt. v. 30.6.1999 – XII ZR 55/97, BGHZ 142, 158 = ZIP
> 1999, 1311 = NZM 1999, 761 = ZMR 1999, 691,
> dazu EWiR 1999, 777 *(Emde)*;
> BGH, Urt. v. 7.7.1999 – XII ZR 15/97, ZIP 1999, 1635 = NZM
> 1999, 962 = ZMR 1999, 810,
> dazu EWiR 2000, 219 *(H.-G. Eckert)*.

36 Seit einiger Zeit lässt der BGH die Bestimmbarkeit einzelner Vertragselemente genügen.

> BGH, Urt. v. 2.11.2005 – XII ZR 233/03, ZfIR 2006, 193
> (m. Anm. *Grothmann*, S. 196) = NJW 2006, 140;
> BGH, Urt. v. 2.11.2005 – XII ZR 213/03, ZfIR 2006, 59 = NJW
> 2006, 139 = NZM 2006, 54.

In der Praxis sind folgende Punkte besonders kritisch:

Bezeichnung des Mietobjekts:

37 Die ungenaue Bezeichnung des Mietobjekts schadet grundsätzlich. Allerdings will der BGH auch insoweit Bestimmbarkeit genügen lassen.

> BGH, Urt. v. 29.4.2009 – XII ZR 142/07, ZfIR 2009, 655
> = NZM 2009, 515 = ZMR 2009, 681.

Bei Vermietung unfertiger Räume ist die Lage der Mieträume besonders ge-   38
nau vertraglich festzulegen.

> BGH, Urt. v. 2.11.2005 – XII ZR 233/03, ZfIR 2006, 193
> (m. Anm. *Grothmann*) = NJW 2006, 140 = NZM 2006, 104;
> BGH, Urt. v. 15.11.2006 – XII ZR 92/04, ZfIR 2007, 343
> (m. Anm. *H. Hildebrandt*, S. 346) = NZM 2007, 127 = ZMR
> 2007, 184.

Hingegen ist die ungenaue Bezeichnung des Mietobjekts ungefährlich, wenn   39
der Mieter es bei Vertragsschluss oder -änderung schon nutzt, denn dann ist
die tatsächliche Nutzung als Auslegungshilfe geeignet.

> BGH, Urt. v. 30.6.1999 – XII ZR 55/97, BGHZ 142, 158 = ZIP
> 1999, 1311 = NZM 1999, 761 = ZMR 1999, 691,
> dazu EWiR 1999, 777 *(Emde)*;
> BGH, Urt. v. 29.9.1999 – XII ZR 313/98, NJW 2000, 354
> = NZM 2000, 36 = ZMR 2000, 76.

Die Bezeichnung „1 Kellerraum" ist ohne nähere Umschreibung unschädlich,   40
wenn die Parteien sich über die Lage des vermieteten Raumes mündlich geeinigt haben.

> BGH, Urt. v. 12.3.2008 – VIII ZR 71/07, NJW 2008, 1661
> = NZM 2008, 362 = ZMR 2008, 608.

Mietverträge über noch zu errichtende Räume verweisen vielfach auf Bau-   41
zeichnungen, Baubeschreibungen, Skizzen und dergleichen. Häufig fehlen sie
gänzlich oder lassen ihre Zugehörigkeit zum Vertrag nicht erkennen. Ist das
Mietobjekt in der Haupturkunde nach Lage und Größe hinlänglich genau
umschrieben, so ist die Anlage lediglich Orientierungshilfe und die Schriftform ist gewahrt.

> BGH, Urt. v. 7.7.1999 – XII ZR 15/97, ZIP 1999, 1635 = NZM
> 1999, 962 = ZMR 1999, 810,
> dazu EWiR 2000, 219 *(H.-G. Eckert)*;
> BGH, Urt. v. 25.10.2000 – XII ZR 133/98, NZM 2001, 43.

Verfehlt ist die Schriftform, wenn die Parteien in der Vertragsurkunde die   42
Mieträume hinreichend genau bezeichnen, aber zugleich vereinbaren, dass
der Mieter nach Fertigstellung eines neuen Gebäudes dorthin umzieht, wobei
sie lediglich die Größe dieser ansonsten nicht näher umschriebenen Fläche
angeben.

> KG, Beschl. v. 17.8.2006 – 8 U 33/06, NJW-RR 2007, 519
> = NZM 2007, 248.

Bei Reduzierung der Mietfläche ist das Mietobjekt nicht genau bezeichnet,   43
wenn unklar bleibt, welche Teilfläche aus der im Ursprungsvertrag vermieteten
Fläche weiterhin den Vertragsgegenstand bildet.

> BGH, Beschl. v. 23.6.1999 – XII ZR 163/97, NZM 1999, 763.

Absprachen zur Vertragsdauer:

44 Die bei der Vermietung vom Reißbrett kaum vermeidbare Regelung, dass die Vertragszeit mit Übergabe des Mietobjekts beginnt und eine bestimmte Anzahl von Jahren nach Übergabe endet, legt die Vertragszeit hinreichend bestimmbar fest, obwohl ein etwaiger Grundstückserwerber den Ablauf der Vertragszeit nicht der Vertragsurkunde entnehmen kann. Die Schriftform ist gewahrt.

> BGH, Urt. v. 2.11.2005 – XII ZR 212/03, ZfIR 2006, 59 = NJW
> 2006, 139 = NZM 2006, 54;
> BGH, Urt. v. 7.3.2007 – XII ZR 40/05, ZfIR 2007, 681 = NZM
> 2007, 445 = ZMR 2007, 516.

45 Dies gilt auch, wenn der Mietvertrag die schriftliche Dokumentation des Übergabetermins nicht vorsieht.

> BGH, Urt. v. 2.5.2007 – XII ZR 178/04, ZfIR 2007, 675
> (mit Anm. *Grothmann*) = NZM 2007, 443 = ZMR 2007, 611.

46 Wenn die Parteien in dem verwendeten Vordruck Streichungen vergessen oder Leerräume widersprüchlich ausfüllen, ist die Schriftform nicht gewahrt, denn die Laufzeit des Vertrages ist nicht aus der Urkunde ersichtlich. Es bedarf daher keiner Beweiserhebung soweit es um die Einhaltung der Schriftform geht.

> OLG Köln Urt. v. 20.5.1999 – 1 U 123/98, ZMR 1999, 760;
> OLG Rostock, Urt. v. 25.9.2000 – 3 U 75/99, NZM 2001, 46
> = ZMR 2001, 29.

Bezeichnung der Vertragsparteien:

47 Die Vertragsparteien sind in der Urkunde zu bezeichnen. Bedenklich ist die Bezeichnung der Vermieter als „Die Grundstückseigentümer" ohne Namensangabe. Da eine Erbengemeinschaft – anders als die BGB-(Außen-)Gesellschaft – nicht Vertragspartei sein kann, ist die Schriftform nicht gewahrt, wenn in der Vertragsurkunde ohne Bezeichnung der einzelnen Miterben nur die mit einem Namen bezeichnete Erbengemeinschaft als Vermieterin erscheint. Dass die Miterben über das Nachlassgericht in Erfahrung zu bringen sind, ließ der BGH nicht genügen.

> BGH, Urt. v. 11.9.2002 – XII ZR 187/00, NJW 2002, 3389
> = MDR 2003, 81 = NZM 2002, 950,
> dazu EWiR 2002, 951 *(H.-G. Eckert)*.

48 Das die Erbengemeinschaft betreffende Urteil bestätigt der BGH, ohne seiner neueren Rechtsprechung folgend zu erörtern, ob die Erben und damit die Vermieter bestimmbar sind.

> BGH, Urt. v. 12.7.2006 – XII ZR 178/03, ZfIR 2006, 861
> = NJW-RR 2006, 1385 = NZM 2006, 699.

Großzügig ist der BGH bei Abschluss des Mietvertrages durch eine Erwer-   **49**
bergemeinschaft, deren Zusammensetzung bei Vertragsschluss noch nicht
feststeht. Er nimmt die Auslegung des Berufungsgerichts hin, Vermieter sollten diejenigen sein, die das Grundstück vom Eigentümer erwerben, um es zu
bebauen. Damit, so der BGH, sei der Vermieter so präzisiert, dass er nach
Erwerb des Grundstücks zweifelsfrei bestimmt werden könne.

> BGH, Urt. v. 2.11.2005 – XII ZR 233/03, ZfIR 2006, 193 = NJW
> 2006, 140 = NZM 2006, 104.

Weichen die im Eingangstext als Vertragspartei Bezeichneten von denen ab,   **50**
die unterschreiben – mehrere Vermieter oder Mieter, aber nur einer von ihnen
unterschreibt –, so lassen sich zwar die Vertragsparteien in aller Regel durch
Auslegung ermitteln, jedoch ist die Schriftform nicht gewahrt, wenn nur einer
der mehreren Vermieter oder Mieter die Urkunde unterschreibt.

> BGH, Urt. v. 22.2.1994 – LwZR 4/93, BGHZ 125, 175 = NJW
> 1994, 1649;
> BGH, Urt. v. 11.9.2002 – XII ZR 187/00, NJW 2002, 3389
> = MDR 2003, 81 = NZM 2002, 950,
> dazu EWiR 2002, 951 *(H.-G. Eckert)*.

4. Darstellung der Vertretungsverhältnisse in der Vertragsurkunde

Bei Vertragsschluss durch eine GbR müssen alle Gesellschafter die Urkunde   **51**
unterschreiben. Unterzeichnet nur einer von ihnen oder unterschreiben
mehrere, aber nicht alle Gesellschafter, so ist die Schriftform verfehlt, wenn
die Urkunde nicht erkennen lässt, dass der Unterzeichner zugleich seine
Mitgesellschafter vertritt.

> BGH, Urt. v. 16.7.2003 – XII ZR 65/02, ZfIR 2004, 17 = NJW
> 2003, 3053 = NZM 2003, 801,
> dazu EWiR 2004, 13 *(Moeser)*;
> BGH, Urt. v. 5.11.2003 – XII ZR 134/02, NJW 2004, 1103
> = NZM 2004, 97;
> BGH, Urt. v. 7.5.2008 – XII ZR 69/06, BGHZ 176, 301 = ZfIR
> 2010, 141 = NJW 2008, 482 = NZM 2008, 217;
> BGH, Urt. v. 4.11.2009 – XII ZR 86/07, ZIP 2010, 185 = ZfIR
> 2010, 139 = NZM 2010, 79 = MDR 2010, 133,
> dazu EWiR 2010, 177 *(Fischer-Zernin/Krüger)*.

In den Urteilen vom 16.7.2003 und 5.11.2003 ließ der BGH offen, ob der   **52**
Hinweis auf die Vertretung genügt oder ob die Art der Vertretung näher zu
erläutern ist. In einem weiteren Urteil präzisierte er, dass sich diese Frage nur
bei Personenmehrheit auf einer Vertragsseite oder bei der Vertretung einer
GbR stelle, nicht jedoch bei der Unterschrift des Vertreters einer Gesellschaft mit beschränkter Haftung.

> BGH, Urt. v. 6.4.2005 – XII ZR 132/03, ZfIR 2006, 288 = NJW
> 2005, 2225 = NZM 2005, 502.

53 Das Urteil vom 7.5.2008

> – XII ZR 69/06, BGHZ 176, 301 = ZfIR 2010, 141 = NJW 2008,
> 482 = NZM 2008, 217,

lässt erkennen, dass der BGH die Wahrung der Schriftform nicht an der fehlenden Erläuterung der Art der Vertretung scheitern lassen wird.

54 Missverständlich ist die BGH-Rechtsprechung zur Vertretung einer juristischen Person. Im Urteil vom 19.9.2007

> – XII ZR 121/05, ZIP 2007, 2079 = ZfIR 2008, 101 = NZM
> 2007, 837,

heißt es, der Wahrung der Schriftform stehe nicht entgegen, wenn ein Mietvertrag aufseiten einer GmbH ohne nähere Kennzeichnung des Vertretungsverhältnisses mit dem Zusatz „i. V." unterzeichnet werde, und zwar gleichgültig, ob der Unterzeichnende Geschäftsführer, in anderer Weise Bevollmächtigter oder vollmachtsloser Vertreter sei.

55 Hingegen überträgt der BGH die Grundsätze zur BGB-Gesellschaft auf den Mietvertragsschluss einer Aktiengesellschaft, die von mehreren nicht einzelvertretungsberechtigten Vorstandsmitgliedern vertreten wird. Unterschreibt nur ein Vorstandsmitglied ohne Vertretungszusatz, so soll die Schriftform verfehlt sein.

> BGH, Urt. v. 4.11.2009 – XII ZR 86/07, ZIP 2010, 185 = ZfIR
> 2010, 139 = NZM 2010, 79 = MDR 2010, 133.

56 Unterschreibt ein Dritter – nicht Geschäftsführer – für eine GmbH den Mietvertrag, so ist ein Vertretungszusatz entbehrlich, unabhängig davon, ob die GmbH durch einen oder mehrere Geschäftsführer vertreten wird.

> BGH, Urt. v. 19.9.2007 – XII ZR 121/05, ZIP 2007, 2079 = ZfIR
> 2008, 101 = NZM 2007, 837.

57 Bei Vertretung einer natürlichen Person als Vermieter oder Mieter weist schon die Unterschrift einer anderen Person auf die Vertretung hin.

> BGH, Urt. v. 7.5.2008 – XII ZR 69/06, BGHZ 176, 301 = ZfIR
> 2010, 141 = NJW 2008, 482 = NZM 2008, 217.

5. Einheitlichkeit der Urkunde

58 Die gesetzliche Schriftform wird nicht durch einen Schriftwechsel gewahrt.

> BGH, Urt. v. 29.10.1986 – VIII ZR 253/85, BGHZ 99, 54
> = NJW 1987, 948,
> dazu EWiR 1987, 449 (H.-G. Eckert).

59 Ein Vertragsschluss durch Briefwechsel liegt auch vor, wenn eine Vertragspartei den schriftlichen Vertrag nur mit Änderungswünschen unterschreibt und der Vertragsgegner sein schriftliches Einverständnis nicht auf derselben Urkunde erklärt.

BGH, Urt. v. 18.10.2000 – XII ZR 179/98, NJW 2001, 221
= NZM 2001, 42 = ZMR 2001, 97,
dazu EWiR 2001, 101 *(H.-G. Eckert)*.

Das Urteil des BGH vom 24.2.2010

– XII ZR 120/06, dazu oben Rz. 27,

das die Einhaltung der „äußeren Form" und die Abkoppelung von § 126 Abs. 2 BGB als maßgebliche Kriterien hervorhebt, lässt Zweifel aufkommen, ob an dieser strengen Sicht festzuhalten ist.

Nach RGZ 105, 60 (62) sollen die die Willenseinigung der Beteiligten erge- 60
benden rechtsgeschäftlichen Erklärungen in ihrer Gesamtheit nicht von den Unterschriften gedeckt sein, wenn eine Vertragspartei lediglich den Teil der Urkunde, der ihre einseitige Erklärung enthält, und nur die andere Partei den gesamten Vertragsinhalt unterzeichnet. An dieser – im Grundsatz dogmatisch sauberen – Auffassung hält der BGH nicht fest. Er argumentiert pragmatisch und räumt ein, dass es den juristisch nicht geschulten Vertragsparteien nicht zu vermitteln sei, dass nur eine von ihnen den gesamten Vertragstext, die andere aber nur ein Vertragsangebot oder einen Entwurf unterschrieben habe. Einer Urkunde, die sowohl das unterschriebene Angebot der einen Vertragspartei als auch die darunter befindliche unterschriebene Annahmeerklärung der anderen enthält, kann der vorrangig durch das Formerfordernis geschützte Grundstückserwerber den Vertragsinhalt genauso zuverlässig entnehmen wie einer am Ende des Textes von beiden Parteien unterschriebenen Urkunde. Zum ersten Mal distanziert sich der XII. Zivilsenat von der uneingeschränkten Geltung des § 126 Abs. 2 BGB für die bei der Immobilienvermietung zu befolgende Schriftform. Wörtlich führt er aus:

> „Die besonderen Anforderungen des § 126 Abs. 2 BGB a. F. sind im Regelfall vor allem deshalb strikt zu beachten, weil ein Mangel der Form nach § 125 Abs. 1 BGB zur Nichtigkeit des Vertrages führt, die Beachtung der Form mithin Wirksamkeitsvoraussetzung ist. Letzteres gilt für Mietverträge aber gerade nicht".

BGH, Urt. v. 14.7.2004 – XII ZR 68/02, ZIP 2004, 2142 = ZfIR 2004, 986 = NJW 2004, 2962 = NZM 2004, 738, dazu EWiR 2004, 1075 *(H.-G. Eckert)*.

Demgemäß ist die Schriftform befolgt, wenn die Vertragsbestimmungen in 61
einem unterzeichneten Schreiben der einen Vertragspartei niedergelegt sind und die andere Partei dieses – mit oder ohne einen das uneingeschränkte Einverständnis erklärenden Zusatz – unterschreibt. Nicht erforderlich ist die nochmalige Unterschrift der einen Partei unter der Gegenzeichnung der anderen.

Die gem. § 126 BGB erforderliche einheitliche Urkunde setzt nicht die kör- 62
perlich feste Verbindung der einzelnen zum Vertragswerk gehörenden Blätter voraus. Es genügt, dass sich die Einheit der Urkunde aus fortlaufender Paginierung, fortlaufender Nummerierung der einzelnen Bestimmungen,

einheitlicher grafischer Gestaltung, inhaltlichem Zusammenhang des Textes oder vergleichbaren Merkmalen zweifelsfrei ergibt. Die Notwendigkeit einer festen Verbindung folgt nicht aus dem Unterschriftserfordernis. Wo der Text einer aus mehreren Blättern bestehenden Urkunde endet oder durch Unterzeichnen abzuschließen ist, lässt sich ohne Verbindung der einzelnen Blätter in aller Regel zweifelsfrei feststellen, besonders, wenn Seitenzahlen, Nummerierung der Abschnitte (§§), der inhaltliche Zusammenhang und die logische Reihenfolge die Textfolge kennzeichnen. Andernfalls könnte eine mehrseitige Urkunde nur dann die Schriftform wahren, wenn jede einzelne Seite unterschrieben wäre; das wird nicht einmal für das Testament gefordert. Dass die Wirksamkeit des Vertragswerks durch feste Verbindung der einzelnen Blätter bedingt sein könne, ist nicht allgemeine Anschauung derjenigen – zumeist juristische Laien –, die Mietverträge abschließen. Würde man entgegen verbreiteter Auffassung eine feste Verbindung der einzelnen Blätter fordern, wäre die Schriftform nicht mehr die Form, die ohne juristischen Rat eingehalten werden kann. Der Schutz vor Übereilung ist erreicht, wenn dem Erklärenden der formbedürftige Inhalt seiner Erklärung hinreichend verdeutlicht wird; für diese Funktion ist die Verbindung der mehreren Blätter ohne Bedeutung. Ob eine Urkunde gründlich, flüchtig gelesen, nur überflogen oder gar ungelesen unterschrieben wird, hängt nicht davon ab, ob die einzelnen Blätter zusammengeheftet sind. Die Beweisfunktion wird dadurch nicht verstärkt. Bei Austausch inhaltsgleicher Urkunden bleibt ein hinreichender Fälschungsschutz. Der eigentliche Zweck des § 566 BGB ist ohnehin nur bei redlichem Verhalten des Verkäufers zu wahren. Die körperliche Verbindung mag die Zuverlässigkeit erhöhen, sichert sie indessen nicht.

> BGH, Urt. v. 24.9.1997 – XII ZR 234/95, BGHZ 136, 357 = ZIP 1997, 2085 = ZfIR 1997, 721 = NJW 1998, 25, dazu EWiR 1997, 1121 *(H.-G. Eckert)*; daran anschließend BGH, Urt. v. 21.1.1999 – VII ZR 93/97, NJW 1999, 1104 = WM 1999, 595 = NZM 1999, 510 = ZMR 1999, 532, dazu EWiR 1999, 347 *(H.-G. Eckert)*; BGH, Urt. v. 30.6.1999 – XII ZR 55/97, BGHZ 142, 158 = ZIP 1999, 1311 = NZM 1999, 761 = ZMR 1999, 691, dazu EWiR 1999, 777 *(Emde)*.

63 Die Auslagerung wesentlicher Vertragselemente in Anlagen steht der Formwahrung nicht entgegen. Zur Wahrung der Urkundeneinheit muss die Zusammengehörigkeit der Schriftstücke zweifelsfrei erkennbar sein, so dass sich der Gesamtinhalt des Vertrages aus dem Zusammenspiel der verstreuten Bestimmungen ergibt.

> BGH, Urt. v. 30.6.1999 – XII ZR 55/97, BGHZ 142, 158 = ZIP 1999, 1311 = NZM 1999, 761 = ZMR 1999, 691, dazu EWiR 1999, 777 *(Emde)*; BGH, Urt. v. 7.7.1999 – XII ZR 15/97, ZIP 1999, 1635 = NZM 1999, 962 = ZMR 1999, 810, dazu EWiR 2000, 219 *(H.-G. Eckert)*; BGH, Urt. v. 10.10.2001 – XII ZR 93/99, NZM 2001, 1077, dazu EWiR 2002, 95 *(H.-G. Eckert)*;

BGH, Urt. v. 18.12.2002 – XII ZR 253/01, ZfIR 2003, 283
= NJW 2003, 1248 = NZM 2003, 281;
BGH, Urt. v. 29.4.2009 – XII ZR 142/07, ZfIR 2009, 655
= NZM 2009, 515 = ZMR 2009, 681.

Wenn der BGH im Urteil vom 21.1.1999, sogar im Leitsatz, die Unterschriften **64** auf der Anlage hervorhebt, so entspricht dies dem ihm vorliegenden Tatbestand und sollte nicht bedeuten, dass die Unterschriften auf den Anlagen Voraussetzung für die Befolgung der Schriftform für das gesamte Vertragswerk sind. Jedenfalls genügen Paraphen auf den Anlagen, denn sie können die Einheit zwischen Haupturkunde und Anlage ebenso dokumentieren wie Unterschriften.

BGH, Urt. v. 29.9.1999 – XII ZR 313/98, NJW 2000, 354
= NZM 2000, 36 = ZMR 2000, 76;
BGH, Urt. v. 5.7.2000 – XII ZR 70/98, NZM 2000, 907.

Auch die fehlende Rückverweisung der Anlage auf den Hauptvertrag sieht **65** der BGH nicht als schädlich an.

BGH, Urt. v. 29.9.1999 – XII ZR 313/98, NJW 2000, 354
= NZM 2000, 36 = ZMR 2000, 76.

Die Schriftform ist gewahrt, wenn einem beidseitig bedruckten Vertragsfor- **66** mular mit durchgehender Paginierung und Paragraphenreihenfolge paraphierte Grundrisszeichnungen, eine unterschriebene Ausstattungsbeschreibung und eine unterzeichnete „Zusatzvereinbarung" beigefügt sind.

BGH, Urt. v. 10.10.2001 – XII ZR 307/98, NZM 2002, 20.

Selbst die fortlaufende Paginierung und der erkennbare Zusammenhang zwi- **67** schen der eigentlichen Vertragsurkunde und den Anlagen können genügen.

BGH, Urt. v. 5.7.2000 – XII ZR 70/98, NZM 2000, 907.

6. Zustimmung eines Dritten und Bedingung

Die Schriftform ist befolgt, wenn der Mietvertrag erst nach Zustimmung eines **68** Dritten wirksam werden soll; dessen Zustimmung muss nicht in dieselbe Urkunde aufgenommen werden oder gar von beiden Parteien noch einmal unterschrieben werden, da sie nicht der Form des Hauptgeschäftes bedarf.

BGH, Urt. v. 14.7.2004 – XII ZR 68/02, ZIP 2004, 2142 = ZfIR
2004, 986 = NJW 2004, 2962 = NZM 2004, 738,
dazu EWiR 2004, 1075 *(H.-G. Eckert)*.

Ebenso ist der Schriftform genügt, wenn der Mietvertrag vorsieht, dass er **69** nur im Fall des Eintritts einer Bedingung wirksam werden soll, oder wenn für eine Partei ein als solcher bezeichneter vollmachtloser Vertreter unterzeichnet, obwohl bei dieser Sachlage ein etwaiger Grundstückserwerber nur anhand außerhalb der Urkunde liegender Umstände feststellen kann, ob der Vertrag durch Eintritt der Bedingung oder durch Genehmigung des Vertretenen zustande gekommen ist.

BGH, Urt. v. 14.7.2004 – XII ZR 68/02, ZIP 2004, 2142 = ZfIR
2004, 986 = NJW 2004, 2962 = NZM 2004, 738,
dazu EWiR 2004, 1075 (H.-G. Eckert).

7. Vertragsänderung

70 Bemühungen, sich unter Berufung auf den Schriftformmangel aus anderen
Gründen von der nachträglich lästig gewordenen langfristigen Bindung zu
lösen, dürften unausgesprochen die Rechtsprechung beeinflusst haben, die
das Schriftformerfordernis auflockerte, soweit es um Änderungen und Er-
gänzungen des Vertrages geht. Für die gesetzliche Schriftform des gesamten
Vertragswerks genügt es, wenn die Nachtragsurkunden auf den ursprünglichen Vertrag Bezug nehmen und zum Ausdruck bringen, es solle unter Einbeziehung der Nachträge bei dem verbleiben, was früher formgültig niedergelegt wurde. Selbstverständlich müssen sämtliche Nachträge von beiden
Parteien unterzeichnet sein.

> BGH, Urt. v. 29.1.1992 – XII ZR 175/90, WM 1992, 798
> = NJW-RR 1992, 654;
> BGH, Urt. v. 26.2.1992 – XII ZR 129/90, WM 1992, 1160
> = NJW 1992, 2283;
> BGH, Beschl. v. 17.9.1997 – XII ZR 296/95, NZM 1998, 29;
> BGH, Urt. v. 14.4.1999 – XII ZR 60/97, NZM 1999, 559 = NJW
> 1999, 2517,
> dazu EWiR 1999, 779 (Kohler);
> BGH, Urt. v. 7.7.1999 – XII ZR 15/97, ZIP 1999, 1635 = NZM
> 1999, 962 = ZMR 1999, 810,
> dazu EWiR 2000, 219 (H.-G. Eckert);
> BGH, Urt. v. 29.9.1999 – XII ZR 313/98, NZM 2000, 36;
> BGH, Urt. v. 23.2.2000 – XII ZR 251/97, NZM 2000, 381
> = NJW-RR 2000, 744.

71 Unerlässlich bleibt die Bezugnahme auf alle wesentlichen Schriftstücke,

> BGH Urt. v. 9.4.2008 – XII ZR 89/06, NJW 2008, 2181 = NZM
> 2008, 484.

72 Einvernehmliche Streichungen und Einfügungen in den Vertragstext sollen
ohne erneute Unterschriften der Einhaltung der Schriftform nicht entgegenstehen, wenn die Vertragsparteien sich über die Änderungen einig sind und
es ihrem Willen entspricht, dass ihre Unterschriften für den veränderten Vertragsinhalt Gültigkeit behalten sollen. Für die Einhaltung der Schriftform
einer Urkunde, so führt der BGH aus, sei es ohne Belang, ob die Unterzeichnung der Niederschrift des Urkundentextes zeitlich nachfolge oder vo-
rangehe. Es bedürfe deshalb für die Rechtsgültigkeit einer Änderung des
Vertragstextes keiner erneuten Unterschrift, wenn die Vertragsparteien sich
über die Änderungen einig sind und es ihrem Willen entspricht, dass ihre
Unterschriften für den veränderten Vertragsinhalt Gültigkeit behalten sollen.

> BGH, Urt. v. 29.4.2008 – XII ZR 142/07, ZfIR 2009, 655
> = NZM 2009, 515 = ZMR 2009, 681.

73 Von einer Vertragsänderung nach diesem Muster ist dringend abzuraten.

Eine Vereinbarung zwischen Mieter und Mietnachfolger über einen Mieter-   74
wechsel wahrt die Schriftform jedenfalls dann, wenn der Eintretende seine
Mieterstellung durch eine Urkunde nachweisen kann, die ausdrücklich auf
den Ursprungsmietvertrag Bezug nimmt.

> BGH, Beschl. v. 17.9.1997 – XII ZR 296/95, NZM 1998, 29.

In Fortführung des Beschlusses vom 17.9.1997 betont der BGH, dass die   75
vertragliche Auswechslung des Mieters zur Wahrung der Schriftform derge-
stalt beurkundet sein müsse, dass sich die vertragliche Stellung des neuen
Mieters in Zusammenhang mit dem zwischen dem vorherigen Mieter und
dem Vermieter geschlossenen Mietvertrag ergebe.

> BGH, Beschl. v. 30.1.2002 – XII ZR 106/99, NZM 2002, 291;
> BGH, Urt. v. 16.2.2005 – XII ZR 162/01, ZfIR 2005, 408
> (m. Anm. *Späth*, ZfIR 2005, 411) = NZM 2005, 340.

In dem Urteil vom 16.2.2005 findet sich die interessante Überlegung, dass   76
der Eintritt eines Mieters in das Mietverhältnis nicht zu einer Änderung des
Vertragsinhalts führen darf; diese liegt vor, wenn infolge des Formmangels
die ursprünglich vereinbarte langfristige vertragliche Bindung verloren geht.

Bei einem Vermieterwechsel aufgrund Vereinbarung zwischen altem und   77
neuem Vermieter ist die Form gewahrt, wenn deren Vereinbarung schriftlich
fixiert ist; die Zustimmung des Mieters unterliegt nicht dem Formzwang.
Dies folgt aus § 182 BGB. Auch vom Normzweck her ist es nicht geboten,
dass der Mieter schriftlich zustimmt, denn der Grundstückserwerber kann
den Urkunden entnehmen, dass er entweder dem Mieter oder niemandem
gegenüber zur Gebrauchsgewährung verpflichtet ist.

> BGH, Urt. v. 12.3.2003 – XII ZR 18/00, BGHZ 154, 171 = ZIP
> 2003, 1658 = ZfIR 2003, 632 (m. Besprechungsaufsatz
> *H.-G. Eckert*, S. 617) = NJW 2003, 2158 = NZM 2003, 476,
> dazu EWiR 2003, 855 *(Stapenhorst)*.

Nichts anderes gilt für den Mieterwechsel durch Vereinbarung zwischen dem   78
Vermieter und dem alten Mieter unter formloser Zustimmung des neuen
Mieters.

> BGH, Urt. v. 20.4.2005 – XII ZR 29/02, ZfIR 2006, 17
> = NJW-RR 2005, 958 = NZM 2005, 584.

Ob die Ausübung der Verlängerungsoption der Schriftform bedarf, ist streitig.   79

> **Dafür:** OLG Köln, Urt. v. 29.11.2005 – 22 U 105/05, NZM 2006,
> 464 = MDR 2006, 925;
> Schmidt-Futterer/*Blank*, § 542 Rz. 117;
> **dagegen:** MünchKomm-*Häublein*, BGB, vor § 535 Rz. 27;
> *Reinstorf*, in: Bub/Treier, II Rz. 213;
> *Wolf/Eckert/Ball*, Rz. 129.

Gegen die Formbedürftigkeit spricht, dass § 550 BGB den Vertragsschluss   80
regelt, während die Optionsausübung eine Gestaltungserklärung ist. Zudem
ergibt sich das Optionsrecht schon aus dem Mietvertrag.

8. Nachholung der Beurkundung oder Heilung des Formmangels

81 Ein formwidriger Vertrag wird insgesamt formwirksam, wenn eine formgerechte Nachtragsvereinbarung auf die Ursprungsurkunde Bezug nimmt.

> BGH, Urt. v. 2.5.2007 – XII ZR 178/04, ZfIR 2007, 673 = NZM 2007, 443 = ZMR 2007, 611;
> BGH, Urt. v. 29.4.2009 – XII ZR 142/07, ZfIR 2009, 655 = NZM 2009, 515 = ZMR 2009, 681.

82 Aus der üblichen salvatorischen Klausel, dass die Ungültigkeit einer Vertragsklausel die Wirksamkeit der anderen Vertragsbestimmungen nicht berührt und die Parteien sich verpflichten, in diesem Fall eine Vereinbarung zu treffen, die dem Zweck der ungültigen oder fehlenden Regelung gleichkommt, lässt sich ohne weitere Anhaltspunkte keine Verpflichtung zur Nachholung der Schriftform herleiten.

> BGH, Urt. v. 29.9.1999 – XII ZR 313/98, NZM 2000, 36;
> BGH, Beschl. v. 17.7.2002 – XII ZR 248/99, NZM 2002;
> OLG München, Urt. v. 4.12.1996 – 7 U 3752/96, ZMR 1997, 293;
> a. A. OLG Düsseldorf, Urt. v. 5.11.1987 – 10 U 70/87, ZMR 1988, 54.

83 Nach wie vor umstritten ist die Wirksamkeit von einer, die speziell für den Fall der Verfehlung der gesetzlichen Schriftform die Pflicht zur Nachholung der Form und den Verzicht auf den Einwand des Formmangels vorsieht.

84 Für die Wirksamkeit einer solchen Heilungs- oder Nachholklausel:

> OLG Düsseldorf, Beschl. v. 11.5.2004 – 24 U 264/03, MDR 2004, 1179 = ZMR 2004, 749;
> KG, Urt. v. 13.11.2006 – 8 U 51/06, NJW-RR 2007, 805 = NZM 2007, 402;
> *Leo*, NZM 2006, 815;
> *Disput/Wortberg*, ZfIR 2009, 57.

85 Gegen die Wirksamkeit:

> OLG Rostock, Urt. v. 10.7.2008 – 3 U 108/07, ZfIR 2008, 627 = NZM 2008, 646;
> *Gerber*, ZfIR 2008, 632;
> *Wolf/Eckert/Ball*, Rz. 136.

Das OLG Rostock (a. a. O.) sieht allerdings in der Verletzung der Nachholpflicht eine Pflichtverletzung gem. § 280 BGB.

86 Wenn nach Auffassung des BGH,

> Urt. v. 7.3.2007 – XII ZR 40/05, ZfIR 2007, 681 = NZM 2007, 445 = ZMR 2007, 516,

ein formwidriger Vorvertrag die Parteien zum Abschluss des Hauptvertrages verpflichtet, so folgt aus dem Vorvertrag auch die Verpflichtung, den Vertragsschluss in der gesetzlich gebotenen Form nachzuholen, falls diese bislang verfehlt wurde.

> Dazu *H.-G. Eckert*, ZfIR 2007, 666.

9. Folgen des Formmangels

a) Kündbarkeit des Vertrages

Bei Nichtbefolgung der Form gilt der Mietvertrag gem. § 550 Satz 1 BGB als   **87**
auf unbestimmte Zeit geschlossen, bei formwidriger Vertragsänderung auch
der Ursprungsvertrag. Nach § 550 Satz 2 BGB ist die Kündigung frühestens
zum Ablauf des ersten Jahres nach Überlassung zulässig. Dies bereitet wenig
Probleme, wenn die Parteien das Mietverhältnis durch Überlassung in Vollzug gesetzt haben. Zweifelhaft ist, inwieweit sie vor Überlassung gebunden
bleiben, insbesondere dann, wenn der Vermieter die Mietsache nicht übergeben kann oder der Mieter die Übernahme verweigert.

Das Urteil des BGH vom 10.10.2001 zeigt anschaulich, dass eine ordentliche   **88**
Kündigung vor Vollzug des Mietverhältnisses möglich sein muss.

> BGH, Urt. v. 10.10.2001 – XII ZR 93/99, NZM 2001, 1077,
> dazu EWiR 2002, 95 *(H.-G. Eckert)*.

Bei strikter Befolgung des Gesetzes wäre jedoch die Kündigung vor Überlas-   **89**
sung ausgeschlossen.

> MünchKomm-*Bieber*, BGB, § 550 Rz. 18;
> Herrlein/Kandelhard/*Both*, § 550 Rz. 36.

Einige Autoren stellen deshalb auf den vereinbarten Übergabetermin ab.   **90**

> Palandt/*Weidenkaff*, BGB, § 550 Rz. 13;
> Erman/*Jendrek*, BGB, § 550 Rz. 14.

Da eine Kündigung vor Übergabe das Besitzinteresse des Mieters nicht be-   **91**
rührt, erscheint es sinnvoll, weiterhin vom Vertragsschluss als dem maßgeblichen Termin auszugehen.

> Staudinger/*Emmerich*, BGB, § 550 Rz. 38;
> Schmidt-Futterer/*Lammel*, § 550 Rz. 59;
> *Wolf/Eckert/Ball*, Rz. 138.

Bei formwidriger Vertragsänderung kann die Mindestzeit erst ab Änderung   **92**
laufen.

> BGH, Urt. v. 29.10.1986 – VIII ZR 253/85, BGHZ 99, 54
> = NJW 1987, 948,
> dazu EWiR 1987, 449 *(H.-G. Eckert)*.

Sieht der formwidrig geschlossene Vertrag für die ordentliche Kündigung   **93**
eine längere Kündigungsfrist als die im Gesetz vorgesehene vor, so bleibt die
gesetzliche Frist maßgebend.

> BGH, Urt. v. 29.3.2000 – XII ZR 316/97, NZM 2000, 545.

b) Verstoß gegen Treu und Glauben

Zur Annahme eines Rechtsmissbrauchs genügt es nicht, dass die Parteien bei   **94**
Abschluss des Ursprungsvertrages oder bei der Vertragsänderung überein-

stimmend eine bestimmte Vertragsdauer wollten oder davon ausgingen. Gerade die langfristige Bindung ist es, deren Bestand von der Wahrung der Schriftform abhängt.

> BGH, Urt. v. 29.10.1986 – VIII ZR 253/85, BGHZ 99, 54 = WM 1987, 141 = NJW 1987, 948, dazu EWiR 1987, 449 (H.-G. Eckert).

95 Auch bei langfristiger störungsfreier Durchführung des Mietverhältnisses ist die Berufung auf den Formmangel nicht rechtsmissbräuchlich.

> BGH, Urt. v. 5.11.2003 – XII ZR 134/02, NJW 2004, 1103 = NZM 2004, 97.

96 Ohne dies jemals positiv entschieden zu haben, schließt der BGH einen Verstoß gegen Treu und Glauben bei Existenzgefährdung des Kündigungsgegners nicht aus.

> BGH, Urt. v. 25.7.2007 – XII ZR 143/05, ZfIR 2008, 143 = NZM 2007, 730 = ZMR 2007, 859.

97 Rechtsmissbräuchlich ist der Einwand des Formmangels entgegen einer individuell vereinbarten, von dem Bemühen der Vertragsparteien um Wahrung und Erhaltung der Schriftform getragenen Verpflichtung, zur Herstellung einer formgerechten Vertragsurkunde beizutragen.

> BGH Urt. v. 6.4.2005 – XII ZR 132/03, ZfIR 2006, 288 = NJW 2005, 2225 = NZM 2005, 502.

98 Die Korrektur zur Vermeidung schlechterdings untragbarer Ergebnisse kommt in Betracht, wenn eine Partei den durch die Vertragsänderung bedingten Formmangel zur vorzeitigen Auflösung eines langjährigen Vertrages missbraucht, obwohl sie durch die Vertragsänderung begünstigt wurde.

> BGH, Urt. v. 2.7.1975 – VIII ZR 223/73, BGHZ 65, 49 = NJW 1975, 1653;
> OLG München, Urt. v. 28.4.1995 – 21 U 5103/94, ZMR 1996, 134.

99 Demgemäß ist dem durch die konkludente Mieterhöhung begünstigten Vermieter die Berufung auf den Formmangel versagt.

> OLG Karlsruhe, Urt. v. 10.12.2002 – 17 U 97/02, NJW-RR 2003, 945 = NZM 2003, 513.

10. Zusammentreffen mit gewillkürter Schriftform

100 Haben die Vertragsparteien die konstitutive Wirkung der Schriftform vereinbart, kommt der Vertrag regelmäßig mit Unterzeichnung der Vertragsurkunde zustande, und zwar selbst dann, wenn sie die gesetzliche Schriftform nicht befolgen. Mangels entgegenstehender Anhaltspunkte ist anzunehmen, dass sie unter der als konstitutiv vereinbarten Form nur die Form verstanden, die sie anschließend mit Unterzeichnung der Urkunde umgesetzt haben.

Somit bleibt die Anwendung der §§ 125 Satz 2, 154 Abs. 2 BGB regelmäßig auf die ausschließlich mündliche Einigung beschränkt.

BGH, Urt. v. 16.2.2000 – XII ZR 258/97, NZM 2000, 548.

In einem langfristigen Immobilienmietvertrag hält eine vorformulierte **101** Schriftformklausel zwar der Inhaltskontrolle gem. § 307 BGB stand, jedoch bleibt es nach Auffassung des BGH beim Vorrang der Individualabrede gem. § 305b BGB. Eine formlose Vertragsänderung ist daher wirksam und lässt den Vertrag formwidrig werden.

BGH, Urt. v. 21.9.2005 – XII ZR 312/02, BGHZ 164, 133
= ZfIR 2006, 206 = NJW 2006, 138 = NZM 2006, 59,
dazu EWiR 2006, 131 *(Benedict)*.

Gemäß § 307 BGB unwirksam ist nach Auffassung des OLG Rostock die **102** doppelte oder qualifizierte Schriftformklausel, die nicht nur für die Vertragsänderung, sondern auch für die Änderung der Formvereinbarung die Einhaltung der Schriftform vorsieht.

OLG Rostock, Urt. v. 19.5.2009 – 3 U 16/09, NJW 2009, 3376
= NZM 2009, 705 = MDR 2010, 22.

Individuell können die Vertragsparteien nach wie vor die Schriftform für **103** Vertragsänderungen vereinbaren, auch für das Formerfordernis zur Änderung der Formabrede. Bislang hat der BGH keine Bedenken gegen diese, in seinem Urteil vom

2.6.1976 – VIII ZR 97/74, BGHZ 66, 376 = NJW 1976, 1395,

niedergelegte Auffassung geäußert.

III. Miete

1. Miete und Umsatzsteuer

Umsätze aus der Vermietung von Grundstücken (also die Mietzahlungen **104** einschließlich der üblichen Nebenkosten) sind an sich umsatzsteuerfrei (§ 4 Nr. 12 Buchstabe a UStG). Nach § 9 UStG hat der Vermieter u. U. jedoch die Möglichkeit, freiwillig auf diese Steuerbefreiung zu verzichten und „zur Umsatzsteuer zu optieren". Nur wenn er dies tut, kann der Mieter eine Rechnung mit Mehrwertsteuerausweis verlangen, damit er eventuell selbst von der Möglichkeit des Vorsteuerabzuges Gebrauch machen kann.

Das Optieren zur Umsatzsteuer ist für einen umsatzsteuerpflichtigen Mieter **105** im Regelfall nicht mit Nachteilen verbunden, weil er die zusätzlich gezahlte Mehrwertsteuer als Vorsteuer verrechnen kann; u. U. kann es sogar auch ihm Vorteile bringen. Steuerliche Vorteile hat regelmäßig der Vermieter, weil ihm auf diese Weise Vorsteuern erstattet werden können, die beim Bau, beim mehrwertsteuerpflichtigen Erwerb oder bei der Unterhaltung der Mietsache angefallen sind.

Inzwischen hat der Gesetzgeber durch eine in mehreren Schritten erfolgte **106** Neufassung des § 9 UStG die Möglichkeit, zur Umsatzsteuer zu optieren, allerdings stark eingeschränkt. Sie besteht nur noch, wenn der Mieter (und gegebenenfalls auch sein Untermieter) das Grundstück (über eine Bagatell-grenze von 5 % hinaus) ausschließlich für Umsätze verwendet oder zu ver-wenden beabsichtigt, die der Umsatzsteuer unterliegen. Der zum 1.1.2010 geänderte § 27 UStG sieht aber – immer noch – sehr weitgehende, zum Teil langfristig wirkende Übergangsregelungen für fertige Gebäude vor, abhängig von dem Datum ihrer Fertigstellung.

Die geltende Regelung kann für den Vermieter besonders gefährlich werden, **107** weil die Finanzbehörden den Vorsteuerabzug gem. § 15a UStG zu seinem Nachteil berichtigen können, wenn sich nachträglich herausstellt, dass der Mieter oder sein Untermieter (!) – über die Bagatellgrenze hinaus – Umsätze getätigt hat, die nicht umsatzsteuerpflichtig waren. Nach § 4 Nr. 1–28 UStG,

(mehrfach geändert, gültige Fassung v. 19.12.2008, gültig ab 1.1.2009),

sind die Umsätze aus einer Vielzahl von Geschäften von der Umsatzsteu-erpflicht ausgenommen (nur einige Beispiele: Umsätze aus der Gewährung und Vermittlung von Krediten; Umsätze im Geschäft mit Wertpapieren – ausgenommen die Verwahrung und Verwaltung von Wertpapieren; Umsätze aus Versicherungsverhältnissen; Umsätze aus bestimmten Leistungen der amtlich anerkannten Wohlfahrtsverbände; Umsätze aus der Tätigkeit als Bausparkassenvertreter und Versicherungsvertreter; Umsätze der Ärzte, Zahnärzte, Heilpraktiker, Hebammen, Psychotherapeuten). Der Vermieter kann nicht immer im Voraus übersehen, ob der Mieter oder sein Untermieter solche Geschäfte machen wird.

108 Bei einer entsprechenden Berichtigung des Vorsteuerabzugs muss der Vermieter u. U. die von ihm auf die Herstellungskosten des Mietobjekts gezahlte und als Vorsteuer verrechnete Mehrwertsteuer an das Finanzamt nachzahlen, wodurch seine gesamte Kalkulation gefährdet sein kann.

> Vgl. zu diesem Problemkreis im Einzelnen *Herrlein*, S. 37 ff.

109 Das gegenüber dem Finanzamt auszusprechende „Optieren" regelt die Steuerpflicht des Vermieters gegenüber dem Finanzamt, es hat nicht ohne Weiteres Auswirkungen auf das Verhältnis der Mietparteien zueinander. Dem Mieter gegenüber verpflichtet, von dieser Option Gebrauch zu machen, ist der Vermieter nur, wenn die Parteien eine entsprechende Vereinbarung getroffen haben.

110 Die Vereinbarung im Mietvertrag: „Miete incl. MwSt" legt das OLG Hamm dahin aus, dass der Vermieter dem Mieter gegenüber zum Optieren verpflichtet ist.

> OLG Hamm, Urt. v. 24.9.2003 – 30 U 80/03, ZMR 2003, 925.

111 Fehlt es an einer solchen vertraglichen Abrede, steht es im freien Ermessen des Vermieters, ob er von der Option Gebrauch macht oder nicht. Selbst wenn der Mieter aus besonderen Gründen ein sehr starkes Interesse daran hat, dass der Vermieter die Option ausübt, handelt der Vermieter nicht treuwidrig, wenn er sich darauf nicht einlässt.

> BGH, Urt. v. 30.1.1991 – VIII ZR 361/89, WM 1991, 733
> = ZMR 1991, 170 = NJW-RR 1991, 647 = BB 1991, 866.

112 Umgekehrt muss der Mieter die nach der Option anfallende Mehrwertsteuer nur dann zusätzlich zur Nettomiete zahlen, wenn dies im Mietvertrag vorgesehen ist.

113 Haben die Parteien bei Abschluss des Vertrages irrtümlich angenommen, das Optieren zur Umsatzsteuer sei möglich, konnte der Vermieter schon nach bisheriger Ansicht nicht die Zahlung des Bruttobetrages als Nettobetrag verlangen, sondern jedenfalls regelmäßig nur die Nettomiete.

> OLG Celle, Urt. v. 3.11.1999 – 2 U 280/98, OLGR 2000, 31
> (Revision ist zurückgenommen).

114 Der BGH geht in einem Hinweis für das weitere Verfahren – also nicht in dem tragenden Teil der Entscheidung – zwar ebenfalls stillschweigend davon aus, dass in einem solchen Falle die Mehrwertsteuer nicht von vornherein zusätzlich zu zahlen ist. Er meint aber, wenn die wegen des Optierens erwarteten Vorteile des Vermieters beim Aushandeln der Miethöhe einkalkuliert worden seien, komme eine Anpassung der Nettomiete „unter dem Gesichtspunkt der ergänzenden Vertragsauslegung und des Wegfalls der Geschäftsgrundlage" in Betracht.

BGH, Urt. v. 28.7.2004 – XII ZR 292/02, NZM 2004, 785
= ZMR 2004, 812,
dazu EWiR 2005, 297 *(Gerber)*.

In einer neuen Entscheidung greift der XII. Zivilsenat diesen Gedanken auf **115**
und bestätigt diese Auslegungsmöglichkeit

BGH, Urt. v. 21.1.2009 – XII ZR 79/07, NZM 2009, 237 = ZMR
2009, 436.

Wenn der Vermieter vertragsgemäß zur Mehrwertsteuer optiert hat, steht **116**
dem Mieter gegenüber dem Anspruch des Vermieters auf Zahlung der Miete
ein Zurückbehaltungsrecht zu, solange der Vermieter über die geschuldete
Miete keine Rechnung im Sinne des Umsatzsteuergesetzes mit offenem
Mehrwertsteuerausweis erteilt hat.

OLG München, Urt. v. 9.2.1996 – 21 U 4494/94, ZMR 1996, 487,
492.

Als Rechnung im Sinne des Umsatzsteuergesetzes ist allerdings auch ein **117**
Vertrag anzusehen, der die notwendigen Angaben (§ 14 Abs. 1 UStG) enthält. Ist bei periodisch fällig werdenden Zahlungen (wie regelmäßig bei der
Miete) der Zeitraum, für den die Umsatzsteuer gezahlt wird, aus dem Vertrag nicht zu entnehmen, so reicht es aus, wenn sich aus den einzelnen
Zahlungsbelegen, z. B. aus den Ausfertigungen der Überweisungsaufträge,
ergibt, für welchen Zeitraum die Zahlung erfolgt.

Richtlinie 183 zu § 14 UStG.
Vgl. auch OLG Düsseldorf, Urt. v. 24.5.2005 – 24 U 194/04,
NZM 2006, 262.

Zahlt der Mieter entgegen einer entsprechenden Vereinbarung die Umsatz- **118**
steuer nicht, ist der Vermieter ihm gegenüber berechtigt, die vereinbarte und
erklärte Option zur Umsatzsteuer zu widerrufen (was steuerrechtlich zulässig ist).

OLG Hamm, Urt. v. 27.5.1997 – 29 U 222/96, ZMR 1997, 456.

Herrlein (S. 63 Rz. 180) meint, diese „mietrechtliche Sanktion" bringe dem **119**
Vermieter steuerlich keinen nennenswerten Vorteil wegen der „Bindung"
von zehn Jahren an die Umsatzsteueroption gem. § 15a Abs. 1 Satz 2 UStG.
Die Verwendung des Wortes "Bindung" in diesem Zusammenhang ist zu-
mindest missverständlich. Die Vorschrift hindert nämlich nicht den Widerruf
der Option innerhalb von zehn Jahren, sondern ordnet an, dass, wenn sich
innerhalb von zehn Jahren die für die Zulässigkeit der Option maßgeblichen
Verhältnisse ändern, für jedes Jahr der Änderung ein Ausgleich durch eine
Berichtigung der auf die Anschaffungs- und Herstellungskosten entfallenden
Vorsteuerbeträge vorzunehmen ist.

Wenn der Vermieter zur Mehrwertsteuer optiert und der Mieter nach dem **120**
Mietvertrag Mehrwertsteuer auf die Miete zu zahlen hat, ergibt eine ergän-

zende Vertragsauslegung, dass der Mieter auch Mehrwertsteuer auf die abgerechneten Nebenkosten zahlen muss,

> OLG Düsseldorf, Urt. v. 26.10.1995 – 10 U 207/94, ZMR 1996, 82, und OLG Düsseldorf, Urt. v. 25.1.2000 – 24 U 111/99, ZMR 2000, 603,

jedenfalls soweit der Vermieter selbst Mehrwertsteuer darauf gezahlt hat.

> OLG Schleswig, Urt. v. 17.11.2000 – 4 U 146/99, ZMR 2001, 618 = NZM 2001, 1127.

121 Ist der Mietvertrag nichtig, unterliegt der Anspruch auf Wertersatz in Höhe der ortsüblichen Miete (§ 818 Abs. 2 BGB) der Umsatzsteuer.

> BGH, Urt. v. 6.8.2008 – XII ZR 67/06, BGHZ 178, 16 = ZfIR 2009, 139 = NZM 2008, 886 = ZMR 2009, 103.

122 Die Entscheidung stellt zumindest nicht ausdrücklich darauf ab, ob der nichtige Mietvertrag Regelungen über die Zahlung der Umsatzsteuer enthält und ein entsprechendes Optieren des Vermieters vorsieht. Dass es darauf nicht ankommt, kann aber wohl nicht gemeint sein. Ohne solche Absprachen sind Umsätze aus Mietverträgen eben nicht umsatzsteuerpflichtig und dann lässt sich auch kaum eine Umsatzsteuerpflicht von Wertersatzansprüchen herleiten.

2. Mietzahlungspflicht bei vorzeitigem Auszug des Mieters

123 Nach § 537 Abs. 2 BGB n. F., der § 552 Satz 3 BGB a. F. entspricht, ist der Mieter zur Zahlung der Miete nicht verpflichtet, solange der Vermieter infolge der Gebrauchsüberlassung an einen Dritten außerstande ist, dem Mieter den Gebrauch zu gewähren. Nur solange der Vermieter selbst erfüllungsbereit ist, gebührt ihm die Miete.

> BGH, Urt. v. 28.11.1962 – VIII ZR 77/61, BGHZ 38, 295, 300 = WM 1963, 167 = NJW 1963, 341.

124 Eine Meinung in Literatur und Rechtsprechung hat daraus – zum alten Recht – gefolgert, wenn der Mieter vor Beendigung des Mietvertrages einfach ausziehe und der Vermieter daraufhin – ohne den Mietvertrag zu kündigen – die gemieteten Räume zu einer geringeren Miete an einen Dritten weitervermiete, verliere der Vermieter seinen Anspruch auf die Miete und der Mieter müsse nicht die Mietdifferenz zahlen.

> OLG Frankfurt/M., Urt. v. 22.1.1969 – 7 U 54/68, ZMR 1970, 49, 50;
> OLG Düsseldorf, Urt. v. 16.1.1986 – 10 U 162/85, OLGZ 1986, 333, 336;
> OLG München, Urt. v. 15.11.1991 – 21 U 3019/91, ZMR 1992, 51, 52.

125 Die Gegenmeinung hat einen Anspruch des Vermieters auf die Mietdifferenz bejaht mit der Begründung, es entspreche nicht der Billigkeit, wenn der vertragsuntreue Mieter sich auf § 552 Satz 3 BGB a. F. berufen könne: Indem

der Vermieter das Mietobjekt weitervermietet habe, habe er zumindest auch und entscheidend im Interesse des Mieters gehandelt, weil auf diese Weise der wirtschaftliche Schaden verringert werde.

> OLG Düsseldorf, Urt. v. 26.11.1992 – 10 U 212/91, ZMR 1993, 114, 115;
> *Gelhaar*, in: RGRK-BGB, § 552 Rz. 10;
> *v. Brunn*, in: Bub/Treier, III A Rz. 130.

Eine dritte Meinung wollte den Anspruch des Vermieters auf die Mietdifferenz nur dann entfallen lassen, wenn der Vermieter vor der Weitervermietung dem Mieter angezeigt hat, dass er die Mietsache weitervermieten will. Dieses Erfordernis solle nur ausnahmsweise entfallen, z. B., wenn der Aufenthalt des Mieters nicht zu ermitteln sei. **126**

> Begründet vom OLG Hamm, Beschl. v. 13.3.1986 – 4 RE-Miet 3/85, ZMR 1986, 281 f,
> dazu EWiR 1986, 657 *(H.-G. Eckert)*.

Der BGH hat die Frage zunächst mehrfach offengelassen. **127**

> BGH, Urt. v. 16.9.1981 – VIII ZR 161/80, NJW 1982, 376;
> BGH, Urt. v. 1.12.1982 – VIII ZR 206/81, ZIP 1983, 51 = NJW 1983, 749, 750.

Inzwischen hat der BGH entschieden, der Mieter bleibe in einem solchen Falle in der Regel verpflichtet, die Mietdifferenz zu zahlen. Er könne sich nicht darauf berufen, der Vermieter sei wegen der Weitervermietung zur Gebrauchsüberlassung an ihn nicht mehr in der Lage gewesen. Auch außerhalb des Mietrechts sei allgemein anerkannt, dass es rechtsmissbräuchlich sein könne, wenn jemand aus einem Verhalten seines Vertragspartners, das er selbst durch einen groben Vertragsbruch erst herbeigeführt habe, Rechte herleiten wolle. Ziehe der Mieter ohne Rücksicht auf den weiterbestehenden Mietvertrag einfach aus, verweigere er weitere Mietzahlungen und veranlasse er dadurch den Vermieter, die Mietsache zu einer niedrigeren Miete weiterzuvermieten, so handele er regelmäßig rechtsmissbräuchlich, wenn er die Zahlung der Differenzmiete verweigern wolle mit der Begründung, der Vermieter sei wegen der Weitervermietung zur Gebrauchsüberlassung nicht mehr in der Lage gewesen. Der Vermieter müsse sich dann nur die Miete anrechnen lassen, die er aus der Weitervermietung erziele (§ 552 Satz 2 BGB a. F. = § 537 Abs. 1 Satz 2 BGB n. F.). Von einem diese Rechtsfolgen auslösenden groben Vertragsbruch des Mieters könne man aber nicht ausgehen, wenn er aus nachvollziehbaren Gründen zu Unrecht angenommen habe, das Mietverhältnis sei beendet. Dem Mieter sei es auch nur dann verwehrt, sich auf § 552 Satz 3 BGB a. F. zu berufen, wenn der Vermieter sich redlich bemüht habe, durch die Weitervermietung aus der vom Mieter vertragswidrig geschaffenen Situation im beiderseitigen Interesse das Beste zu machen. Das sei z. B. nicht der Fall, wenn er ohne hinreichenden Grund unter dem erzielbaren Marktpreis weitervermietet habe. **128**

129 Reagiere der Mieter auf eine Mitteilung des Vermieters, er wolle die Mietsache im beiderseitigen Interesse weitervermieten, nicht, so könne er sich
nachträglich regelmäßig z. B. nicht darauf berufen, er habe die Sache nicht
endgültig aufgeben wollen, sondern nur vorübergehend nicht genutzt.

> BGH, Urt. v. 31.3.1993 – XII ZR 198/91, BGHZ 122, 163 = ZIP
> 1993, 774 = WM 1993, 1564 = ZMR 1993, 317 = NJW 1993,
> 1645 = MDR 1993, 383,
> dazu EWiR 1993, 557 *(H.-G. Eckert)*.

130 Der Bundesrat hat im Gesetzgebungsverfahren angeregt, § 537 Abs. 2 BGB
n. F. folgende Formulierung anzufügen:

> „es sei denn, der Mieter hat ohne weitere Entrichtung der Miete den Gebrauch
> aufgegeben und der Vermieter hat die Gebrauchsüberlassung an einen Dritten
> angezeigt. Absatz 1 Satz 2 gilt entsprechend."

131 Dieser Vorschlag ist nicht Gesetz geworden, weil die Bundesregierung die
Ansicht vertreten hat, es sei sachgerechter, im Einzelfall „durch § 242 BGB
eine der Billigkeit entsprechende Korrektur" herbeizuführen. Die zitierte
Entscheidung des BGH, auf die sich die Stellungnahme der Bundesregierung
offensichtlich bezieht, gilt also weiter.

132 Nach denselben Grundsätzen kann der Mieter zur weiteren Mietzahlung verpflichtet bleiben, wenn er die gemieteten Räume vertragswidrig und ohne
Grund nicht übernimmt und der sonst vertragstreue Vermieter sie zwar weitervermietet, von dem neuen Mieter aber geringere oder keine Mietzahlungen erhält.

> OLG Naumburg, Urt. v. 25.11.1997 – 11 U 940/97, ZMR 1998,
> 425.

133 Der BGH hat in einem Hinweis für das weitere Verfahren dieser Ansicht des
OLG Naumburg ausdrücklich zugestimmt, das Urteil allerdings aus anderen
Gründen aufgehoben.

> BGH, Urt. v. 22.12.1999 – XII ZR 339/97, ZfIR 2000, 616
> = NJW 2000, 1105 = ZMR 2000, 207,
> dazu EWiR 2000, 325 *(H.-G. Eckert)*;
> ebenso BGH, Urt. v. 19.12.2007 – XII ZR 13/06, NZM 2008, 206
> = ZMR 2008, 278 = NJW 2008, 1148 = MDR 2008, 442.

134 Umgekehrt kann der zum Schadensersatz verpflichtete Mieter nicht einwenden, der Vermieter habe nach der vorzeitigen Beendigung des Mietverhältnisses zu einer höheren Miete weitervermietet und müsse sich dies im
Wege der Vorteilsausgleichung anrechnen lassen.

> OLG Düsseldorf, Urt. v. 14.5.1998 – 10 U 123/97, ZMR 1998, 692.

3. Wucher und Mietüberhöhung

135 Nach ständiger Rechtsprechung des BGH ist ein Vertrag als wucherähnliches
Geschäft nach § 138 Abs. 1 BGB nichtig, wenn Leistung und Gegenleistung

in einem auffälligen Missverhältnis zueinander stehen und weitere sittenwidrige Umstände hinzukommen, z. B. eine „verwerfliche Gesinnung" des durch den Vertrag objektiv Begünstigten.

BGH, Urt. v. 28.4.1999 – XII ZR 150/97, BGHZ 141, 257, 263
= ZMR 1999, 806 = NJW 1999, 3187 m. N.,
dazu EWiR 1999, 823 *(Mehring)*.

Die Rechtsprechung geht (auch) bei gewerblichen Mietverträgen davon aus, **136** dass ein auffälliges Missverhältnis vorliegt, wenn die vereinbarte Miete (entsprechend bei der Pacht) um knapp 100 % höher (oder niedriger) ist als der objektive Marktwert der Gebrauchsüberlassung.

Bub, in: Bub/Treier, II Rz. 715a m. N.

Marktwert ist der übliche Wert, der für eine vergleichbare Leistung auf dem **137** Markt zu zahlen ist. Bei Miet- oder Pachtverhältnissen ist demnach der Marktwert der Nutzungsüberlassung regelmäßig anhand der Miete oder Pacht zu ermitteln, die für vergleichbare Objekte erzielt wird.

BGH, Urt. v. 13.6.2001 – XII ZR 49/99, ZIP 2001, 1633 = ZfIR
2001, 903 = NJW 2002, 55 = ZMR 2001, 788 = WM 2001, 2391,
dazu EWiR 2001, 1035 *(Bühler)*.

Gibt es ausnahmsweise keine geeigneten Vergleichsobjekte, ist es regelmäßig **138** angebracht, einen mit der konkreten Marktsituation vertrauten Sachverständigen beurteilen zu lassen, welche Miete für dieses besondere Objekt erzielt werden kann; dies kann auch ein erfahrener Makler sein.

BGH, Urt. v. 3.9.2003 – XII ZR 314/00, NZM 2002, 822.

Dagegen ist die sog. EOP-Methode (an der Ertragskraft orientierte Pacht- **139** wertfindung), die von Teilen der Literatur zur Ermittlung der marktüblichen Pacht für Räume zum Betrieb einer Gaststätte empfohlen wurde, aus Rechtsgründen nicht geeignet, den zum Vergleich heranzuziehenden objektiven Pachtwert zu ermitteln.

BGH, Urt. v. 28.4.1999 – XII ZR 150/97, BGHZ 141, 257, 263
= ZMR 1999, 806 = NJW 1999, 3187 m. N.,
dazu EWiR 1999, 823 *(Mehring)*.

Ebenso wenig geeignet ist die von der EOP-Methode als Reaktion auf die **140** Entscheidung BGHZ 141, 257 abgeleitete sog. „indirekte Vergleichswertmethode", die sich in dem vom BGH beanstandeten Kern nicht von der EOP-Methode unterscheidet.

BGH, Urt. v. 13.6.2001 – XII ZR 49/99, ZIP 2001, 1633 = ZfIR
2001, 903 = NJW 2002, 55 = ZMR 2001, 788 = WM 2001, 2391,
dazu EWiR 2001, 1035 *(Bühler)*.

Der BGH hat Urteile, die auf ein nach der EOP-Methode erstattetes Sach- **141** verständigengutachten gestützt waren, aufgehoben.

BGH, Urt. v. 28.4.1999 – XII ZR 150/97, BGHZ 141, 257, 263
= ZMR 1999, 806 = NJW 1999, 3187, m. N.,

dazu EWiR 1999, 823 *(Mehring)*;
BGH, Urt. v. 13.6.2001 – XII ZR 49/99, ZIP 2001, 1633 = ZfIR
2001, 903 = NJW 2002, 55 = ZMR 2001, 788 = WM 2001, 2391,
dazu EWiR 2001, 1035 *(Bühler)*.

142 Eine verwerfliche Gesinnung des Begünstigten ist nicht nur dann zu bejahen,
wenn er als der wirtschaftlich oder intellektuell Überlegene die schwächere
Position seines Vertragspartners bewusst zu seinem Vorteil ausgenutzt hat,
sondern auch dann, wenn er sich leichtfertig der Erkenntnis verschlossen hat,
sein Partner lasse sich nur wegen seiner schwächeren Lage auf den ungünsti-
gen Vertrag ein.

BGH, Urt. v. 17.4.1980 – III ZR 96/78, NJW 1980, 2076, 2077
= WM 1980, 860.

143 Ein besonders auffälliges Missverhältnis zwischen Leistung und Gegenleistung spricht für eine verwerfliche Gesinnung des Begünstigten.

St. Rspr. vgl.
BGH, Urt. v. 30.5.2000 – IX ZR 121/99, BGHZ 144, 343 = ZfIR
2001, 194 = NJW 2000, 2669, 2670 m. N.

144 Für bestimmte Vertragstypen hat der BGH allein wegen eines krassen Miss-
verhältnisses auf eine verwerfliche Gesinnung geschlossen, auch wenn keine
weiteren, für ein sittenwidriges Verhalten sprechenden Umstände hinzuka-
men, so bei Teilzahlungs- oder Ratenkreditverträgen mit privaten Kunden,

BGH, Urt. v. 12.3.1981 – III ZR 92/79, BGHZ 80, 153, 161
= ZIP 1981, 369 = NJW 1981, 1206 = WM 1981, 353;
BGH, Urt. v. 10.7.1986 – III ZR 133/85, BGHZ 98, 174, 178
= ZIP 1986, 1037 = NJW 1986, 2564 = WM 1986, 991 m. N.,
dazu EWiR 1986, 869 *(Canaris)*,

bei Maklerverträgen,

BGH, Urt. v. 16.2.1994 – IV ZR 35/93, BGHZ 125, 135 = NJW
1994, 1475 = WM 1994, 986 = MDR 1994, 444,
dazu EWiR 1994, 437 *(Schwerdtner)*,

und zumindest ähnlich auch bei Grundstückskaufverträgen.

BGH, Urt. v. 4.2.2000 – V ZR 146/98, NJW 1487, 1488 m. N.;
BGH, Urt. v. 19.1.2001 – V ZR 437/99, BGHZ 146, 298 = ZIP
2001, 747 (m. Bespr. *Flume*, S. 1621) = ZfIR 2001, 907 = NJW
2001, 1127 = MDR 2001, 683,
dazu EWiR 2001, 607 *(Medicus)*;
BGH, Urt. v. 2.7.2004 – V ZR 213/03, BGHZ 160, 8 = ZIP 2004,
1758 = ZfIR 2004, 805,
dazu EWiR 2004, 1069 *(Medicus)*.

145 Zu Grundstückskaufverträgen führt der BGH in BGHZ 146, 298, 303 ff aus,
wegen der hohen finanziellen Aufwendungen, die mit dem Erwerb eines
Grundstücks verbunden seien, werde sich sowohl der Erwerber als auch der
Veräußerer vor Vertragsschluss „grundlegende Kenntnisse von den Markt-
preisen" verschaffen. Er sei damit regelmäßig ohne Weiteres in der Lage, ein

besonders grobes Äquivalenzmissverhältnis zu erkennen. Ob sich aus dem Vorliegen eines solchen Äquivalenzmissverhältnisses im Wege eines Anscheinsbeweises der volle Beweis für eine verwerfliche Gesinnung ergebe oder ob es sich nur um einen Indizienbeweis handele, könne offen bleiben. Jedenfalls handele es sich um eine beweiserleichternde Vermutung, die nur in Ausnahmefällen bei Vorliegen besonderer Umstände vom Tatrichter außer Acht gelassen werden dürfe.

Literatur und Rechtsprechung haben aus diesen Entscheidungen eine Art **146** Automatik hergeleitet (auffälliges Missverhältnis = verwerfliche Gesinnung), und es ist versucht worden, diese Automatik für gewerbliche Mietverträge zu übernehmen. So hat das OLG München in einer Entscheidung zu einem Mietvertrag aus der Rechtsprechung des V. Zivilsenats des BGH hergeleitet, bei einem besonders groben Missverhältnis zwischen Leistung und Gegenleistung sei „in der Regel eine weitere Prüfung der subjektiven Voraussetzungen entbehrlich".

> OLG München, Urt. v. 4.9.2000 – 17 U 5278/98, NZM 2000, 1059;
> vgl. auch *Bork*, JZ 2001, 1138.

Dem ist der BGH nicht gefolgt. Die Rechtsprechung zu Grundstückskauf- **147** verträgen ist nicht ohne Weiteres zu übertragen auf die Prüfung der Frage, ob der Vertragspartner eines für ihn auffällig günstigen Miet- oder Pachtvertrages eine verwerfliche Gesinnung hatte. Anders als bei Teilzahlungs- und Grundstückskaufverträgen ist bei gewerblichen Miet- und Pachtverträgen der objektive Wert der Gegenleistung jedenfalls für Personen, die nicht häufiger mit dem Abschluss solcher Verträge zu tun haben und/oder ortsfremd sind, oft nicht ohne Weiteres einzuschätzen. Deshalb ist bei diesen Verträgen im Rahmen der Prüfung, ob aus einem objektiv vorliegenden Missverhältnis auf eine verwerfliche Gesinnung (und damit auf die Nichtigkeit des Vertrages) geschlossen werden kann, eine tatrichterliche Prüfung erforderlich, ob das krasse Missverhältnis für den Begünstigten erkennbar war.

> BGH, Urt. v. 13.6.2001 – XII ZR 49/99, ZIP 2001, 1633 = ZfIR
> 2001, 903 = NJW 2002, 55 = ZMR 2001, 788 = WM 2001, 2391,
> dazu EWiR 2001, 1035 *(Bühler)*.

Diese Rechtsprechung hat der XII. Senat des BGH bestätigt mit Urteil **148**

> BGH, Urt. v. 14.7.2004 – XII ZR 352/00, NZM 2004, 907
> = NJW 2004, 3553.

Die Vermutung ist jedenfalls widerlegt, wenn sich die Vertragsparteien sach- **149** gerecht um die Wertermittlung bemüht haben,

> BGH, Urt. v. 19.7.2002 – V ZR 240/01, ZIP 2003, 80 = ZfIR
> 2003, 307 (LS) = NJW 2002, 3165,
> dazu EWiR 2003, 7 *(Freitag)*,

oder wenn die Ermittlung der marktüblichen Miete auch mit Hilfe eines oder mehrerer Sachverständiger nicht zuverlässig gelingt.

BGH, Beschl. v. 16.4.2003 – XII ZR 216/01 (unveröff.);
OLG Karlsruhe, Urt. v. 26.9.2002 – 9 U 13/02, NZM 2003, 108.

150 Der Schluss auf eine verwerfliche Gesinnung des Begünstigten ist nicht von vorneherein ausgeschlossen, wenn die benachteiligte Vertragspartei das grobe Missverhältnis zwischen Leistung und Gegenleistung kannte. Auch dann kann z. B. eine Zwangslage ausgenutzt worden sein.

BGH, Urt. v. 29.6.2007 – V ZR 1/06, ZfIR 2007, 844 = NJW
2007, 2841 = MDR 2007, 1121.

151 Bietet ein Autovermieter einem Unfallgeschädigten ein Ersatzfahrzeug zu einem Mietpreis an, der deutlich über dem marktüblichen Preis liegt, so muss er den Mieter auch dann, wenn es sich (noch) nicht um ein wucherähnliches Angebot handelt, darauf hinweisen, dass die Haftpflichtversicherung des Unfallgegners diesen Preis wohl nicht voll übernehmen wird.

BGH, Urt. v. 28.6.2006 – XII ZR 50/04, BGHZ 168, 168 = NJW
2006, 2618 = VersR 2006, 1274 = WM 2006, 1965 = JZ 2007,
783.

152 Zur Aufklärungspflicht des Vermieters eines Unfallersatzfahrzeugs vgl. auch

BGH, Urt. v. 24.10.2007 – XII ZR 155/05, ZMR 2008, 143
= MDR 2008, 205 = VersR 2008, 267.

4. Nichtigkeit des Mietvertrages wegen eines Verstoßes gegen ein gesetzliches Verbot

153 Die Abrede, zum Zweck der Steuerhinterziehung in dem schriftlichen Mietvertrag eine geringere Miete auszuweisen als vereinbart, ist nach § 134 BGB nichtig. Diese Abrede ist Teil des Rechtsgeschäfts. Ob die Nichtigkeit dieser Abrede die Nichtigkeit des gesamten Rechtsgeschäfts (des Mietvertrages) zur Folge hat, richtet sich nach der für solche Fälle ausdrücklich vorgesehenen Regelung des § 139 BGB. Im Zweifel ist Gesamtnichtigkeit anzunehmen, es sei denn, das Rechtsgeschäft wäre auch ohne den nichtigen Teil abgeschlossen worden.

BGH, Urt. v. 2.7.2003 – XII ZR 74/01, NZM 2003, 716 = NJW
2003, 2742 = MDR 2003, 1224,
dazu EWiR 2003, 1121 (H.-G. Eckert).

5. Lastschriftverfahren

154 In der in einer Formularklausel geregelten Verpflichtung des Schuldners, am Lastschriftverfahren teilzunehmen, sieht der BGH – entschieden für einen Vertrag über den Anschluss an das Breitbandkabelnetz – jedenfalls bei Abbuchung gleich bleibender nicht allzu hoher Entgelte weder eine Gefährdung der Dispositionsfreiheit noch eine Benachteiligung des Zahlungspflichtigen. Dies insbesondere auch deshalb, weil der Schuldner die Kontobelastung ohne Weiteres und ohne Mitwirkung des Gläubigers rückgängig machen kann.

BGH, Urt. v. 10.1.1996 – XII ZR 271/94, ZIP 1996, 462 = NJW
1996, 988,
dazu EWiR 1996, 337 *(Mankowski)*.

Diese Entscheidung dürfte entsprechend für alle gewerblichen Mietverträge   155
gelten.

Kommen Belastungen in wechselnder Höhe in Betracht, sollten dem Schuld-   156
ner zwischen dem Zugang der Rechnung und dem Tag der Kontobelastung
mindestens fünf Werktage verbleiben, damit er vor der Kontobelastung die
Rechnung prüfen und für eine ausreichende Deckung auf dem Konto sorgen
kann – entschieden zu einem Vertrag über die Inanspruchnahme von Mobil-
funkdiensten –

BGH, Urt. v. 23.1.2003 – III ZR 54/02, ZIP 2003, 350 = NJW
2003, 211 = NZM 2003, 367,
dazu EWiR 2003, 463 *(Hensen)*.

6. Verjährung

Die Mietforderung unterliegt nunmehr der regelmäßigen dreijährigen Ver-   157
jährungsfrist gem. § 195 BGB in der seit 1.1.2002 geltenden Fassung. Die
Verjährung beginnt mit dem Schluss des Jahres, in dem die Forderung entstanden ist (§ 199 Abs. 1 Nr. 1 BGB). Entstanden in diesem Sinn ist die
Mietforderung nicht schon mit Vertragsschluss, sondern erst jeweils bei Fälligkeit.

Die Rechtsverfolgung unterbricht die Verjährung nicht mehr, sondern   158
hemmt sie (§ 204 BGB). Nach § 203 BGB hemmen Verhandlungen zwischen
Gläubiger und Schuldner über den Anspruch oder die den Anspruch begründenden Umstände die Verjährung (neuer, allgemeiner Hemmungstatbestand,
so dass § 852 Abs. 2 BGB a. F. nicht mehr analog herangezogen werden muss).

7. Mietanpassung

Da für gewerbliche Mietverträge (anders als für Wohnungsmietverträge) keine   159
gesetzlichen Mietanpassungsregeln vorgesehen sind, spielt bei gewerblichen
Mietverträgen eine vereinbarte Wertsicherung eine wichtige Rolle.

Es kann eine Staffelmiete vereinbart werden, d. h., für verschiedene Zeit-   160
räume eines langfristigen Mietvertrages wird jeweils eine andere (regelmäßig
sich steigernde) Miete festgelegt.

§ 557a BGB (§ 10 MHG a. F.), der für das Wohnungsmietrecht Grenzen für   161
die Vereinbarung einer Staffelmiete vorsieht, gilt für das gewerbliche Mietrecht nicht.

BGH, Urt. v. 27.10.2004 – XII ZR 175/02, NZM 2005, 63
= ZMR 2005, 112.

Eine Staffelmietvereinbarung, die eine Erhöhung der Miete in regelmäßigen   162
Zeitabständen vorsieht, ist nicht wegen Störung des Äquivalenzverhältnisses

nach den Grundsätzen des Wegfalls der Geschäftsgrundlage zugunsten des Mieters anzupassen oder auszusetzen, wenn das Mietniveau fällt. Die Staffelmiete schafft beiden Parteien eine langfristige Kalkulationsgrundlage. Beide übernehmen das Risiko, dass die vertragliche Mietänderung nicht mit der Entwicklung der Mietpreise korrespondiert.

> BGH, Urt. v. 8.5.2002 – XII ZR 8/00, ZfIR 2002, 980 = NZM 2002, 659 = NJW 2002, 2384 = ZMR 2002, 659 = MDR 2002, 1114;
> BGH, Urt. v. 27.10.2004 – XII ZR175/02, NZM 2005, 63 = ZMR 2005, 112.

163 Der BGH deutet in dem Urteil vom 8.5.2002 an, dass allenfalls in wirklich extremen Ausnahmefällen das Festhalten an der übernommenen Risikoverteilung für eine Partei unzumutbar sein könnte.

164 **Wertsicherungsklauseln** in gewerblichen Mietverträgen sind allgemein verbreitet und können deshalb nicht als überraschend angesehen werden. Auch wenn sie in einem Formularvertrag enthalten sind, sind sie nicht von vorneherein zu beanstanden.

> Vgl. im Einzelnen *Wolf/Eckert/Ball*, Rz. 477.

165 Die inhaltliche Zulässigkeit solcher Klauseln regelte bis zum 31.12.1998 § 3 WährG, der mit der Einführung des Euro gem. Art. 9 § 1 EuroEG aufgehoben wurde. Nach altem Recht genehmigte Klauseln blieben wirksam.

166 Für nach dem 1.1.1999 abgeschlossene Gewerberaummietverträge (für Wohnungsmietverträge siehe § 557b BGB n. F., früher: § 10a MHG) wurde § 3 WährG – vorübergehend – abgelöst durch das Preisangaben- und Preisklauselgesetz in Verbindung mit der Preisklauselverordnung.

167 Auch diese Regelungen (siehe hierzu die Vorauflage, dort Rz. 131 ff) sind nicht mehr in Kraft. Sie sind ersetzt worden durch das als Teil des zweiten Gesetzes zum Abbau bürokratischer Hemmnisse am 14.9.2007 in Kraft getretene neue Preisklauselgesetz (PrKlG),

> BGBl I 2007, 2246.

168 Nach § 9 Abs. 1 PrKlG gelten Genehmigungen weiter, die bis zum 13.9.2007 vom Bundesamt für Wirtschaft in Eschborn nach altem Recht erteilt worden sind. Die entsprechenden Klauseln bleiben also ohne Weiteres wirksam.

169 Dass § 9 Abs. 1 PrKlG jedenfalls nicht ausdrücklich auch das Weitergelten solcher Klauseln anordnet, die nach altem Recht keiner Einzelgenehmigung bedurften (§ 4 Abs. 1 Nr. 1a und 2 Preisklauselverordnung), ist schon deshalb ohne Bedeutung, weil solche Klauseln ausnahmslos auch nach dem PrKlG unbedenklich sind.

170 Problematisch könnten in diesem Zusammenhang allerdings Fälle werden, in denen das Bundesamt für Wirtschaft unter Geltung des alten Rechts zu Unrecht ein sog. Negativattest ausgestellt hat. Die Wirkung eines solchen Nega-

tivattestes war schon unter Geltung des alten Rechts umstritten. Das OLG Rostock hat entschieden, die Zivilgerichte seien auch dann gebunden, wenn das Bundesamt die Wirksamkeit nicht ordnungsgemäß geprüft oder falsch beurteilt habe.

> OLG Rostock, Urt. v. 2.6.2006 – 3 U 113/05, NZM 2006, 742
> = ZMR 2006, 773,
> dazu (kritisch) EWiR 2006, 697 *(Gerber)*.

Die zugelassene Revision wurde nicht eingelegt, so dass die Frage nicht ab- 171
schließend entschieden ist.

§ 1 Abs. 1 PrKlG bestimmt, dass der Betrag von Geldschulden nicht unmit- 172
telbar oder selbsttätig durch den Preis oder Wert von anderen Gütern oder
Leistungen bestimmt werden darf, die mit den vereinbarten Gütern oder
Leistungen nicht vergleichbar sind. Eine automatische Mietanpassung ist
demnach im Grundsatz nicht erlaubt. Das PrKlG enthält aber in den folgenden Bestimmungen wichtige Ausnahmen von diesem Grundsatz.

Nach § 1 Abs. 2 Nrn. 1–4 PrKlG gilt das Verbot des Abs. 1 nicht für: 173

a) **sog. Leistungsvorbehaltsklauseln.** Die Miete soll nicht automatisch stei-
gen oder fallen, sondern – unter Berücksichtigung von Billigkeitser-
wägungen – neu festgesetzt werden, und zwar durch Vereinbarung der
Parteien (hilfsweise durch das Gericht), durch den Vermieter nach billi-
gem Ermessen (§§ 315 ff BGB) oder – häufig – durch einen Schiedsgut-
achter. In der Klausel sollte geregelt sein, unter welchen Voraussetzungen eine Änderung erfolgen soll (z. B., wenn ein bestimmter Index
in einer bestimmten Weise gestiegen oder gefallen ist), ob es sich um eine
Neufestsetzung unabhängig von der Ausgangsmiete oder um eine Anpassung handeln soll und welcher Maßstab der Änderung zugrunde gelegt werden soll (z. B.: Entwicklung der marktüblichen Miete).

b) **sog. Spannungsklauseln.** Es soll zwar eine automatische Anpassung der
Miete stattfinden, als Maßstab dafür wird aber die Entwicklung bei im
Wesentlichen gleichartigen oder zumindest vergleichbaren Leistungen
oder Gütern festgelegt (z. B.: Die Untermiete soll sich verändern wie die
Hauptmiete).

c) **sog. Kostenelementeklauseln.** Es wird geregelt, dass echte Kostenstei-
gerungen auf die Miete aufgeschlagen werden dürfen. Es muss sich um
Kostenfaktoren handeln, die der Vermieter im Zusammenhang mit der
Mietsache zu tragen hat und die nicht im Rahmen der Nebenkosten auf
den Mieter abgewälzt sind (z. B.: Versicherungsprämien). Es darf sich
also nicht um eine versteckte Mieterhöhung handeln.

d) Regelungen, die nur zu einer Ermäßigung der Miete führen können,
nicht auch zu einer Erhöhung.

174 Für gewerbliche Mietverträge (für die Wohnungsmiete siehe § 557b BGB) enthält § 3 Abs. 1 Nr. 1e i. V. m. § 2 Abs. 1 PrKlG **die wichtige Ausnahme von dem Verbot automatisch wirkender Preisklauseln,** nahezu wortgleich entnommen aus dem alten Recht. Danach sind Preisklauseln in gewerblichen Mietverträgen wirksam, wenn folgende Voraussetzungen erfüllt sind:

a) Der Vermieter muss mindestens zehn Jahre (wirksam) an den Vertrag gebunden sein, eventuell dadurch, dass dem Mieter eine entsprechende Option eingeräumt ist.

b) Maßstab für die Anpassung der Miete darf nur ein Preisindex für die „Gesamtlebenshaltung", ermittelt vom Statistischen Bundesamt oder einem Statistischen Landesamt sein, oder ein Verbraucherpreisindex des Statistischen Amtes der EU.

c) Die Preisklausel muss im Einzelfall hinreichend bestimmt sein.

d) Sie darf keine Vertragspartei unangemessen benachteiligen (was nach § 2 Abs. 3 PrKlG insbesondere der Fall ist, wenn nur eine Erhöhung, nicht auch eine Herabsetzung der Miete vorgesehen ist, wenn nur eine Partei die Anpassung verlangen kann oder wenn sich die Miete gegenüber dem herangezogenen Preisindex unverhältnismäßig ändern kann).

175 Auch wenn die Parteien in dem Vertrag eine zehnjährige Bindung vorgesehen haben, ist die Wertsicherungsklausel nicht erlaubt, wenn die Schriftform nicht eingehalten und der Mietvertrag deshalb für beide Parteien vorzeitig kündbar ist (§ 550 BGB). In einem solchen Fall kann eine Umdeutung in eine genehmigungsfreie Leistungsvorbehaltsklausel in Betracht kommen, bei deren Anwendung allerdings Billigkeitsgesichtspunkte zu berücksichtigen sind und die deshalb nicht – jedenfalls nicht ohne Weiteres – zu demselben Ergebnis wie die Wertsicherungsklausel führt.

OLG Rostock, Urt. v. 10.1.2005 – 3 U 61/04, NZM 2005, 506, dazu EWiR 2005, 719 *(Gerber)*.

176 Das OLG Rostock hat wegen grundsätzlicher Bedeutung die Revision zugelassen, sie wurde aber nicht eingelegt.

177 Bei in Altverträgen enthaltenen Wertsicherungsklauseln, die sich auf die früheren Indizes des Statistischen Bundesamtes beziehen, ergibt sich ein Problem, weil das Statistische Bundesamt diese Indizes (z. B. Vierpersonenhaushalt mit mittlerem Einkommen) seit dem 1.1.2003 nicht mehr fortschreibt. Seither gibt es als Indizes des Statistischen Bundesamtes nur noch den „Verbraucherpreisindex für Deutschland" und den „Harmonisierten Preisindex". Der Harmonisierte Preisindex dient im Wesentlichen der Vergleichbarkeit der Preisentwicklungen in der EU. Er ist häufigen Änderungen unterworfen und somit für eine Wertsicherungsklausel ungeeignet. Es ist deshalb geboten, Wertsicherungsklauseln in Altverträgen, die auf einen nicht fortgeführten Index abstellen, auf den Verbraucherpreisindex für Deutschland umzustellen. Das ist im Ergebnis nicht streitig.

Auszüge aus dem „Eilbericht" des Statistischen Bundesamtes hierzu vom Januar 2003 sind veröffentlicht in   178

FamRZ 2003, 506.

Durch welchen rechtlichen Schritt die Umstellung erfolgen soll oder kann,   179
ist bisher aber nicht geklärt. Es wird die Meinung vertreten, jede Vertragspartei könne von der anderen die Einwilligung in eine entsprechende Vertragsänderung verlangen.

So *Lützenkirchen*, NZM 2001, 835.

Welche Vorteile dieses aufwendige und im Streitfall mit erhöhten Kosten   180
verbundene Verfahren hätte, leuchtet nicht ein. Es liegt näher anzunehmen,
dass der Vermieter im Wege der ergänzenden Vertragsauslegung ohne Weiteres Anspruch hat auf die nach einer Umrechnung auf den neuen Index angefallene höhere Miete.

Palandt/*Grüneberg*, § 3 PrKlG Rz. 2 m. N.;
vgl. auch *Fritz*, Rz. 111d m. w. N.

Solange die Frage nicht abschließend geklärt ist, empfiehlt es sich – jedenfalls   181
bei langfristigen, höherwertigen Verträgen und wenn Einvernehmen zwischen den Parteien herrscht –, unter Beachtung der Schriftformerfordernisse
eine entsprechende Änderungsvereinbarung abzuschließen.

Die Umrechnung von dem alten auf den neuen Index ist kompliziert. Das   182
Statistische Bundesamt stellt hierzu aber – jedenfalls zurzeit noch – im Internet ein ausgezeichnetes Programm zur Verfügung (www.destatis.de, Menü:
Preise/Preisindizes in Verträgen), mit dessen Hilfe man schnell und mühelos
zunächst den sog. Schwellenwert ermitteln kann (den Wert, bei dessen Erreichen im neuen Index eine Anpassung zu erfolgen hat). Anschließend ist die
ab diesem Zeitpunkt zu zahlende Miete zu berechnen. Auch hierzu hilft das
Computerprogramm weiter.

Das Statistische Bundesamt bietet sogar an, nach Einsenden eines ausgefüll-   183
ten Formulars die Umrechnung vorzunehmen.

Neu ist § 8 PrKlG. Danach entfällt das nach altem Recht vorgesehene Ge-   184
nehmigungsverfahren ersatzlos, das Bundesamt für Wirtschaft ist mit Wertsicherungsklauseln nicht mehr befasst. Auch Klauseln, die gegen die Regelungen des PrKlG verstoßen, bleiben zunächst voll wirksam, bis der Verstoß
rechtskräftig festgestellt worden ist. Die rechtskräftige Feststellung wirkt
nur für die Zukunft (ex nunc), d. h.: bis zu diesem Stichtag steht dem Vermieter die wegen der Wertsicherungsklausel erhöhte Miete endgültig zu. Im
Rahmen der Entscheidung über eine Klage auf Zahlung einer erhöhten Miete
kann der Verstoß nicht rechtkräftig festgestellt werden, weil in diesem Zusammenhang die Frage nach der Wirksamkeit der Klausel nur eine Vorfrage
ist, die nicht an der Rechtskraft teilnimmt. Der Mieter müsste im Wege der
Widerklage die Feststellung begehren, dass die Klausel unwirksam ist. Das

Gericht müsste dann auf die Klage hin die auf Grund der verbotenen Wertsicherungsklausel erhöhte Miete zusprechen, weil die Unwirksamkeit noch
nicht rechtskräftig festgestellt wäre, und auf die Widerklage hin müsste es in
demselben Urteil die Unwirksamkeit der Wertsicherungsklausel feststellen.
Die erhöhte Miete wäre bis zur Rechtskraft der Entscheidung über die Widerklage zu zahlen, die der Kläger durch Einlegen eines Rechtsmittels hi-
nausschieben kann.

> Vgl. *Gerber*, NZM 2008, 152–155.

185 Nicht geklärt ist die Frage, ob eine gegen § 307 Abs. 1 Satz 1 BGB versto-
ßende unangemessene Benachteiligung des Mieters vorliegt mit der Folge der
Unwirksamkeit der Klausel von Anfang an, wenn ein vom Vermieter gestell-
tes Vertragsformular eine Wertsicherungsklausel enthält, die zwar an sich
verboten ist, nach § 8 PrKlG aber zunächst wirksam wäre.

> Vgl. einerseits (für die uneingeschränkte Anwendbarkeit des
> § 307 BGB) *Gerber*, NZM 2008,152, 155 und
> *Wolf/Eckert/Ball*, Rz. 482;
> letztlich auch *Schweitzer*, ZfIR 2009, 689 ff. m. zahlr. N.,
> andererseits *Schultz*, NZM 2008, 425, 427.

8. Betriebskosten

186 Der Vermieter von Gewerberäumen ist verpflichtet, Nebenkosten, auf die
der Mieter Vorauszahlungen geleistet hat, innerhalb einer angemessenen
Frist abzurechnen. Diese Frist endet im Regelfall eine Jahr nach Ablauf des
Abrechnungszeitraums.

Anders als bei der Wohnraummiete bedeutet die Versäumung dieser Frist bei
der Gewerberaummiete aber nicht, dass der Vermieter mit Nachforderungen
ausgeschlossen ist. § 556 Abs. 3 Satz 3 BGB, auf den § 578 BGB gerade nicht
verweist, ist entgegen einer in der Literatur – allerdings ganz vereinzelt – vertretenen Meinung auch nicht analog auf die Gewerberaummiete anwendbar.

> BGH, Urt. v. 27.1.2010 – XII ZR 22/07, zur Veröffentlichung,
> auch in BGHZ, vorgesehen.

187 Eine vorformulierte Klausel in einem gewerblichen Mietvertrag, mit der die
Kosten der (kaufmännischen und technischen) Hausverwaltung auf den Mieter umgelegt werden, ist weder überraschend i. S. v. § 305c BGB noch verstößt sie gegen das Transparenzgebot des § 307 Abs. 1 Satz 2 BGB. Das gilt
auch dann, wenn die Klausel weder eine Bezifferung noch eine höhenmäßige
Begrenzung der Verwaltungskosten enthält.

> BGH, Urt. v. 9.12.2009 – XII ZR 109/08, ZfIR 2010, 236
> = NZM 2010, 123;
> BGH, Urt. v. 24.2.2010 – XII ZR 69/08, zur Veröffentlichung
> vorgesehen.

IV. Leistungshindernisse vor Übergabe des Mietobjekts

1. Rücktritt und Kündigung vor Fälligkeit der Übergabe

Vor der Übergabe verdrängen die Kündigungsvorschriften des Mietrechts die **188** Rücktrittsregeln des allgemeinen Schuldrechts nicht, beide Möglichkeiten, den Mietvertrag zu beenden, bestehen nebeneinander.

> *Wolf/Eckert/Ball*, Rz. 250 m. N.;
> Staudinger/*Emmerich*, BGB § 543 Rz. 15.

Erst für die Zeit nach der Übergabe hat der BGH (unter Aufgabe früherer **189** Rechtsprechung des Reichsgerichts) schon sehr früh entschieden, dass ein Rücktritt nach Überlassung der Mietsache ausgeschlossen ist, wenn ein Recht zur fristlosen Kündigung besteht,

> BGH, Urt. v. 10.7.1966 – VIII ZR 120/66, BGHZ 50, 312,

es sei denn – dies gilt allgemein für Dauerschuldverhältnisse –, die Rückabwicklung nach einem Rücktritt ist unschwer möglich und nach der Interessenlage sachgerecht.

> BGH, Urt. v. 19.2.2002 – X ZR 166/99, NJW 2002, 1870
> m. w. N.

Die Anfechtung eines gewerblichen Mietvertrages wegen arglistiger Täu- **190** schung ist sowohl vor als auch nach Überlassung der Miträume neben der Kündigung zulässig, sie wirkt – ex tunc – auf den Zeitpunkt des Vertragsschlusses zurück (keine Ausnahme von § 142 Abs. 1 BGB)

> BGH, Urt. v. 6.8.2008 – XII ZR 67/06, BGHZ 178, 16 = ZfIR
> 2009, 139 = NZM 2008, 886 = ZMR 2009, 103.

Insbesondere bei der Vermietung auf dem Reißbrett besteht ein Bedürfnis, **191** sich vor dem vereinbarten Übergabetermin von dem Vertrag lösen zu können, wenn abzusehen ist, dass dieser Termin nicht eingehalten werden kann. Bis zum Inkrafttreten des Schuldrechtsmodernisierungsgesetzes gab es im BGB keine Bestimmung, aus der man – jedenfalls unmittelbar – ein Recht zum Rücktritt schon vor Fälligkeit des Anspruchs auf Gebrauchsüberlassung herleiten konnte. Die Rechtsprechung half sich in besonders gelagerten Fällen mit einer gewagten Analogie zu § 326 BGB a. F., der an sich Fälligkeit gerade voraussetzte.

> BGH, Urt. v. 29.4.1970 – VIII ZR 120/68, WM 1970, 791
> = MDR 1970, 756;
> BGH, Urt. v. 10.12.1975 – VIII ZR 147/74, WM 1976, 75
> = MDR 1976, 393.

§ 323 Abs. 4 BGB n. F. bestimmt nun, dass der Gläubiger schon vor Eintritt **192** der Fälligkeit der Leistung zurücktreten kann, wenn „offensichtlich" ist, dass die Voraussetzungen des Rücktritts eintreten werden. Die Materialien stellen ausdrücklich klar, dass die dem Art. 72 Abs. 1 UN-Kaufrecht nachgebildete

Vorschrift die auf streitiger dogmatischer Grundlage beruhende bisherige Rechtsprechung ersetzen soll.

193 § 323 Abs. 4 BGB verweist zunächst auf Absatz 1 dieser Vorschrift. Es muss also offensichtlich sein, dass die Leistung auch innerhalb einer angemessenen Nachfrist nach Fälligkeit nicht erbracht werden kann, es sei denn, die Nachfrist ist nach § 323 Abs. 2 BGB ausnahmsweise entbehrlich.

> Palandt/*Grüneberg*, BGB, § 323 Rz. 23.

194 Das Rücktrittsrecht nach § 323 Abs. 1 BGB geht nicht unter, wenn der Gläubiger, nachdem es begründet worden ist, weiterhin Erfüllung verlangt hat.

> BGH, Urt. v. 20.1.2006 – V ZR 124/05, WM 2006, 509 = MDR
> 2006, 735 = JZ 2006, 1028 m. Anm. *Schwab*.

195 Für das Rücktrittsrecht nach § 323 Abs. 4 BGB dürfte dasselbe gelten.

196 In der Literatur wird mit bedenkenswerten Gründen vorgeschlagen, Zweifel an der Leistungsfähigkeit des Schuldners wegen drohender Insolvenz nicht oder jedenfalls nicht ohne Weiteres ausreichen zu lassen, weil sonst ein Konflikt mit Regeln der Insolvenzordnung bestehe und die Gleichbehandlung der Gläubiger gefährdet sei.

> *Mossler*, ZIP 2002, 1831;
> MünchKomm-*Ernst*, BGB, § 323 Rz. 140.

197 § 323 Abs. 4 BGB bestimmt nicht ausdrücklich, dass der Gläubiger den Schuldner vor Erklärung des Rücktritts in irgendeiner Form warnen muss. Eine solche Anzeigepflicht sieht Art. 72 Abs. 2 UN-Kaufrecht, dem § 323 Abs. 4 BGB nachgebildet ist, vor. Es ist jedenfalls nicht ausgeschlossen, dass der BGH eine solche Verpflichtung des Gläubigers aus § 242 BGB herleiten wird, etwa um dem Schuldner Gelegenheit zu geben, durch besondere Maßnahmen die rechtzeitige Leistung doch noch sicherzustellen.

> *Wolf/Eckert/Ball*, Rz. 244.

198 Bevor die Frage höchstrichterlich geklärt ist, empfiehlt sich vorsichtshalber eine solche Anzeige.

199 Das Wort „offensichtlich" in § 323 Abs. 4 BGB ist in diesem Zusammenhang ungewöhnlich. Dass Glaubhaftmachung nicht ausreicht,

> vgl. Palandt/*Grüneberg*, BGB, § 323 Rz. 23,

ist eher eine Selbstverständlichkeit. Der Gläubiger wird mit den Beweismitteln der ZPO den Zustand zur Zeit der Rücktrittserklärung nachweisen müssen und dass von diesem Zustand ausgehend – ohne dass ein ernsthafter Zweifel bestehen konnte – das Mietobjekt nicht mehr rechtzeitig (d. h. im Regelfall bis zum Ablauf einer angemessenen Nachfrist) herzustellen war.

> *Wolf/Eckert/Ball*, Rz. 243;
> ähnlich MünchKomm-*Ernst*, BGB, § 323 Rz. 134.

Nicht geklärt ist, ob § 323 Abs. 4 BGB ausschließlich auf Absatz 1 dieser **200** Vorschrift verweist, ob Absatz 4 also nur anwendbar ist, wenn in Zukunft offensichtlich das gesetzliche Rücktrittsrecht zur Verfügung stehen wird, oder ob auch vertraglich vereinbarte Rücktrittsrechte den Weg über Absatz 4 eröffnen. Dagegen könnte sprechen, dass die Vertragsparteien, wenn sie ein Rücktrittsrecht vereinbaren, selbst dessen Voraussetzungen bestimmen können, also auch, ob es beim Eintreten bestimmter Umstände schon vor Fälligkeit gelten soll. Wenn sie eine solche Regelung nicht treffen, besteht nicht ohne Weiteres Anlass, das vereinbarte Rücktrittsrecht kraft Gesetzes zu erweitern. Die Materialien sagen hierzu nichts.

Durch das Schuldrechtsmodernisierungsgesetz ist die nach altem Recht be- **201** stehende „Rücktrittsfalle", dass nämlich nach einem Rücktritt keine Schadensersatzansprüche aus der ausbleibenden Erfüllung hergeleitet werden konnten, beseitigt worden. Nach § 325 BGB n. F. werden durch den Rücktritt Schadensersatzansprüche nicht ausgeschlossen. Diese Vorschrift ist aber keine Anspruchsgrundlage, sie verweist vielmehr auf die §§ 280 ff BGB, deren Voraussetzungen erfüllt sein müssen. Daraus ergibt sich ein Problem, weil nach dem Wortlaut der §§ 280 Abs. 3, 281 Abs. 1 BGB Schadensersatz statt der Leistung nur verlangt werden kann, wenn eine „fällige" Leistung nicht wie geschuldet erbracht wird, der Rücktritt nach § 323 Abs. 4 BGB aber gerade vor Fälligkeit erfolgt. Es spricht jedoch alles dafür, dass es sich hierbei nur um ein redaktionelles Versehen des Gesetzgebers handelt und nach dem Willen des Gesetzgebers auch der nach § 323 Abs. 4 BGB Zurücktretende Anspruch auf vollen Schadensersatz haben soll.

> Ausführlich hierzu *Jaensch*, ZGS 2004, 134 ff;
> im Erg. ebenso MünchKomm-*Ernst*, BGB, § 281 Rz. 62;
> jurisPK-BGB/*Alpmann*, § 281 Rz. 8;
> *Dauner-Lieb*, Schuldrecht, § 281 Rz. 2.

Höchstrichterlich nicht geklärt ist, in welchem Verhältnis nach einem Rück- **202** tritt die allgemeinen Rücktrittsregeln (§§ 346 ff BGB) zu den Schadensersatzansprüchen nach §§ 280, 281 BGB stehen. Die Literatur nimmt – überzeugend – an, dass der Zurücktretende nach seiner Wahl entweder nach §§ 346 ff BGB abwickeln und zusätzlich einen darüber hinausgehenden Schaden geltend machen oder insgesamt nach der Differenzmethode Schadensersatz statt der Leistung verlangen kann mit der Folge, dass die wegen des Rücktritts wegfallenden Leistungen Positionen in der Differenzrechnung werden.

> MünchKomm-*Ernst*, BGB, § 325 Rz. 6;
> Palandt/*Grüneberg*, BGB, § 325 Rz.2.

2. Unmöglichkeit und Verzug

Liegt schon bei Abschluss des Mietvertrages ein Leistungshindernis vor, das **203** es dem Vermieter i. S. d. § 275 BGB unmöglich macht, die Mietsache zu überlassen, werden der Vermieter (nach § 275 Abs. 1 BGB) und der Mieter (nach § 326 Abs. 1 BGB) von ihren Leistungspflichten frei. Der Mieter kann jedoch nach §§ 311a Abs. 2, 283, 284 BGB Schadensersatz statt der Leistung oder Ersatz seiner notwendigen Aufwendungen verlangen, es sei denn, der Vermieter hat das Leistungshindernis bei Vertragsschluss nicht gekannt und diese Unkenntnis nicht zu vertreten. Letzteres dürfte die Ausnahme sein, weil der Vermieter regelmäßig das Beschaffungsrisiko trägt (§ 276 Abs. 1 BGB).

204 Tritt ein solches Leistungshindernis nach Vertragsschluss, aber vor der Übergabe ein, wird der Vermieter ebenfalls nach § 275 Abs. 1 BGB frei, der Mieter jedoch nur, wenn er für den Eintritt des Leistungshindernisses nicht allein oder überwiegend,

vgl. hierzu *Wolf/Eckert/Ball*, Rz. 230 m. N.,

verantwortlich ist oder sich zum Zeitpunkt des Eintritts im Annahmeverzug befand (§ 326 Abs. 2 BGB). Der Mieter kann unter den Voraussetzungen der §§ 283, 284 BGB Schadensersatz verlangen.

205 Soweit die Übergabe der Mietsache – gleich aus welchen Gründen – unterbleibt, tritt im Regelfall jedenfalls für die abgelaufene Zeit (Teil-)Unmöglichkeit ein.

BGH, Urt. v. 14.11.1990 – VIII ZR 13/90, WM 1991, 328 = ZMR 1991, 57 = NJW-RR 1991, 267 = DB 1991, 1376, dazu EWiR 1991, 239 *(I. Pape)*.

206 Das gilt allerdings nur, wenn die für den Verspätungszeitraum geschuldete Gebrauchsgewährung nicht nachgeholt werden kann. Nachgeholt werden kann sie z. B., wenn das Mietverhältnis erst mit der Übergabe der Mietsache beginnen und von diesem Zeitpunkt an für eine feste Zeitspanne bestehen soll: Dann kommt statt Unmöglichkeit Verzug in Betracht.

BGH, Urt. v. 23.9.1992 – XII ZR 44/91, WM 1993, 172 = ZMR 1993, 7 = NJW 1992, 3226 = MDR 1992, 1147.

V. Gewährleistung des Vermieters

1. Schadensersatz bei Nichtgewährung des Gebrauchs

Kann der Vermieter dem Mieter die vermietete Sache wegen eines schon bei **207** Vertragsschluss vorliegenden Mangels nicht in einer für den vertragsgemäßen Gebrauch tauglichen Beschaffenheit überlassen, so kommt (neben z. B. dem Recht zur fristlosen Kündigung nach § 543 Abs. 1 und Abs. 2 Nr. 1 BGB) ein Schadensersatzanspruch des Mieters nach § 536a Abs. 1 BGB. in Betracht. Es handelt sich um eine – dem BGB an sich fremde – verschuldensunabhängige Garantiehaftung. Die mietrechtlichen Gewährleistungsbestimmungen – und damit auch der dem § 538 Abs. 1 BGB a. F. in diesem Punkt inhaltlich unverändert nachgebildete § 536a BGB n. F. – sind aber nach der ständigen Rechtsprechung des BGH nur anwendbar, wenn die Mietsache dem Mieter übergeben worden ist.

> BGH, Urt. v. 12.10.1977 – VIII ZR 73/76, WM 1977, 1328
> = NJW 1978, 103;
> BGH, Urt. v. 10.11.1982 – VIII ZR 252/81, BGHZ 85, 267
> = WM 1983, 44 = NJW 1983, 446;
> BGH, Urt. v. 18.6.1997 – XII ZR 192/95, BGHZ 136, 102 = ZIP
> 1997, 1594 = ZfIR 1997, 523,
> dazu EWiR 1997, 971 *(Sternel)*;
> BGH, Beschl. v. 25.11.1998 – XII ZR 12/97, WM 1999, 603
> = NJW 1999, 635,
> dazu EWiR 1999, 491 *(H.-W. Eckert)*.

§ 536 BGB n. F. stellt (genauso wie § 537 BGB a. F.) darauf ab, ob die Miet- **208** sache „zur Zeit der Überlassung an den Mieter" (also zur Zeit der Übergabe) einen Mangel (früher inhaltsgleich: Fehler) hat; und § 536a BGB n. F. setzt wie § 538 Abs. 1 BGB a. F. einen solchen Mangel voraus. Insofern hat sich an der Rechtslage nichts geändert. Bis zur Übergabe sind die allgemeinen Regeln über Leistungsstörungen anzuwenden.

> BGH, Urt. v. 18.6.1997 – XII ZR 192/95, BGHZ 136, 102 = ZIP
> 1997, 1594 = ZfIR 1997, 523,
> dazu EWiR 1997, 971 *(Sternel)*;
> BGH, Beschl. v. 25.11.1998 – XII ZR 12/97, WM 1999, 603
> = NJW 1999, 635,
> dazu EWiR 1999, 491 *(H.-W. Eckert)*.

Die dogmatischen Schwierigkeiten, die sich – insbesondere bei der Vermie- **209** tung von erst noch herzustellenden Sachen (sog. Vermietung auf dem Reißbrett) – daraus ergaben, dass § 306 BGB a. F. in Fällen anfänglicher objektiver Unmöglichkeit die Nichtigkeit des Vertrages anordnete,

> vgl. BGH, Urt. v. 18.6.1997 – XII ZR 192/95, BGHZ 136, 102
> = ZIP 1997, 1594 m. w. N.= ZfIR 1997, 523,
> dazu EWiR 1997, 971 *(Sternel)*,

sind mit der Schuldrechtsreform entfallen, weil § 306 BGB a. F. ersatzlos gestrichen worden ist und nach § 275 BGB n. F. die anfängliche Unmöglichkeit wie die nachträgliche behandelt wird.

210 Nach dem Wortlaut des § 536a Abs. 1 BGB greift die verschuldensunabhängige Garantiehaftung des Vermieters nur ein, wenn der Mangel der Mietsache schon bei Abschluss des Mietvertrages vorhanden war. Soll die Mietsache bei Abschluss des Mietvertrages erst hergestellt werden, kann zu diesem Zeitpunkt der Mangel regelmäßig noch nicht vorliegen, weil es die Sache noch nicht gibt. Nach ständiger Rechtsprechung des BGH ist jedoch bei der Vermietung erst noch herzustellender Sachen diese Garantiehaftung entsprechend anwendbar, wenn der Mangel entweder bei der Übergabe oder bei der Fertigstellung der Mietsache vorgelegen hat.

So schon
BGH, Urt. v. 29.4.1953 – VI ZR 212/52, BGHZ 9, 320 = NJW 1953, 1180;
BGH, Urt. v. 16.1.1963 – VIII ZR 169/61, WM 1963, 321 = NJW 1963, 804.

211 Die verschuldensunabhängige Garantiehaftung kann bei Gewerberaummietverträgen durch Formularvertrag wirksam ausgeschlossen werden.

BGH, Urt. v. 27.1.1993 – XII ZR 141/91, NJW-RR 1993, 519, und BGH, Urt. v. 3.7.2002 – XII ZR 327/00, ZMR 2002, 899 = NZM 2002, 784 = NJW 2002, 3232.

212 Die gleiche Haftung trifft den Vermieter, wenn nach Vertragsschluss und nach Übergabe der Mietsache Mängel auftreten, die er zu vertreten hat oder mit deren Beseitigung er in Verzug geraten ist (§ 536a Abs. 1 BGB).

213 Eine Ausnahme von dem Grundsatz, dass die an einen Mangel der Mietsache anknüpfenden Gewährleistungsbestimmungen des Mietrechts nur anzuwenden sind, wenn die Mietsache übergeben worden ist, hat der BGH zum alten Recht bei Rechtsmängeln gemacht.

BGH, Urt. v. 5.7.1991 – V ZR 115/90, WM 1991, 1931 = ZMR 1991, 418 = NJW 1991, 3277 = MDR 1992, 159.

214 Inwieweit diese Entscheidung unter der Geltung des neuen Rechts Bedeutung behält, ist noch nicht abzusehen.

215 Kommt es nicht zur Übergabe der Mietsache, weil der Vermieter sie nicht in einem zum vertragsgemäßen Gebrauch geeigneten Zustand zur Verfügung stellen kann, und sind deshalb die Gewährleistungsbestimmungen des Mietrechts nicht anwendbar, kommt dennoch nach dem allgemeinen Recht der Leistungsstörungen ein Schadensersatzanspruch des Mieters gegen den Vermieter in Betracht, weil der Vermieter regelmäßig – von seltenen Ausnahmefällen abgesehen – mit dem Abschluss des Mietvertrages das Beschaffungsrisiko (§ 276 Abs. 1 Satz 1 BGB.) übernommen hat (§§ 275, 276 Abs. 1, 283, 284, 311a Abs. 2 BGB).

Diese neue gesetzliche Regelung entspricht der Rechtsprechung des BGH **216** zum alten Recht: Danach kamen vertragliche Schadensersatzansprüche des Mieters gegen den Vermieter nach § 325 BGB a. F. in Betracht, wenn es nicht zur Übergabe der Mietsache kam, weil sich der Vermieter verpflichtet hatte, sie in einem Zustand zur Verfügung zu stellen, der nicht herstellbar war. Der Vertrag blieb wirksam.

> BGH, Urt. v. 18.6.1997 – XII ZR 192/95, BGHZ 136, 102 = ZIP
> 1997, 1594,
> dazu EWiR 1997, 971 *(Sternel)*;
> BGH, Beschl. v. 25.11.1998 – XII ZR 12/97, WM 1999, 603
> = NJW 1999, 635,
> dazu EWiR 1999, 491 *(H.-W. Eckert)*.

Hat der Vermieter die Mietsache ordnungsgemäß überlassen und wird sie **217** danach, ohne dass es der Vermieter zu vertreten hat, derart beschädigt, dass ihre Wiederherstellung nicht möglich oder dem Vermieter nicht zumutbar ist, so wird der Vermieter von seiner Verpflichtung zur Gewährung des Gebrauchs nach § 275 Abs. 1 BGB frei. Der Mieter wird nach § 326 Abs. 1 BGB von seiner Verpflichtung zur Zahlung der Miete ebenfalls frei, wenn auch er den Schaden nicht – nach neuem Recht: jedenfalls nicht überwiegend, § 326 Abs. 2 BGB – zu vertreten hat.

> BGH, Urt. v. 26.9.1990 – VIII ZR 205/89, ZIP 1990, 1483 = WM
> 1991, 26 = ZMR 1991, 19 = NJW-RR 1991, 204 = MDR 1991,
> 329 = DB 1990, 2517 = BB 1990, 2366,
> dazu EWiR 1990, 1187 *(Emmerich)*.

Nach dem vom BGH vertretenen Schadensbegriff (der Geschädigte ist so zu **218** stellen, wie er gestanden hätte, wenn das schädigende Ereignis nicht eingetreten wäre) kann an sich ein Mieter, der dem Grunde nach Schadensersatz verlangen kann, weil ihm der Gebrauch der Mietsache nicht ordnungsgemäß überlassen worden ist (§ 536a Abs. 1 BGB), Aufwendungen, die er im Vertrauen auf eine ungestörte Abwicklung des Geschäfts gemacht hat und die jetzt nutzlos geworden sind (z. B. Maklerkosten), nicht als Schaden geltend machen, weil diese Aufwendungen auch ohne das schädigende Ereignis entstanden wären. Die Rechtsprechung vermied dieses offensichtlich unbillige Ergebnis durch die Annahme, es spreche eine (allerdings widerlegbare) „Rentabilitätsvermutung" dafür, dass der enttäuschte Vertragspartner seine Aufwendungen durch Vorteile aus der vereinbarten Gegenleistung wieder erwirtschaftet hätte.

> Vgl. hierzu z. B.
> BGHZ 99, 182, 196 f m. w. N.;
> BGH, Urt. v. 30.6.1993 – XII ZR 136/91, BGHZ 123, 96 = ZIP
> 1993, 1165 = NJW 1993, 2527,
> dazu EWiR 1993, 855 *(Medicus)*.

§ 284 BGB bestimmt nun ausdrücklich, der Gläubiger könne „anstelle des **219** Schadensersatzes statt der Leistung" Ersatz der Aufwendungen verlangen, die er im Vertrauen auf den Erhalt der Leistung gemacht hat und billigerweise machen durfte, es sei denn, deren Zweck wäre auch ohne Pflicht-verletzung des Schuldners nicht erreicht worden.

220 Das Recht zur fristlosen Kündigung nach § 543 BGB muss innerhalb einer angemessenen Frist ausgeübt werden, nachdem der Berechtigte den Kündi-gungsgrund erfahren hat. Unter Würdigung aller Umstände des Einzelfalles ist zu beurteilen, ob die Kündigungserklärung nach Treu und Glauben noch zulässig war.

> OLG Celle, Urt. v. 26.10.1994 – 2 U 238/93, ZMR 1995, 298;
> ähnlich OLG München, Urt. v. 9.2.1996 – 21 U 4494/94, ZMR
> 1996, 487, 490.

221 Die Beweislast für die rechtzeitige und mangelfreie Erledigung von Hand-werkerarbeiten, die der Vermieter nach dem Vertrag vor der Gebrauchsüber-lassung durchzuführen hat, trägt der Vermieter, weil er Erfüllungsbereit-schaft darlegen und beweisen muss.

> OLG Köln, Urt. v. 18.12.1996 – 27 U 17/96, ZMR 1997, 230.

222 Werden zu einem noch nicht fertig gestellten Mietobjekt vom Vermieter fal-sche, überhöhte Flächenangaben gemacht, kann der Mieter zum Rücktritt vom Vertrag berechtigt sein.

> OLG Hamm, Urt. v. 1.10.1997 – 33 U 37/97, NJW-RR 1998, 152.

2. Sachmängelhaftung

223 Die Gewährleistungsrechte des Mieters wegen eines Sachmangels (Mangel-beseitigung nach §§ 535 Abs. 1 Satz 2, 536a Abs. 2 BGB, Minderung der Miete kraft Gesetzes nach § 536 BGB, eventuell Schadensersatz nach § 536a Abs. 1 BGB und fristlose Kündigung nach § 543 Abs. 1 und Abs. 2 Nr. 1 BGB) setzen voraus, dass der Mietsache eine besonders zugesicherte Eigen-schaft fehlt – was bei Mietverträgen, anders als bei Kaufverträgen, keine gro-ße praktische Bedeutung hat – oder dass die Mietsache mit einem Mangel (früher inhaltsgleich: Fehler) behaftet ist (§ 536 Abs. 1 BGB).

224 Die Mietrechtsreform hat in diesem Zusammenhang – jedenfalls für die Ge-werberaummiete – keine wesentlichen Änderungen eingeführt, so dass die vor der Reform ergangenen Entscheidungen weiter zu berücksichtigen sind.

225 Mangel ist jede Abweichung des tatsächlichen Zustandes der Mietsache (Istbeschaffenheit) von der durch die Erfordernisse des vertragsgemäßen Gebrauchs bestimmten Sollbeschaffenheit. Die Sollbeschaffenheit muss demnach nicht in jedem Fall der Normalbeschaffenheit, der üblichen Be-schaffenheit einer Sache entsprechen. Es gilt vielmehr der sog. subjektive Mangelbegriff. Wird ein Oldtimer vermietet, um lediglich als Blickfang bei einer Veranstaltung ausgestellt zu werden, muss er nicht unbedingt fahrbe-reit sein. Umgekehrt genügt die übliche Tragfähigkeit einer Geschossdecke

nicht, wenn die Räume zur Aufnahme besonders schwerer Maschinen oder einer Bibliothek vermietet sind.

Vertragliche Abreden zur Beschaffenheit der Mietsache können auch kon- 226 kludent in der Weise getroffen werden, dass der Mietinteressent dem Vermieter erklärt, welche Anforderungen er an die Mietsache stellt, und der Mieter in irgend einer Form zu erkennen gibt, dass er dies akzeptiert. Eine einseitig gebliebene Vorstellung des Mietinteressenten ist dagegen auch dann unbeachtlich, wenn sie dem Vermieter bekannt ist.

> BGH, Urt. v. 23.9.2009 – VIII ZR 300/08, NZM 2009, 855
> = MDR 2010, 20 (zur Wohnungsmiete).

Fehlt eine besondere Vereinbarung, wird im Zweifel die übliche Beschaffen- 227 heit geschuldet.

> BGH, Urt. v. 26.7.2004 – VIII ZR 281/03, NZM 2004, 736
> = ZMR 807 = NJW 2004, 3174;
> *Wolf/Eckert/Ball*, Rz. 256.

Bei der üblichen Beschaffenheit ist regelmäßig abzustellen auf die zur Zeit 228 der Errichtung eines Gebäudes maßgeblichen technischen Normen. Nimmt der Vermieter jedoch bauliche Veränderungen vor, die den Mietgebrauch beeinträchtigen können (im konkreten Fall eine Aufstockung, die im Stockwerk darunter zu Lärmimmissionen führen kann), so muss der Umbau den zurzeit des Umbaus gültigen DIN-Normen genügen (z. B. bzgl. des Trittschallschutzes).

> BGH, Urt. v. 6.10.2004 – VIII ZR 355/03, NZM 2005, 60
> = ZMR 2005, 108 = NJW 2005, 218.

Solange die technischen Normen, deren Einhaltung vom Vermieter geschul- 229 det wird, eingehalten werden, stellt es keinen Mangel dar, wenn der Vermieter im Interesse anderer Mieter bauliche Veränderungen vornimmt, die zu einer im Verhältnis zu der Zeit vor dem Umbau erhöhten Geräuschbelastung führen.

> BGH, Urt. v. 23.9.2009 – VIII ZR 300/08, NZM 2009, 855
> = MDR 2010, 20.

Erbringt eine vermietete Maschine nicht die nach dem Vertrag vorausgesetz- 230 te Leistung, liegt auch dann ein Mangel vor, wenn der Mieter durch eine besondere Arbeitsorganisation das Leistungsdefizit kompensieren kann.

> OLG Düsseldorf, Urt. v. 14.2.2008 – I-24 U 99/07, NZM 2008,
> 824 = MDR 2008, 793.

Es ist von grundsätzlicher Bedeutung, ob bei einer Änderung der einschlä- 231 gigen Standards die Frage, ob und eventuell ab welchem Zeitpunkt eine Schadstoffbelastung einen Mangel der Mietsache darstellt, nach den bei Vertragsschluss geltenden Standards oder nach den veränderten Standards zu beurteilen ist. Es kann deshalb einen Verfassungsverstoß darstellen, wenn ein Gericht diese Frage nicht durch einen Rechtsentscheid klären lässt.

BVerfG, 1. Kammer des 1. Senats, Beschl. v. 4.8.1998 – 1 BvR
1711/94, ZMR 1998, 687.

232 Das OLG Köln hat entschieden, eine übermäßige Aufheizung von gemieteten
Büroräumen durch Sonneneinstrahlung könne einen Sachmangel darstellen.
Eine Gebrauchstauglichkeit solcher Räume könne nur angenommen werden,
wenn die Arbeitsbedingungen nicht aufgrund des Bauzustandes in unzuträg-
licher Weise beeinträchtigt würden. Zuträgliche Arbeitsbedingungen setzten
auch voraus, dass sich das Raumklima in akzeptablen Grenzen halte. Eine ab-
solute Höchstgrenze für die zulässige Innentemperatur im Sommer sei zwar
nicht gesetzlich vorgegeben. Die durchgeführte Beweisaufnahme habe aber
ergeben, dass eine Innentemperatur von 26 °C „an der oberen Grenze des
Behaglichkeitsbereiches" liege und jedenfalls nicht für einen längeren Zeitraum wesentlich überschritten werden dürfe. Die diesbezüglichen Ausführungen des Sachverständigen deckten sich z. B. mit (allerdings nicht unmittelbar anwendbaren) DIN-Normen (DIN 1946, Teil 2 „Raumlufttechnik",
Abschnitt 3.1.3.), nach denen die maximale Raumlufttemperatur bei Außentemperaturen von weniger als 26 °C nur 25 °C betragen dürfe, bei höheren
Außentemperaturen nicht mehr als 27 °C.

233 Die unzuträgliche Überschreitung der zumutbaren Innentemperatur beruhe
auf einem Mangel der Mietsache, nämlich „dem Fehlen eines bauseits vor-
handenen Sonnenschutzes". Gewährleistungsansprüche nach den §§ 537, 538
BGB a. F. waren in entsprechender Anwendung des § 539 BGB a. F. ausgeschlossen. Das Oberlandesgericht hat die Vermieterin aber nach § 536 BGB
a. F. verurteilt, zur Herstellung des vertragsgemäßen Zustandes die Räume
mit einem außenliegenden Sonnenschutz zu versehen.

OLG Köln, Urt. v. 28.10.1991 – 2 U 185/90, NJW-RR 1993, 466.

234 Der BGH hat die Revision der Vermieterin nicht angenommen.

BGH, Beschl. v. 9.12.1992 – XII ZR 247/91 (unveröff.);
ähnlich OLG Hamm, Urt. v. 18.10.1994 – 7 U 132/93,
NJW-RR 1995, 143.

235 Das OLG Rostock hat unter Berufung auf die Arbeitsstättenverordnung
(ArbeitsstättenVO) entschieden, zur Ausübung eines Gewerbes vermietete
Räume, in denen Arbeitnehmer beschäftigt werden sollten, müssten so be-
schaffen sein, dass bei Außentemperaturen bis zu 32 °C die Innentemperatur
allenfalls 26 °C betrage und dass bei höheren Außentemperaturen als 32 °C
die Innentemperatur mindestens 6 °C geringer sei als die Außentemperatur.
Andernfalls liege ein Mangel der Mietsache vor. Dem Mieter sei auch nicht
zuzumuten, zur Vermeidung höherer Temperaturen nachts die Fenster offen
zu halten.

OLG Rostock, Urt. v. 29.12.2000 – 3 U 83/98, NZM 2001, 425
= NJW-RR 2001, 802.

236 Ebenso mit leicht modifizierter Begründung und weiteren Nachweisen

OLG Hamm, Urt. v. 28.2.2007 – 30 U 131/06, OLGR 2007, 541.

Kritisch zu dieser Rechtsprechung unter Hinweis u. a. auf DIN 4108-2 und   237
Energiespargesichtspunkte

Schliemann, ZfIR 2005, 488.

Diesen Entscheidungen hat sich das OLG Frankfurt/Main ausdrücklich   238
nicht angeschlossen. Ob bei einer Aufheizung des Mietobjekts wegen starker
Sonneneinstrahlung ein Mangel vorliege, richte sich nicht nach der ArbeitsstättenVO, sondern in erster Linie nach dem Mietvertrag, im Übrigen nach
den baurechtlichen Vorschriften. Die Annahme, in Mieträumen bestimmte
Höchsttemperaturen einhalten zu müssen, finde keine „gesetzliche Stütze in
den baurechtlichen Vorschriften". Es sei allgemein bekannt, dass bei Gebäu-
den mit großen Glasflächen mit erhöhten Innentemperaturen zu rechnen sei.
Dem stehe gegenüber mehr Helligkeit und Transparenz. Wer die hierdurch
auftretenden Temperaturen als unzuträglich empfinde, müsse mit dem Vermieter eine Vereinbarung über Abhilfemaßnahmen treffen oder selbst eine
Klimaanlage einbauen.

Ob auch eine „exorbitante Aufheizung auf 35 bis 40 Grad" hingenommen   239
werden müsse, sei hier nicht zu entscheiden.

OLG Frankfurt/M., Urt. v. 19.1.2007 – 2 U 106/06, NZM 2007,
330.

Die zugelassene Revision ist offenbar nicht eingelegt worden. Dennoch ist   240
der BGH mit dieser für die Praxis sehr wichtigen Frage befasst, so dass bald
eine Klärung zu erwarten ist. Das OLG Karlsruhe hat in einer neuen Entscheidung ähnlich entschieden wie das OLG Frankfurt/Main.

OLG Karlsruhe, Urt. v. 17.12.2009 – 9 U 42/09, zur Veröffent-
lichung vorgesehen.
Eine Revision gegen dieses Urteil ist beim BGH anhängig,
Az. XII ZR 08/2010.

In einem vom OLG Köln entschiedenen Fall machte der Mieter eine Min-   241
derung der Miete geltend, weil das an der Zapfstelle in der Küche des gemieteten Bürogebäudes entnommene Wasser einen nach der Trinkwasserverord-
nung unzulässigen Bleigehalt hatte. An anderen Zapfstellen des gemieteten
Gebäudes war das entnommene Wasser einwandfrei. Das Oberlandesgericht
führt aus, grundsätzlich gehöre auch bei der Vermietung von Büro- und La-
gerräumen eine den Rechtsvorschriften entsprechende Qualität des Trink-
wassers zu den Eigenschaften der Mietsache, die ihren vertragsgemäßen
Gebrauch mitbestimmten, weil die Mitarbeiter des Mieters z. B. das Trinkwasser zum Kaffeekochen benutzten. Zum vertragsgemäßen Zustand der
Mietsache gehöre, dass gerade in der Küche einwandfreies Trinkwasser zur
Verfügung stehe. Im konkreten Fall sei aber eine Minderung um nur 5 %
angemessen, da die Flächen überwiegend nur zu Lagerzwecken vermietet
gewesen seien und die Mieterin dort nur vier bis sechs Mitarbeiter beschäftigt habe, deren Bedarf an Trinkwasser für ca. 100 DM im Monat durch
Mineralwasser gedeckt werden könne.

OLG Köln, Urt. v. 30.4.1991 – 22 U 277/90, ZMR 1992, 155.

242 Der Vermieter gewerblicher Räume ist ohne eine entsprechende Vereinbarung im Mietvertrag nicht befugt, den Mieter selbst mit Strom zu versorgen, statt die vermieteten Räume an die öffentliche Stromversorgung anschließen zu lassen. Der Vermieter hat, wenn sich aus dem Mietvertrag nichts anderes ergibt, grundsätzlich dafür einzustehen, dass die vermieteten Räume über einen Stromanschluss an das allgemeine Versorgungsnetz verfügen. Fehlt ein solcher Anschluss, hat der Mieter nicht nur einen Anspruch auf Herstellung nach § 536 BGB, es liegt dann regelmäßig auch ein Sachmangel i. S. d. § 537 BGB (jeweils a. F.) vor.

BGH, Urt. v. 30.6.1993 – XII ZR 161/91, ZIP 1993, 1167 = WM
1993, 1857 = ZMR 1993, 455 = NJW-RR 1993, 1159
= MDR 1993, 972,
dazu EWiR 1993, 865 *(H.-G-Eckert)*.

243 Das OLG Hamburg nimmt einen Sachmangel an, wenn Wohnräume ohne Genehmigung einer Nutzungsänderung zu gewerblichen Zwecken vermietet sind und auch nur die – allerdings schon „konkrete" – Gefahr besteht, die Nutzung könne in Zukunft durch ein Einschreiten der Behörde beeinträchtigt werden. Eine solche Gefahr führe aber nur zu einer Mietminderung von 10 %.

OLG Hamburg, Urt. v. 27.3.1996 – 4 U 169/95, NJW-RR 1996,
1356,
dazu EWiR 1997, 67 *(H.-G. Eckert)*;
ähnlich für die Vermietung einer Wohnung als Arztpraxis
KG, Urt. v. 15.1.1996 – 8 U 6509/94, ZMR 1996, 263.

244 Werden Räume vermietet, um darin ein Restaurant mit Live-Musik zu betreiben, ist die Mietsache mangelhaft, wenn der Schallschutz nicht ausreichend ist, um öffentlich -rechtlichen Vorschriften zu genügen.

KG, Urt. v. 18.12.2008 – 12 U 110/07, ZMR 2010, 31.

245 Auch Gefahrenquellen, die außerhalb des Mietobjekts liegen, können einen Mangel der Mietsache darstellen, wenn sie sich im selben Gebäude befinden und sich während der Mietzeit negativ auf die Mietsdache auswirken.

BGH, Urt. v.10.5.2006 – XII ZR 23/04, NZM 2006, 582 = MDR
2007, 25.

246 Für das Kaufrecht hat das Schuldrechtsmodernisierungsgesetz in § 434 Abs. 3 BGB n. F. eindeutig geregelt, dass die Lieferung einer geringeren Menge als vereinbart einem Sachmangel „gleichsteht" (also nicht ein Sachmangel ist). Für das neue Mietrecht ist eine entsprechende Regelung nicht eingeführt worden. Der VIII. Zivilsenat des BGH hat aber – nach Einführung des neuen Rechts – zunächst für die Wohnraummiete entschieden, es stelle „grundsätzlich" einen Mangel der Mietsache dar, wenn die (nach der einschlägigen DIN-Vorschrift berechnete) tatsächliche Fläche um mehr als 10 % geringer sei als die im Mietvertrag angegebene Fläche. Der Mieter

müsse dann nicht weiter darlegen, dass deshalb die Tauglichkeit der Wohnung zum vertragsgemäßen Gebrauch eingeschränkt sei, und müsse nur eine geminderte Miete zahlen.

> BGH, Urt. v. 24.3.2004 – VIII ZR 295/03, NZM 2004, 453
> = NJW 2004, 1947,
> dazu EWiR 2004, 791 *(H.-G. Eckert)*.

Dass die Beeinträchtigung des vertragsgemäßen Gebrauchs in einem solchen   **247** Falle nicht etwa nur widerleglich vermutet, sondern nicht weiter geprüft werden soll, ergibt sich noch eindeutiger aus einem Urteil des XII. Zivilsenats des BGH, mit dem er die Entscheidung für das gewerbliche Mietrecht übernommen hat. Es heißt dort, auch wenn die Räume trotz geringerer Größe den beabsichtigten Geschäftsbetrieb an sich ermöglichen würden, bleibe es „bei der Einschränkung des vertragsgemäßen Gebrauchs durch das Abweichen des tatsächlichen von dem vertraglich geschuldeten Zustand".

> BGH, Urt. v. 4.5.2005 – XII ZR 254/01, NZM 2005, 203 = ZMR
> 2005, 975 = NJW 2005, 2152.

Die Entscheidungen sind zwar aus dogmatischer Sicht nicht unproblema-   **248** tisch. Dass sich, wenn auch in einem besonderen Fall, allein aus einer Abweichung von einer Beschreibung der Mietsache im Mietvertrag ohne weitere Prüfung eine wesentliche Beeinträchtigung „der Tauglichkeit zum vertragsgemäßen Gebrauch" i. S. d. § 536 Abs. 1 BGB herleiten lässt, ist mit dem Text und dem bisherigen Verständnis der Vorschrift nicht ohne Weiteres zu vereinbaren (der VIII. Senat zitiert ausführlich Gegenmeinungen). Eine um 10 % kleinere Fläche wird in aller Regel eine Einschränkung der Tauglichkeit zur Folge haben und deshalb hätte man jedenfalls eine widerlegliche Vermutung in Erwägung ziehen können. Eine Beeinträchtigung der Tauglichkeit dürfte aber z. B. nicht – jedenfalls nicht immer – vorliegen, wenn sich die Abweichung von der Flächenangabe im Mietvertrag daraus ergibt, dass die jetzt herangezogene DIN-Vorschrift bestimmte Flächen nicht voll anrechnet.

Der BGH behandelt die Flächenangabe in einem Mietvertrag, sogar eine „ca.-   **249** Angabe",

> BGH, Urt. v. 24.3.2004 – VIII ZR 133/03, NZM 2004, 456
> = ZMR 2004, 500;
> ebenso BGH, Urt. v. 21.4.2010 – VIII ZR 131/09,
> zur Veröffentlichung vorgesehen,

im rechtlichen Ergebnis wie eine zugesicherte Eigenschaft, ohne deren strenge Voraussetzungen zu prüfen. Es sollte nicht unerheblich sein, welche Bedeutung die Parteien bei Abschluss des Mietvertrages der Flächenangabe beigemessen haben. Nicht selten entscheidet sich der Mieter nach einer Besichtigung des Mietobjekts zum Vertragsabschluss und die Parteien setzen dann in das vorgedruckte Mietvertragsformular nur deshalb eine kritiklos aus einer anderen Urkunde – z. B. einem Kaufvertrag – übernommene Flächenangabe ein, weil das Formular eine entsprechende Spalte vorsieht. Es kann empfehlenswert sein, die Spalte unausgefüllt zu lassen.

250 Trotz dieser dogmatischen Überlegungen hat sich die Praxis an diesen Entscheidungen zu orientieren. Sie sind offensichtlich in Kenntnis der Problematik ergangen und es ist nicht damit zu rechnen, dass der BGH davon in absehbarer Zeit abweicht.

251 Inzwischen hat der VIII. Senat (für die Wohnungsmiete) entschieden, dass die Mietfläche nicht nach DIN 283 zu berechnen ist, wenn die Parteien sich – auch stillschweigend – auf eine andere Berechnung geeinigt haben. Die DIN-Vorschrift ist nur anzuwenden, wenn die Parteien diese Berechnungsmethode vereinbart haben oder wenn sie ortsüblich oder nach Art der Wohnung "naheliegender" ist.

> BGH, Urt. v. 23.5.2007 – VIII ZR 231/06, NZM 2007, 595
> = NJW 2007, 2624.

252 Keine Frage des Gewährleistungsrechts ist es, ob der vereinbarte Mietpreis an Hand der im Mietvertrag angegebenen qm-Fläche berechnet ist und deshalb nach allgemeinen Regeln des Vertragsrechts der tatsächlichen Fläche angepasst werden kann.

253 Ohne eine besondere Vereinbarung stellt es keinen Mangel der Mietsache dar, wenn großflächige Ladenfenster keine Sicherungsvorkehrungen gegen Einbruch haben, und zwar auch dann nicht, wenn der Mieter nach einer Einbruchserie für die Zukunft keinen Versicherungsschutz mehr erlangen kann.

> KG, Urt. v. 29.9.1997 – 20 U 4599/97, NZM 1998, 437.

254 Das OLG Naumburg hält dagegen in solchen Fällen eine fristlose Kündigung nach § 542 Abs. 1 BGB a. F. für gerechtfertigt.

> OLG Naumburg, Urt. v. 16.12.1996 – 1 U 175/96, NZM 1998, 438.

255 Der Vermieter ist grundsätzlich nicht verpflichtet, den Sicherheitsstandard eines vermieteten Bürogebäudes veränderten Sicherheitserkenntnissen anzupassen.

> OLG Düsseldorf, Urt. v. 6.6.2002 – 10 U 12/01, NZM 2002, 737
> = ZMR 2002, 819.

256 Dagegen kann eine unzureichend vermauerte Wandöffnung, die einen Einbruch erleichtert, einen Mangel der vermieteten Räume darstellen.

> BGH, Urt. v. 7.6.2006 – XII ZR 34/04, NZM 2006, 626 = ZMR
> 2006, 678 = WM 2006, 1872.

257 Nach Auffassung des OLG Hamm genügt zur Annahme eines Sachmangels schon die von einer Schadstoffbelastung ausgehende Gefahrenlage.

> OLG Hamm, Urt. v. 13.2.2002 – 30 U 20/01, ZfIR 2002, 812
> (m. Anm. Sohn, S. 818).

Öffentlich-rechtliche Gebrauchshindernisse und Gebrauchsbeschränkungen, **258**
die dem vertragsgemäßen Gebrauch entgegenstehen, stellen dann einen Fehler der Mietsache i. S. d. §§ 537 f BGB a. F. = § 536 BGB n. F. dar (einen Sachmangel), wenn sie mit der Beschaffenheit oder Lage der Mietsache zusammenhängen und nicht in persönlichen oder betrieblichen Umständen des Mieters ihre Ursache haben. (Beispiel: Wegen des Zustandes der zum Betrieb einer Gaststätte vermieteten Räume kann eine Gaststättenkonzession nicht erteilt werden.)

> St. Rspr., zuletzt
> BGH, Urt. v. 11.12.1991 – XII ZR 63/90, WM 1992, 583 = ZMR
> 1992, 239 = NJW-RR 1992, 267;
> weitere Beispiele aus der Rechtsprechung bei
> *Kraemer*, in: Bub/Treier, III B Rz. 1345 f.

Das OLG Koblenz hat entschieden, die Einführung eines behördlichen **259**
Rauchverbots führe nicht zu einem Mangel der zum Betrieb einer Gaststätte vermieteten Räume. Das Ergebnis überzeugt, weniger aber die umständliche Begründung. U. a. wird darauf abgestellt, dass der Mieter auch insofern das Verwendungsrisiko trage. Dies ist ein Argument dafür, dass kein Wegfall der Geschäftsgrundlage vorliegt (§ 313 BGB), spricht aber nicht gegen die Annahme eines Mangels. Ein Mangel der vermieteten Räume dürfte nicht vorliegen, weil der Umstand, dass in Zukunft nicht geraucht werden darf, nichts zu tun hat mit der Beschaffenheit und der Lage des Mietobjekts.

> OLG Koblenz, Urt. v. 18.11.2009 – 1 U 579/09, NZM 2010, 83
> = NJW-RR 2010, 203;
> siehe auch *Leo/Ghassemi-Tabar*, NZM 2008, 271;
> *Paschke*, NZM 2008, 265.

In diesem Zusammenhang zu beachten: In einem vom BGH entschiedenen **260**
Fall waren gewerbliche Räume vor ihrer Fertigstellung zum Betrieb eines Lebensmittelmarktes vermietet worden. Öffentlich-rechtliche Gebrauchsbeschränkungen standen an sich nicht entgegen, die Baugenehmigung war erteilt worden. Der vereinbarte Fertigstellungstermin konnte aber nicht eingehalten werden, weil eine Nachbarin gegen die Erteilung der Baugenehmigung wegen von ihr befürchteter Lärm- und Abgasimmissionen Widerspruch erhob und das Oberverwaltungsgericht die aufschiebende Wirkung des Widerspruchs anordnete. Nach erfolgloser Fristsetzung für die Übergabe kündigte die Mieterin fristlos und verlangte Schadensersatz.

Der BGH führt aus, der Umstand alleine, dass ein Nachbar Widerspruch ein- **261**
gelegt und ein Verwaltungsgericht ihm vorläufigen Rechtsschutz gewährt habe, sei nicht vergleichbar mit einem Verstoß gegen maßgebliche gesetzliche Bestimmungen. Deshalb sei es kein Fehler der Mietsache, dass die Räume wegen des Nachbarwiderspruchs auch einige Monate nach dem vereinbarten Termin nicht hätten übergeben werden können. Nur ein rechtswirksames Verbot – nicht schon ein Verfahren, das darauf abziele, ein solches Verbot festzustellen oder auszusprechen – führe zu der Annahme eines Fehlers der Mietsache.

262 Ein Sachmangel könne ausnahmsweise dann vorliegen, wenn eine über Jahre hinaus bestehende Ungewissheit über die Wirksamkeit einer behördlichen Verfügung (hier: der Baugenehmigung) die Besorgnis rechtfertige, das Grundstück sei auf Dauer nicht zu dem vereinbarten Gebrauch zu benutzen. Im zu entscheidenden Fall habe die Mieterin die fristlose Kündigung aber schon nach einem Jahr ausgesprochen. Ein solches nur zeitweiliges Gebrauchshindernis könne nicht einer endgültigen Gebrauchsbeschränkung gleichgesetzt werden und löse deshalb auch nicht die Garantiehaftung nach §§ 537, 538 BGB a. F. = §§ 536, 536a BGB n. F. aus.

263 Im Mietrecht könne eine Verzögerung der Gebrauchsüberlassung zur Teilunmöglichkeit führen, wenn die für den Verspätungszeitraum geschuldete Gebrauchsgewährung nicht mehr nachgeholt werden könne. Im zu entscheidenden Fall habe das Mietverhältnis aber erst mit der Übergabe der fertig gestellten Räume beginnen und von diesem Zeitpunkt an (zunächst) 15 Jahre bestehen sollen. Wegen der eingetretenen Verzögerung könne die Mieterin Schadensersatzansprüche nur nach den Regeln des Verzugs geltend machen, die (wenn die Vermieterin keine besondere Einstandspflicht für die Einhaltung des Übergabetermins übernommen habe) Verschulden voraussetzten.

BGH, Urt. v. 23.9.1992 – XII ZR 44/91, WM 1993, 172 = ZMR 1993, 7 = NJW 1992, 3226 = MDR 1992, 1147.

264 Bei der gewerblichen Zwischenvermietung von Wohnungen zum Zwecke der Weitervermietung muss ein Umstand, der im Verhältnis des Zwischenmieters zu seinem Mieter als Mangel anzusehen ist, nicht zwingend auch im Verhältnis des Hauptmieters zu dem Zwischenvermieter als Mangel zu bewerten sein (und umgekehrt). Regelmäßig betrifft aber ein die Wohnungstauglichkeit einschränkender Mangel auch das Verhältnis zwischen Hauptvermieter und Zwischenvermieter.

BGH, Urt. v. 30.6.2004 – XII ZR 251/02, NZM 2004, 776 = ZMR 2005, 101 = MDR 2004, 1348.

265 Auch äußere Einflüsse oder Umstände – etwa die Behinderung des beschwerdefreien Zugangs zu einem gemieteten Geschäftslokal, Lärmbelästigungen – können einen Sachmangel des Mietobjekts begründen. Erforderlich ist allerdings, um Ausuferungen des Mangelbegriffs zu vermeiden, eine unmittelbare Beeinträchtigung, eine unmittelbare Einwirkung auf die Gebrauchstauglichkeit der Mietsache. Dagegen sind Umstände, die die Eignung der Mietsache zum vertragsgemäßen Gebrauch nur mittelbar berühren, nicht als Mängel zu qualifizieren.

BGH, Urt. v. 16.2.2000 – XII ZR 279/97, ZIP 2000, 887 = NJW 2000, 1714 = NZM 2000, 492 = ZMR 2000, 508, dazu EWiR 2000, 469 (H.-G. Eckert).

266 Zu sog. Umfeldmängeln im Gewerberaummietrecht ausführlich:

Fritz, NZM 2008, 825–832.

In einer zur Wohnraummiete ergangenen Entscheidung geht der BGH ohne **267** Weiteres davon aus, dass zu großer Lärm aus einer Nachbarwohnung einen Sachmangel darstellt.

> BGH, Urt. v. 16.7.2003 – VIII ZR 274/02, ZIP 2003, 1502
> = NZM 2003, 667 = NJW 2003, 6679,
> dazu EWiR 2004, 51 *(Moeser)*.

Zur Frage, wann Art und Umfang des Publikumsverkehrs eines gewerblichen **268** Mitmieters einen Sachmangel darstellen kann, vgl.

> BGH, Urt. v. 15.10.2008 – XII ZR 1/07, NJW 2009, 664 = NZM
> 2009, 124.

Die Einrichtung einer verkehrsbereinigten Zone im Innenstadtbereich und **269** ein darauf zurückzuführender Umsatzrückgang in einer Gastwirtschaft führen nicht dazu, dass die zum Betrieb der Gastwirtschaft vermieteten Räume mit einem Mangel behaftet sind. Auch eine Korrektur des Mietvertrages nach den Regeln über den Wegfall der Geschäftsgrundlage scheidet jedenfalls im Regelfall aus. Das Ertragsrisiko fällt in den Risikobereich des Mieters.

> OLG Celle, Urt. v. 13.3.1996 – 2 U 53/95, NJW-RR 1996, 1099,
> dazu EWiR 1996, 975 *(H.-G. Eckert)*.

Wird im Zuge von Straßenbauarbeiten der Zugang zu einem vermieteten La- **270** denlokal behindert, so liegt darin nach Ansicht des OLG Düsseldorf nicht ohne weiteres ein Sachmangel. Der Mieter ist regelmäßig auf landesrechtliche Entschädigungsansprüche zu verweisen, in NRW nach § 20 Abs. 2 NWStrWG.

> OLG Düsseldorf, Urt. v. 18.11.1997 – 24 U 261/96, NZM 1998,
> 481.

Entsprechende Entschädigungsregeln sind allerdings nicht in allen Bundes- **271** ländern in den landesrechtlichen Straßen- und Wegegesetzen enthalten.

Das OLG Dresden hat demgegenüber – allerdings in einem extrem gelager- **272** ten Fall – entschieden, der Mieter eines Gewerberaummietvertrages sei wegen eines Sachmangels zur fristlosen Kündigung berechtigt gewesen, weil unmittelbar vor seinem an einem zentralen Platz einer Großstadt gelegenen Ladenlokal umfangreiche Bauarbeiten (u. a. Erdaushubarbeiten wegen des Baus einer Tiefgarage) durchgeführt und dann über längere Zeit eingestellt worden seien mit der Folge, dass der Zugang zu dem Ladenlokal über Jahre hinweg nur über Bretterstege möglich gewesen sei.

> OLG Dresden, Urt. v. 18.12.1998 – 5 U 1774/98, ZMR 1999, 241
> = NJW-RR 1999, 448 = NZM 1999, 317.

Das Kammergericht nimmt dagegen einen zur Minderung berechtigenden **273** Mietmangel schon an, wenn wegen Baumaßnahmen der öffentlichen Hand der Zugang zum Mietobjekt ca. sieben Wochen lang nur über eine behelfsmäßige „Brücke" möglich gewesen wäre, einer angebotenen Lösung, mit der der Mieter wegen befürchteter Umsatzeinbußen nicht einverstanden war und die dann nicht verwirklicht wurde.

274 Die Einzelrichterin des Kammergerichts bemüht sich etwas krampfhaft zu begründen, warum die Sache keine grundsätzliche Bedeutung habe und keine Abweichung von anderen OLG-Entscheidungen vorliege.

> KG, Urt. v. 12.11.2007 – 8 U 194/06, GE 2008, 52.

275 Der Vermieter von Gewerberäumen, die im 10. Stock eines Hochhauses liegen, muss den Aufzug rund um die Uhr betriebsbereit halten. Nach Ansicht des OLG Frankfurt/Main kann diese Verpflichtung nicht durch eine vorformulierte Klausel im Mietvertrag eingeschränkt werden.

> OLG Frankfurt/M., Beschl. v. 7.6.2004 – 2 W 22/04, ZMR 2004, 818.

276 Es stellt keine zur Minderung berechtigende Gebrauchsbeeinträchtigung der zum Betrieb einer Spielothek vermieteten Räume dar, wenn ein Mitmieter in einem gemeinsam genutzten Zugang zwei bis drei breitschultrige, schwarz gekleidete Ordner als Sicherungspersonal aufstellt. Der Zugang ist ohne Weiteres möglich, der evtl. entstehende negative Eindruck ist „allenfalls eine mittelbare Beeinträchtigung"

> OLG Rostock, Urt. v. 11.12.2008 – 3 U 138/08, NZM 2009, 545 = ZMR, 2009, 613.

277 Nach Ansicht des OLG Düsseldorf stellt es keinen Sachmangel eines vermieteten Ladenlokals dar, wenn der Blick auf die Schaufenster ständig durch ordnungsgemäß parkende Fahrzeuge verstellt wird. Das gelte auch dann, wenn die Fahrzeuge anderen Mietern desselben Vermieters gehörten. Zwar brauche bei der Vermietung von Grundstücken der Fehler nicht unmittelbar dem vermieteten Gebäude anzuhaften, es kämen z. B. auch Störungen durch Nachbarn in Betracht. Der Mieter müsse aber grundsätzlich solche Beeinträchtigungen hinnehmen, die er auch als Eigentümer dulden müsste.

> OLG Düsseldorf, Urt. v. 13.12.1990 – 10 U 84/90, MDR 1991, 446.

278 Die Entscheidung überzeugt im Ergebnis, nicht aber in der Begründung: Sind die gemieteten Räume kalt, weil die Fernheizung ausgefallen ist, liegt ein zur Mietminderung berechtigender Sachmangel vor, obwohl auch der Eigentümer frieren müsste.

279 Der BGH hat grundsätzlich zu der Rechtsposition eines Mieters Stellung genommen, der ein Ladenlokal in einem (oft erst noch zu erstellenden) Einkaufszentrum gemietet hat, das von den Kunden nicht in der erwarteten Weise angenommen wird. Die Vollvermietung eines Einkaufszentrums stellt keinen Umstand dar, der dem Mietobjekt – auf Dauer – als „Eigenschaft" – anhaftet und kann deshalb von vornherein nicht „zugesichert" werden i. S. d. § 536 Abs. 2 BGB n. F = § 537 Abs. 2 BGB a. F. Eine solche „Zusicherung" erfordert außerdem eine bindende Erklärung, die Gewähr für das Vorhandensein bestimmter Eigenschaften zu übernehmen und für die Folgen ihres

Fehlens einzustehen. Allgemeine Beschreibungen oder auch Anpreisungen der Mietsache genügen nicht.

Ist eine entsprechende Fallkonstellation deshalb (oder auch, weil das Laden- **280** lokal noch nicht übergeben ist) nicht nach den Gewährleistungsregeln des Mietrechts zu beurteilen, kann zwar grundsätzlich Wegfall der Geschäftsgrundlage (§ 313 BGB n. F.: „Störung der Geschäftsgrundlage") in Betracht kommen. Die danach erforderliche Anpassung an die veränderten Verhältnisse kann ausnahmsweise auch ein Recht zur Kündigung begründen (§ 313 Abs. 3 Satz 2 BGB).

Störungen der Geschäftsgrundlage liegen aber nicht vor aufgrund von Um- **281** ständen, die nach dem Vertrag in den Risikobereich einer Partei fallen (§ 313 Abs. 1 BGB). Zu dem Verwendungsrisiko, das grundsätzlich der Mieter zu tragen hat, gehört das Risiko, mit dem gemieteten Objekt Gewinne erzielen zu können. Daran ändert sich nichts, wenn das Mietobjekt in einem Einkaufszentrum liegt. Eine vertragliche Verlagerung dieses Risikos auf den Vermieter ist zwar möglich, setzt aber konkrete Anhaltspunkte dafür voraus, dass der Vermieter ein solches unternehmerisches Risiko übernommen hat. Es reicht dazu nicht aus, dass der Mieter zusätzliche Vertragspflichten übernommen hat, die im Gesamtinteresse der Mietergemeinschaft liegen (z. B.: Beteiligung an einer Werbegemeinschaft).

Zur Werbegemeinschaft ist anzumerken, dass die Klausel in einem Formu- **282** larvertrag über die Anmietung einer Ladenfläche in einem Einkaufszentrum, der Mieter müsse einer Werbegemeinschaft beitreten, dann gegen § 307 Abs. 1 Satz 1 BGB verstößt, wenn sie in Form einer GbR betrieben und dem Mieter damit ein Haftungsrisiko auferlegt wird.

In einem solchen Formularvertrag muss die Höhe der Beiträge, die der Mie- **283** ter an eine Werbegemeinschaft zu zahlen hat, bestimmbar geregelt sein, zumindest muss eine Höchstgrenze festgelegt sein, damit der Meter seine Kosten kalkulieren kann.

BGH, Urt. v. 12.7.2006 – XII ZR 39/04, NJW 2006, 3057
= NZM 2006, 775 = ZMR 2006, 849.

Greifen die Gewährleistungsregeln nicht ein, kommen u. U. Ansprüche des **284** Mieters aus Verschulden beim Vertragsschluss (§ 311 Abs. 2 BGB n. F.: „Schuldverhältnis mit Pflichten . . . durch die Aufnahme von Vertragsverhandlungen") in Betracht, wenn der Vermieter vorvertragliche Pflichten verletzt hat, z. B. indem er unter Verletzung einer vorvertraglichen Aufklärungspflicht Informationen zurückgehalten oder falsche Informationen erteilt hat zu Dingen, die keine zusicherungsfähige Eigenschaft des Mietobjekts betreffen. Ein schuldhaftes Verhalten vor Vertragsschluss kann im Einzelfall ausnahmsweise auch zur Kündigung des Mietvertrages berechtigen.

St. Rspr., begründet von
BGH, Urt. v. 16.2.2000 – XII ZR 279/97, ZIP 2000, 887 = NJW
2000, 1714 = NZM 2000, 492 = ZMR 2000, 508,
dazu EWiR 2000, 469 (H.-G. Eckert);
zuletzt BGH, Urt. v. 26.5.2004 – XII ZR 149/02, NZM 2004, 618
= ZMR 2004, 664 = WM 2005, 1000 Rz. 202.

285 Auch in diesem Zusammenhang reichen allgemeine Anpreisungen nicht aus. Der Vermieter darf jedoch Fragen seines Verhandlungspartners, die für den Abschluss des Mietvertrages von Bedeutung sind, nicht wahrheitswidrig beantworten. Und er darf zu Umständen, die für den Vertragspartner erkennbar von Bedeutung sind, keine konkreten Behauptungen aufstellen, die nicht der Wahrheit entsprechen (z. B.: Aldi und der Drogeriemarkt hätten schon fest und langfristig abgeschlossen).

286 In dem vom BGH mit Urteil vom 26.5.2004 entschiedenen Fall hieß es in einer „Präambel" zum Mietvertrag, das Einkaufszentrum, in dem der Mieter ein Ladenlokal anmietete zum Betrieb eines Schuhmarktes, „bestehe" aus einem Baumarkt mit Gartencenter von mindestens 5.000 qm, einem Lebensmittelmarkt von ca. 1.000 qm und einem weiteren Fachmarkt von ebenfalls ca. 1.000 qm. Diese Angaben waren bei Abschluss des Mietvertrages zutreffend, das Einkaufszentrum war voll vermietet. Als sich dies nach Jahren änderte, forderte der Mieter den Vermieter mit Fristsetzung erfolglos auf, den ursprünglichen Belegungszustand wiederherzustellen, und kündigte dann fristlos.

287 Das Berufungsgericht hat ausgeführt, die Angaben in der Präambel beträfen bei sachgerechter Auslegung nur den Zustand bei Abschluss des Vertrages und seien deshalb zutreffend. Man könne aus der Präambel nicht herleiten, dass eine Vollvermietung auf Dauer vereinbart worden sei und dass der Vermieter auf diese Weise einen Teil des Unternehmerrisikos übernommen habe.

288 Der BGH führt aus, diese Auslegung durch den Tatrichter sei revisionsrechtlich nicht zu beanstanden.

289 Zur Bedeutung einer Präambel eines Mietvertrages auch

OLG Rostock, Urt. v. 3.2.2003 – 3 U 116/02, NZM 2003, 282.

290 Der BGH hat das Urteil des OLG Rostock bestätigt, in der Begründung der Entscheidung aber ausgeführt, die Präambel eines Mietvertrages könne sehr wohl verbindliche Zusicherungen enthalten, im vorliegenden Fall sei das aber nicht gegeben.

BGH, Urt. v. 21.9.2005 – XII ZR 66/03, ZfIR 2006, 197 = NJW
2006, 899 = NZM 2006, 54.

291 Wenn keine besonderen Umstände hinzukommen, kann ein Mangel der Mietsache oder ein Wegfall der Geschäftsgrundlage (§ 313 BGB n. F.) nicht daraus hergeleitet werden, dass das ursprüngliche Vermieterkonzept, neben

dem in einem Einkaufszentrum zum Betrieb einer Apotheke vermieteten Ladenlokal einen Lebensmittelmarkt einzurichten, aufgegeben worden ist.

OLG München, Urt. v. 26.8.1994 – 21 U 3556/93, ZMR 1996, 256;
der BGH hat die Revision gegen dieses Urteil nicht angenommen:
Beschl. v. 31.1.1996 – XII ZR 222/94.

Unrichtige Angaben über den Umsatz oder die Erträge eines Unternehmens, **292** die beim Abschluss eines Miet- oder Pachtvertrages gemacht werden, stellen nicht ohne Weiteres die Zusicherung einer Eigenschaft dar. Anders nur, wenn der Vermieter/Verpächter eine besondere Einstandspflicht für die Richtigkeit der Angaben übernommen hat.

Aus ihnen lässt sich auch kein Sachmangel herleiten. Es kommt jedoch u. U. **293** eine Haftung aus Verschulden beim Vertragsschluss (§ 311 Abs. 2 i. V. m. § 241 Abs. 2 BGB n. F.) in Betracht, aus dem sich zugleich ein Recht zur fristlosen Kündigung nach § 543 BGB ergeben kann, wenn die Fortsetzung des Mietverhältnisses für den Mieter unzumutbar ist.

BGH, Urt. v. 16.4.1997 – XII ZR 103/95, NJWE-MietR 1997, 150.

Im Gaststättengewerbe ist branchenüblich davon auszugehen, dass in den **294** angegebenen Umsatzzahlen die Mehrwertsteuer enthalten ist.

BGH, Urt. v. 16.4.1997 – XII ZR 103/95, NJWE-MietR 1997, 150.

Störungen des Mietverhältnisses, die nach Übergabe auf einem vertragswid- **295** rigen Zustand der vermieteten Sache (einem Sachmangel) beruhen, sind ausschließlich nach den Bestimmungen des Mietrechts zu beurteilen. Eine Anpassung des Vertragsverhältnisses an die bestehende Situation nach den Regeln über den Wegfall (oder die Störung, § 313 BGB n. F.) der Geschäftsgrundlage scheidet daneben aus.

BGH, Urt. v. 11.12.1991 – XII ZR 63/90, WM 1992, 583 = ZMR
1992, 239 = NJW-RR 1992, 267.

Hat der Vermieter bei den Vertragsverhandlungen unrichtige Angaben aus- **296** schließlich über die Beschaffenheit der Mietsache gemacht, schließen die nach der Übergabe anwendbaren Gewährleistungsregeln des Mietrechts Schadensersatzansprüche des Mieters aus culpa in contrahendo (§ 311 Abs. 2 i. V. m. § 241 Abs. 2 BGB) aus, wenn der Vermieter lediglich fahrlässig gehandelt hat. Gegen den mit Arglist handelnden Vermieter kann der Mieter dagegen aus culpa in contrahendo Ersatz des – nicht auf das Erfüllungsinteresse beschränkten – Vertrauensschadens geltend machen.

BGH, Urt. v. 18.6.1997 – XII ZR 192/95, BGHZ 136, 102 = ZIP
1997, 1594 = ZfIR 1997, 523,
dazu EWiR 1997, 971 (Sternel).

Dieser Anspruch konnte jedenfalls nach altem Recht insbesondere dann Be- **297** deutung gewinnen, wenn der Schaden in nutzlos gemachten Aufwendungen bestand und diese im Rahmen des Schadensersatzanspruchs nach § 538

Abs. 1 BGB a. F. nicht zu ersetzen waren, weil die sog. Rentabilitätsvermutung widerlegt war (vgl. hierzu oben Rz. 218 f). Ob sich daran durch § 284 BGB n. F. („Ersatz vergeblicher Aufwendungen") etwas ändert, ist nicht geklärt.

298   Nach den Regeln über das Verschulden bei Vertragsschluss kann ausnahmsweise das Interesse des Geschädigten an der Erfüllung eines nicht zustande gekommenen Vertrages zu ersetzen sein, wenn im Einzelfall feststeht, dass die Vertragspartner ohne das schuldhafte Verhalten statt des abgeschlossenen Vertrages einen anderen, für den Geschädigten günstigeren Vertrag abgeschlossen hätten.

> BGH, Urt. v. 24.6.1998 – XII ZR 126/96, NJW 1998, 2900.

299   Liegt ein Sachmangel vor, der die Gebrauchstauglichkeit der vermieteten Sache herabsetzt oder aufhebt, tritt eine Minderung der Miete kraft Gesetzes ein, ohne dass der Mieter das Minderungsrecht geltend machen muss. Daraus ergibt sich nach Ansicht des BGH für die Darlegungslast des Mieters: Er braucht nur Tatsachen vorzutragen, aus denen sich die Beeinträchtigung der Sache zum vertragsgemäßen Gebrauch ergibt, dagegen muss er nicht das „Maß der Beeinträchtigung" darlegen. Liegt ein Sachmangel vor, so ist der Umfang der Gebrauchsbeeinträchtigung, wenn er sich nicht von selbst ergibt, durch einen Sachverständigen zu klären.

> BGH, Urt. v. 27.2.1991 – XII ZR 47/90, WM 1991, 1006
> = NJW-RR 1991, 779,
> dazu EWiR 1991, 1177 (Teubner).

300   Das BVerfG hat inzwischen einen nach § 522 Abs. 2 ZPO erlassenen Beschluss des Kammergerichts aufgehoben, der darauf gestützt war, die eine Minderung geltend machende Partei habe nichts zum „Maß der Gebrauchsbeeinträchtigung" vorgetragen. Damit weiche es von der Rechtsprechung des BGH ab und hätte in einem Urteil die Revision zulassen müssen. In einem solchen Falle das Verfahren nach § 522 Abs. 2 ZPO zu wählen bedeute, dass die vorgesehene Möglichkeit einer weiteren gerichtlichen Überprüfung unter Verletzung des verfassungsrechtlich garantierten Anspruchs auf wirkungsvollen Rechtsschutz abgeschnitten werde.

> BVerfG, Kammerbeschluss v. 29.5.2007 – 1 BvR 624/03, NJW
> 2007, 3118 = NZM 2007, 678.

301   Welche Tatsachen zu der vom BGH verlangten Darlegung eines „konkreten Sachmangels" gehören, der die Tauglichkeit zum vertragsgemäßen Gebrauchs nicht unerheblich einschränkt, und welche zu der vom BGH nicht verlangten Darlegung des "Maßes der Gebrauchsbeeinträchtigung" zählen, ist nicht endgültig geklärt.

302   Gemeint dürfte wohl nur sein, dass der Mieter den Grad, den Prozentsatz der Minderung nicht selbst schätzen und vortragen muss. Für Tatsachen, aus denen sich das Ausmaß der Beeinträchtigung ergibt, muss er darlegungs-

pflichtig bleiben. Er kann sich z. B. nicht damit begnügen vorzutragen, das Dach sei undicht. Er muss darlegen, welche Auswirkungen diese Undichtigkeit auf den Mietgebrauch hat, z. B. dass es im Ladenlokal an verschiedenen Stellen von der Decke tropft.

Nach § 536 Abs. 1 Satz 3 BGB bleibt eine unerhebliche Minderung der Taug- **303** lichkeit außer Betracht, d. h., die Miete ist nicht zu mindern. Als unerheblich in diesem Sinne ist ein Mangel insbesondere dann anzusehen, wenn er leicht erkennbar ist und schnell mit geringen Kosten beseitigt werden kann, so dass das Geltendmachen einer Minderung gegen Treu und Glauben verstieße.

> BGH, Urt. v. 30.6.2004 – XII ZR 251/02, NZM 2004, 531
> = ZMR 2005, 1000.

Eine in einem vom Vermieter gestellten Formularvertrag für gewerbliche **304** Miete enthaltene Klausel, nach der die Minderung ausgeschlossen ist wegen Umständen, die der Vermieter nicht zu vertreten hat, benachteiligt den Mieter unangemessen und ist deshalb unwirksam.

> BGH, Urt. v. 23.4.2008 – XII ZR 62/06, BGHZ 176, 191
> = NZM 2008, 609 = NJW 2008, 2497 = WM 2008, 1843;
> ähnlich schon BGH, Urt. v. 12.3.2008 – XII ZR 147/05, ZfIR
> 2008, 491 = NZM 2008, 522 = ZMR 2008, 693 = NJW 2008,
> 491 = MDR 2008, 909 = WM 2008, 1758.

Ein wirksam vereinbarter Ausschluss des Minderungsrechts kommt auch **305** dann zum Zuge, wenn sich der Vermieter in Vermögensverfall befindet und der Mieter deshalb Gefahr läuft, den sich aus der vollen Zahlung der Miete ergebenden Bereicherungsanspruch nicht mehr durchsetzen zu können. In einem solchen Fall ist der Mieter aber nach Treu und Glauben (§ 242 BGB) zur Zahlung der vollen Miete nur Zug um Zug gegen Sicherheitsleistung in Höhe des „maximal denkbaren Minderungsbetrages" verpflichtet.

> OLG Stuttgart, Urt. v. 29.9.2008 – 5 U 65/08, NZM 2009, 32
> = MDR 2009, 21.
> Das Urteil ist nicht rechtskräftig, es ist Nichtzulassungs-
> beschwerde eingelegt; Az. des BGH XII ZR 165/08.

Bei einer prozentualen Minderung der Miete ist grundsätzlich auszugehen **306** von der Bruttomiete (also einschließlich einer eventuellen Nebenkostenpauschale oder abzurechnenden Nebenkostenvorauszahlung).

> BGH, Urt. v. 6.4.2005 – XII ZR 225/03, BGHZ 163, 1 = ZfIR
> 2005, 400 = ZMR 2005, 524 = NZM 2005, 455 = NJW 2005,
> 1713,
> dazu EWiR 2005, 625 (H.-G. Eckert);
> zur Wohnraummiete:
> BGH, Urt. v. 20.7.2005 – VIII ZR 347/04, NJW 2005, 284
> = NZM 2005, 699;
> kritisch dazu Steinke/Marold, ZfIR 2005, 393.

Wird eine mangelhafte Mietsache veräußert, verliert der Mieter ein zuvor **307** wegen seines Anspruchs auf Beseitigung des Mangels bestehendes Zurückbehaltungsrecht gegenüber dem Anspruch auf Zahlung der Miete. Vom Zeitpunkt des Eigentumsübergangs ist nur noch der Erwerber zur Mangelbeseitigung verpflichtet.

> BGH, Urt. v. 19.6.2006 – VIII ZR 284/05, NZM 2006, 696
> = ZMR 2006, 761.

Die Entscheidung ist ergangen zur Wohnraummiete, die Begründung stützt sich aber nicht auf deren Besonderheiten.

308 Entgegen einer in der Literatur vertretenen Meinung läuft bezüglich des Anspruchs des Mieters auf Mangelbeseitigung während der Mietzeit keine Verjährungsfrist.

> BGH, Urt. v. 17.2.2010 – VIII ZR 104/09, zur Veröffentlichung
> vorgesehen, auch in BGHZ.

309 Beseitigt der Mieter eigenmächtig einen Mangel der Mietsache, ohne dass der Vermieter mit der Mangelbeseitigung in Verzug (§ 536a Abs. 2 Nr. 1 BGB) und ohne dass die umgehende Beseitigung des Mangels i. S. d. § 536a Abs. 2 Nr. 2 BGB notwendig war, kann er Ersatz seiner Aufwendungen weder als Schadensersatz nach § 536a Abs. 1 BGB noch über § 539 Abs. 1 BGB verlangen.

> BGH, Urt. v. 16.1.2008 – VIII ZR 222/06, NZM 2008, 279
> = ZMR 2008, 281 = NJW 2008, 1218 = MDR 2008, 440,
> dazu EWiR 2008, 235 *(Klöhn)*.

3. Rechtsmängelhaftung

310 § 541 BGB a. F. ordnete an, dass auf Rechtsmängel die Regelungen der Sachmängelhaftung (§§ 537, 538, 539 Satz 1 und 540 BGB a. F.) entsprechend anzuwenden seien. § 536 Abs. 3 n. F. übernimmt im Grundsatz diese Regelung. Neu ist, dass nach neuem Recht § 536b BGB n. F. (= § 539 BGB a. F.) uneingeschränkt auch auf Rechtsmängel anwendbar ist mit der Folge, dass nun – im Gegensatz zum alten Recht, das in § 541 BGB a. F. keine Verweisung auf § 539 **Satz 2** BGB a. F. enthielt – auch grob fahrlässige Unkenntnis von einem Rechtsmangel schadet (nach altem Recht nur positive Kenntnis).

311 Ein Rechtsmangel hinsichtlich der Mietsache liegt vor, wenn ein Dritter ein Recht am Mietgegenstand oder auf den Mietgegenstand hat und der Vermieter wegen dieses Rechts des Dritten dem Mieter den vertragsgemäßen Gebrauch der Mietsache nicht oder nur zum Teil gewähren kann. Gleiches gilt, wenn der besser berechtigte Dritte dem Mieter den Gebrauch der Mietsache ganz oder teilweise entzieht.

312 Rechte Dritter in diesem Sinne sind nur Privatrechte (nicht: öffentliche Rechte),

> BGH, Urt. v. 26.4.1991 – V ZR 53/90, BGHZ 114, 227 = WM
> 1991, 1807 = NJW 1991, 3280,

z. B. Eigentum, Nießbrauch oder eine beschränkt persönliche Dienstbarkeit. Auch bei der mehrfachen Vermietung derselben Sache an verschiedene Mieter („Doppelvermietung") entsteht ein Rechtsmangel, wenn der Vermieter die Sache dem einen Mieter nicht übergeben kann, weil der andere sie hat und zu Recht nicht herausgibt.

Dass ein solches Recht des Dritten besteht, reicht für sich allein zur An- 313 nahme eines Rechtsmangels nicht aus. Ein Rechtsmangel liegt erst vor, wenn sich das Recht des Dritten für den Mieter als Gebrauchshinderung auswirkt. Dazu kann die Androhung des Rechtsinhabers, sein Recht geltend zu machen, genügen.

> St. Rspr., zuletzt
> BGH, Urt. v. 18.1.1995 – XII ZR 30/93, ZMR 1995, 480
> = NJW-RR 1995, 715 m. w. N.

In einem vom BGH entschiedenen Fall wollte der Mieter eines Hausgrund- 314 stücks, der nach dem Mietvertrag dort ein Spielcasino betreiben durfte, nur eine geminderte Miete zahlen, weil zugunsten der Stadt W. eine beschränkt persönliche Dienstbarkeit eingetragen war, die die Stadt (theoretisch) in die Lage versetzt hätte, auf privatrechtlichem Wege den Betrieb eines Spielcasinos auf dem Mietgrundstück zu verhindern. Der BGH verneint einen Rechtsmangel. Eine Gebrauchsbehinderung sei noch nicht eingetreten, weil die Stadt W. nicht einmal angedroht habe, von ihrer dinglichen Rechtsposition Gebrauch zu machen.

> BGH, Urt. v. 2.11.1988 – VIII ZR 7/88, WM 1989, 153
> = NJW-RR 1989, 77.

Der BGH hat einen Rechtsmangel bejaht, wenn im Sondereigentum des 315 Vermieters stehende Räume, die zum Betrieb einer Gaststätte vermietet waren und von ihrer Beschaffenheit her diese Nutzung auch zuließen, nach der Teilungserklärung nicht als Gaststätte genutzt werden durften, und wenn die anderen Wohnungseigentümer deshalb gegen den Mieter einen Beseitigungsanspruch nach § 1004 BGB geltend machen konnten und auch geltend machten.

> BGH, Urt. v. 18.1.1995 – XII ZR 30/93, ZMR 1995, 480
> = NJW-RR 1995, 715.

Bei der Vermietung von Teileigentum liegt es grundsätzlich im Risikobereich 316 des Vermieters, dass die Vermietung mit der Gemeinschaftsordnung vereinbar ist. Deshalb kann er sich in der Regel auch nicht durch Kündigung aus wichtigem Grund von dem Mietverhältnis lösen mit der Begründung, die Vermietung sei ihm gem. § 15 Abs. 3 WEG untersagt worden.

> BGH, Urt. v. 29.11.1995 – XII ZR 230/94, WM 1996, 355
> = ZMR 1996, 147 = NJW 1996, 714.

Sind Räume in einer Wohnungseigentumsanlage zum Betrieb einer Arzt- 317 praxis vermietet worden und hat ein anderer Eigentümer eine Gerichtsentscheidung herbeigeführt, dass diese Nutzung gegen die Teilungserklärung verstößt, kommt eine Schadensersatzverpflichtung des Vermieters in Betracht.

OLG Düsseldorf, Urt. v. 8.7.1998 – 10 U 159/97, ZMR 1999, 24.

318 Aus dem Umstand, dass nach altem Recht (§§ 541, 539 Satz 1 BGB a. F.) bei Rechtsmängeln grob fahrlässige Unkenntnis nicht schadet, hat die Rechtsprechung gefolgert, dass die Kenntnis der einen Rechtsmangel begründenden Tatsachen nicht ausreicht, dass der Mieter vielmehr auch die rechtlichen Folgen der ihm bekannten Tatsachen kennen muss.

BGH, Urt. v. 4.10.1995 – XII ZR 215/94, WM 1995, 2195
= ZMR 1996, 15 = NJW 1996, 46, m. w. N.,
dazu EWiR 1996, 159 *(Sternel)*.

319 Der BGH hat klargestellt, wann im Sinne dieser Rechtsprechung Kenntnis von den rechtlichen Folgen angenommen werden kann. Kenntnis habe der Mieter nicht schon dann, wenn er wisse, dass einem Dritten ein Recht an der Sache zustehe, das generell geeignet sein könne, den vertragsgemäßen Gebrauch der Mietsache zu stören. Er müsse sich vielmehr darüber im Klaren sein, dass der Dritte sein Recht möglicherweise geltend machen werde, und er müsse das Risiko, das damit für ihn verbunden sei, bewusst in Kauf nehmen. Das sei z. B. nicht der Fall, wenn ein Untermieter bei Abschluss des Untermietvertrages zwar wisse, dass die Erlaubnis des Hauptvermieters zur Untervermietung erforderlich und noch nicht erteilt sei, wenn er aber damit rechne, dass der Untervermieter sie nachträglich einholen werde oder wenn beide Parteien übereinstimmend davon ausgingen, der Hauptvermieter werde aus der unberechtigten Untervermietung keine Rechte herleiten.

BGH, Urt. v. 4.10.1995 – XII ZR 215/94, WM 1995, 2195
= ZMR 1996, 15 = NJW 1996, 46, m. w. N.,
dazu EWiR 1996, 651 *(Sternel)*.

320 Ob diese Rechtsprechung uneingeschränkt aufrechtzuerhalten ist, nachdem nach neuem Recht auch grob fahrlässige Unkenntnis von einem Rechtsmangel schadet, erscheint fraglich.

321 Bei einer Doppelvermietung von Gewerberaum kann der nicht besitzende (Erst-)Mieter von dem Vermieter die Herausgabe der von dem besitzenden (Zweit-)Mieter gezahlten Miete nach § 281 BGB a. F. (anders formuliert, aber inhaltlich nicht verändert: § 285 BGB n. F.) jedenfalls dann nicht verlangen, wenn er nach seinem Mietvertrag die Mietsache nicht in gleicher Weise hätte nutzen dürfen wie der Zweitmieter. Es fehlt dann zumindest an der Identität zwischen der Leistung, die der Vermieter dem Erstmieter nicht erbringen kann, und der Leistung, für die er von dem Zweitmieter etwas erlangt hat.

BGH, Urt. v. 10.5.2006 – XII ZR 124/02, BGHZ 167, 312 =
NZM 2006, 538 = ZMR 2006, 604 = NJW 2006, 2323 = WM
2006, 1361,
dazu EWiR 2006,489 *(Derleder)*.

4. Verlust der Gewährleistungsrechte wegen vorbehaltsloser Mietzahlung trotz Kenntnis des Mangels

Nach § 539 BGB a. F. konnte der Mieter bestimmte Gewährleistungsrechte **322** (Minderung, Schadensersatz nach § 538 BGB a. F., fristlose Kündigung nach §§ 542, 543 BGB a. F.) – jedenfalls regelmäßig – nicht geltend machen wegen eines Mangels, der ihm bei Abschluss des Mietvertrages oder Übergabe der Mietsache bekannt oder aufgrund grober Fahrlässigkeit unbekannt war. Die Rechtsprechung hat diese Vorschrift analog angewandt, wenn nach der Behauptung des Mieters während der Mietzeit Mängel aufgetreten waren, der Mieter danach die Miete aber über einen längeren Zeitraum rügelos weitergezahlt hat.

Diese Rechtsprechung ist begründet worden vom Reichsgericht, **323**

> RG, Urt. v. 15.6.1936, JW 1936, 2706 m. N. und zust. Anm.
> *Roquette,*

das ausgeführt hat, im direkten Anwendungsfall des § 539 BGB a. F. könne der Mieter Gewährleistungsrechte nicht mehr geltend machen, weil er sich mit dem Zustand der Mietsache „zufrieden gegeben und einverstanden erklärt" habe. Es sei nicht anders, wenn der Mieter Kenntnis von dem Mangel erst später erlangt und den Vertrag dann dennoch über einen längeren Zeitraum fortgesetzt habe.

Dieser Rechtsprechung des Reichsgerichts sind der BGH und alle deutschen **324** Oberlandesgerichte gefolgt, sie wurde ca. 65 Jahre lang unangefochten praktiziert. Für die gerichtliche Praxis war diese analoge Anwendung des § 539 BGB a. F. wichtiger als die direkte Anwendung der Vorschrift.

In der Begründung des Regierungsentwurfs zu § 536b BGB n. F., der dem **325** § 539 BGB a. F. inhaltlich uneingeschränkt entspricht, heißt es, die vom Mietgerichtstag gewünschte gesetzliche Regelung der bisher in Analogie zu dieser Vorschrift behandelten Fälle sei nicht notwendig, weil diese Analogie ohnehin falsch gewesen sei und in Zukunft nicht mehr stattfinden dürfe. Diese Argumentation eines Justizministeriums macht nachdenklich.

> Dazu *Blank/Börstinghaus,* § 536c Rz. 8;
> *Eckert,* NZM 2001, 409;
> *Eisenschmid,* WuM 2001, 215;
> *Herrlein/Kandelhard/Kandelhard,* § 536c Rz. 13;
> *Hinz/Ormanschick/Riecke/Scheff,* § 3 Rz. 25 ff;
> *Langenberg,* NZM 2001, 212, 213;
> *Wichert,* ZMR 2001, 262.

Jedenfalls drei Oberlandesgerichte haben sich für die Beibehaltung der bis- **326** herigen Rechtsprechung ausgesprochen,

> OLG Celle, Urt. v. 15.5.2002 – 2 U 252/01, ZMR 2002, 657;
> OLG Naumburg, Urt. v. 27.11.2001 – 9 U 1860/01, NZM 2002, 251 = ZMR 2003, 346 = NJW 2002, 1132;

OLG Dresden, Urt. v. 18.6.2002 – 5 U 260/02, NZM 2002, 662
= ZMR 2003, 346;
ebenso *Eckert*, NZM 2001, 409, 412;
Timme, NJW 2003, 3099,

das OLG Celle ausdrücklich für die gewerbliche Miete.

327 Der für die Wohnraummiete zuständige VIII. Senat des BGH hat entschieden, dass in solchen Fällen für die Zeit bis zum Inkrafttreten des neuen Rechts Gewährleistungsansprüche analog § 539 BGB a. F. ausgeschlossen blieben, für die Zeit danach ein Ausschluss analog der neuen Bestimmung (§ 536b BGB n. F.) dagegen nicht mehr stattfinde und deshalb ein zuvor verloren gegangenes Minderungsrecht wieder auflebe.

BGH, Urt. v. 16.7.2003 – VIII ZR 274/02, BGHZ 155, 380
= ZIP 2003, 1502 = NZM 2003, 667 = NJW 2003, 679,
dazu EWiR 2004, 51 *(Moeser)*;
kritisch zu dieser Entscheidung:
Gerber, NZM 2003, 825;
Timme, NJW 2003, 3099;
Fritz, NJW 2004, 3390, 3393 unter 5e, jweils m. w. N.

328 Die Entscheidung ist ausdrücklich zur Wohnraummiete ergangen, der XII. Zivilsenat hat sie aber inzwischen in einem nicht näher begründeten Nichtannahmebeschluss für die Gewerberaummiete übernommen. Allerdings hat er die Entscheidung des Berufungsgerichts, das ein Minderungsrecht analog § 536b BGB n. F. für ausgeschlossen hielt, mit anderer Begründung bestätigt: Das Minderungsrecht sei nämlich verwirkt.

BGH, Beschl. v. 16.2.2005 – XII ZR 24/02, ZMR 2005, 770
= DWW 2005, 153 = GE 2005, 662.

329 Auch die bisherige Rechtsprechung zum Verlust eines Rechts zur fristlosen Kündigung wegen eines Sachmangels analog § 539 BGB a. F. = § 536b BGB n. F. gibt der BGH ausdrücklich auf.

BGH, Urt. v. 18.10.2006 – XII ZR 33/04, ZfIR 2007, 178
= NZM 2006, 929 = ZMR 2007, 98 = NJW 2007, 147.

330 Der Erfüllungsanspruch nach § 535 Abs. 1 Satz 2 BGB bleibt jedoch nach wie vor auch dann erhalten, wenn andere Gewährleistungsrechte (z. B. Minderung) gem. § 536b BGB ausgeschlossen sind.

VI. Schönheitsreparaturen und Instandhaltung

1. Abwälzung der Schönheitsreparaturen auf den Mieter durch Formularklauseln

Ohne die grundsätzliche Zulässigkeit der Abwälzung der Schönheitsrepara- **331** turen auf den Mieter durch Formularklausel in Zweifel zu ziehen, gelangt der BGH mehr als 25 Jahre nach Inkrafttreten des AGBG, das am 1.1.2002 durch die §§ 305–310 BGB ersetzt wurde, zu einer verschärften Inhaltskontrolle solcher Klauseln. Er ist bestrebt, den Mieter vor übermäßigen Belastungen zu schützen, insbesondere ihn vor Verpflichtungen, die den nach der gesetzlichen Regelung verpflichteten Vermieter nicht treffen würden.

Unangemessen sind Klauseln, die den Mieter zur Renovierung nach einem **332** starren Fristenplan verpflichten.

> BGH, Urt. v. 23.6.2004 – VIII ZR 361/03, NJW 2004, 2586,
> dazu EWiR 2005, 15 *(H.-G. Eckert)*;
> BGH, Urt. v. 22.9.2004 – VIII ZR 360/03, NJW 2004, 3775,
> dazu EWiR 2005, 377 *(Baumgarten)*;
> BGH, Urt. v. 5.4.2006 – VIII ZR 178/05, NJW 2006, 1728
> = NZM 2006, 459;
> BGH, Urt. v. 7.3.2007 – VIII ZR 247/05, NZM 2007, 355;
> BGH, Urt. v. 8.10.2008 – XII ZR 84/06, ZIP 2009, 275 = ZfIR
> 2009, 310 = NJW 2009, 433 = NZM 2008, 890,
> dazu EWiR 2009, 135 *(Bühler)*.

Die Wirkung seiner Judikatur mildert der BGH ab, indem er eine starre Re- **333** novierungsfrist nur bei einer Diktion annimmt, die keine Ausnahme zulässt.

> BGH, Urt. v. 20.10.2004 – VIII ZR 378/03, NJW 2005, 425
> = NZM 2005, 58 = ZMR 2005, 109;
> BGH, Urt. v. 13.7.2005 – VIII ZR 351/04, NJW 2005, 3416
> = NZM 2005, 860 = ZMR 2005, 934;
> BGH, Urt. v. 5.4.2006 – VIII ZR 178/05, NJW 2006, 1728
> = NZM 2006, 459 = ZMR 2006, 513;
> BGH, Urt. v. 7.3.2007 – VIII ZR 247/05, NZM 2007, 355.

Ferner verwirft der BGH vorformulierte Klauseln, die den Mieter ohne **334** Rücksicht auf den Grad der Abnutzung zur Endrenovierung verpflichten,

> BGH, Urt. v. 14.5.2003 – VIII ZR 308/02, ZIP 2003, 1301
> = NJW 2003, 2234 = NZM 2003, 594,
> dazu EWiR 2003, 1061 *(Kröll)*;
> BGH, Urt. v. 25.6.2003 – VIII ZR 335/02, ZIP 2003, 1848
> = NJW 2003, 3192 = NZM 2003, 755,
> dazu EWiR 2003, 123 *(H.-G. Eckert)*;
> BGH, Urt. v. 6.4.2005 – XII ZR 308/02, ZfIR 2005, 689
> (mit Bespr. *H.-G. Eckert*, S. 673) = NJW 2005, 2006 = NZM
> 2005, 504;
> BGH, Urt. v. 12.9.2007 – VIII ZR 316/06, NJW 2007, 3776
> = NZM 2007, 921 = ZMR 2008, 102.

335 Verdächtig sind Klauseln, die dem Mieter die Art der Schönheitsreparaturen, insbesondere während seiner Nutzungszeit, vorgeben.

> BGH, Urt. v. 18.6.2008 – VIII ZR 224/07, NJW 2008, 2499
> = NZM 2008, 605;
> BGH Urt. v. 23.9.2009 – VIII ZR 344/08, NJW 2009, 3716
> = NZM 2009, 903.

336 Unangemessen sind Klauseln, die dem Mieter die kostensparende Eigenleistung verbieten, sondern die Beauftragung eines Fachunternehmens vorschreibt. Als verkappte Fachhandwerkerklausel verwirft das LG München I auch die Formulierung „ausführen zu lassen".

> LG München I, Urt. v. 30.9.2009 – 15 S 6274/09, NJW 2010, 161
> = NZM 2010, 40 (n. rkr.; Az. BGH: VIII ZR 294/09).

337 Wegen des Summierungseffekts hält der BGH nicht nur die einzelne, den Mieter übermäßig belastende Klausel, sondern die Abwälzung der Schönheitsreparaturen auf den Mieter insgesamt für unwirksam. Die teilweise Aufrechterhaltung der Klauseln durch Wegdenken der den Mieter benachteiligenden Wörter oder Passagen verwirft er als geltungserhaltende Reduktion. Dies soll auch dann gelten, wenn die grundsätzliche Abwälzung und die einzelne unangemessene Regelung in verschiedenen, räumlich getrennten Klauseln enthalten sind.

> BGH Urt. v. 14.5.2003 – VIII ZR 308/02, ZIP 2003, 1301
> = NJW 2003, 2234.
> dazu EWiR 2003, 1061 *(Kröll)*;
> BGH, Urt. v. 25.6.2003 – VIII ZR 335/02, ZIP 2003, 1848
> = NJW 2003, 3192,
> dazu EWiR 2003, 123 *(H.-G. Eckert)*;
> BGH, Urt. v. 6.4.2005 – XII ZR 308/02, ZfIR 2005, 689 = NZM
> 2005, 504,
> mit kritischer Besprechung *H.-G. Eckert*, ZfIR 2005, 673;
> BGH, Urt. v. 18.2.2009 – VIII ZR 210/08, NJW 2009, 1408
> = NZM 2009, 353;
> BGH, Urt. v. 13.1.2010 – VIII ZR 48/09, NZM 2010, 157
> = NJW 2010, 674;
> BGH, Urt. v. 10.2.2010 – VIII ZR 222/09.

338 Den dem Mieter nachteiligen Summierungseffekt sieht der BGH sogar bei der Kombination einer Formularklausel mit einer Individualvereinbarung.

> BGH, Urt. v. 5.4.2006 – VIII ZR 163/05, NJW 2006, 2113
> = NZM 2006, 620.

339 Der Rechtsprechung des VIII Zivilsenats des BGH schließt sich der XII. Zivilsenat an. Er spricht sich generell dagegen aus, den gewerblichen Mieter weniger zu schützen als den Wohnraummieter.

> BGH, Urt. v. 6.4.2005 – XII ZR 308/02, ZfIR 2005, 689 = NZM
> 2005, 504,
> mit kritischer Besprechung *H.-G. Eckert*, ZfIR 2005, 673;
> BGH, Urt. v. 8.10.2008 – XII ZR 84/06, BGHZ 178, 158 = ZIP

2009, 275 = ZfIR 2009, 319 = NZM 2008, 890,
dazu EWiR 2009, 135 *(Bühler)*.

Keine Schönheitsreparaturen sind das Streichen der äußeren Fensterrahmen **340** und der Türen von außen sowie das Abziehen und Wiederherstellung der Parkettversiegelung; hierzu kann der Vermieter den Mieter nicht mit Formularvertrag verpflichten.

> BGH, Urt. v. 18.2.2009 – VIII ZR 210/08, NJW 2009, 1408
> = NZM 2009, 353;
> BGH, Urt. v. 13.1.2010 – VIII ZR 48/09, NJW 2010, 674
> = NZM 2010, 157.

Quotenabgeltungsklauseln, die nach Vertragsende eine am Verhältnis der tat- **341** sächlichen Nutzungszeit zu den üblichen Renovierungsintervallen ausgerichtete Kostenbeteiligung des Mieters vorsehen, sind möglich, sofern sie nicht auf einem starren Fristenplan aufbauen, der Mieter zur kostensparenden Eigenleistung berechtigt bleibt und der vom Vermieter eingeholte Kostenvoranschlag nicht bindend ist.

> BGH, Urt. v. 26.9.2007 – VIII ZR 143/06, NJW 2007, 3632
> = NZM 2007, 879;
> BGH, Urt. v. 5.3.2008 – VIII ZR 95/07, ZIP 2008, 1121 = NJW
> 2008, 1438 = NZM 2008, 363.

Allerdings unterliegen derartige Klauselwerke wegen ihrer komplizierten **342** Fassung der Gefahr, als intransparent verworfen zu werden.

> BGH, Urt. v. 26.9.2007 – VIII ZR 143/06, NJW 2007, 3632
> = NZM 2007, 879.

Einen Vertrauensschutz für Quotenabgeltungsklauseln in Altverträgen lehnt **343** der BGH ausdrücklich ab.

> BGH, Urt. v. 5.3.2008 – VIII ZR 95/07, ZIP 2008, 1121 = NJW
> 2008, 1438 = NZM 2008, 363.

2. Folgen der unwirksamen Übernahme der Schönheitsreparaturen durch den Mieter

a) Keine ergänzende Vertragsauslegung

Zur Wahrung des Vertragsäquivalents den Vertrag ergänzend auszulegen oder **344** ihn wegen Änderung der Geschäftsgrundlage anzupassen, lehnt der BGH ab. In dem ersatzlosen Wegfall der unwirksamen Klauseln sieht er keine den typischen Interessen der Vertragsparteien widersprechende Regelung.

> BGH, Urt. v. 9.7.2008 – VIII ZR 181/07, BGHZ 177, 186
> = NJW 2008, 2840 = NZM 2008, 641.

Der XII. Zivilsenat weist darauf hin, dass der Vermieter sich die Verwendung **345** einer unangemessenen Vertragsklausel selbst zuzuschreiben habe,

> BGH, Urt. v. 6.4.2005 – XII ZR 308/02, ZfIR 2005, 689 = NJW
> 2005, 2006 = NZM 2005, 504,

mit kritischer Besprechung *H.-G. Eckert*, ZfIR 2005, 673;
BGH, Urt. v. 8.10.2008 – XII ZR 84/06, BGHZ 178, 158 = ZIP
2009, 275 = ZfIR 2009, 319 = NZM 2008, 890,
dazu EWiR 2009, 135 *(Bühler)*,

dies sogar bei einem Altvertrag aus den 80-er Jahren des vorherigen Jahrhunderts, der damals der Inhaltskontrolle standgehalten hätte.

> BGH, Urt. v. 6.4.2005 – XII ZR 308/02, ZfIR 2005, 689 = NZM
> 2005, 504,
> mit kritischer Besprechung *H.-G. Eckert*, ZfIR 2005, 673.

b) Ersatz der Renovierungskosten des Mieters

346 Der Mieter, der in der irrigen Annahme renoviert, hierzu vertragliche verpflichtet zu sein, führt damit kein Geschäft des Vermieters. Allerdings ist der Vermieter nach § 812 BGB durch die nicht geschuldete Leistung des Mieters ungerechtfertigt bereichert. Die Höhe der Bereicherung bemisst sich nach dem Aufwand des Mieters.

> BGH, Urt. v. 27.5.2009 – VIII ZR 302/07, BGHZ 181, 188
> = NJW 2009, 2590 = NZM 2009, 541,
> dazu EWiR 2009, 707 *(Krüger)*.

347 Nicht ausgeschlossen ist eine Schadensersatzpflicht des Vermieters, sofern er nach Bekanntwerden der Rechtsprechung des BGH unwirksame Klauseln verwendet hat.

> BGH, Urt. v. 27.5.2009 – VIII ZR 302/07, BGHZ 181, 188
> = NJW 2009, 2590 = NZM 2009, 541,
> dazu EWiR 2009, 707 *(Krüger)*.

3. Wirksame Übernahme der Schönheitsreparaturen durch den Mieter

348 Unbedenklich ist die vorformulierte Klausel, dass der Mieter die Schönheitsreparaturen übernimmt, ggf. ergänzt durch einen weichen Fristenplan, wobei schon die Formulierung „bei Bedarf" nicht ungefährlich ist, weil nicht auszuschließen ist, dass sie als intransparent verworfen wird.

349 Zulässig sind individuelle Vereinbarungen, die vorformuliert unwirksam wären,

> BGH, Urt. v. 18.3.2009 – XII ZR 200/06, NJW-RR 2009, 947
> = NZM 2009, 397,

sowie die nachträgliche Vereinbarung der Endrenovierung, obwohl der Mietvertrag insoweit unwirksame Klauseln enthielt.

> BGH, Urt. v. 14.1.2009 – VIII ZR 302/07, BGHZ 181, 188
> = NJW 2009, 2590 = NZM 2009, 541,
> dazu EWiR 2009, 707 *(Krüger)*.

350 Zu den Schönheitsreparaturen zählt die gründliche Reinigung des Teppichbodens.

BGH, Urt. v. 8.10.2008 – XII ZR 15/07, NZM 2009, 126 = ZMR 2009, 267.

Bei wirksamer Abwälzung der Schönheitsreparaturen auf den Mieter sind **351** diese fällig, sobald aus der Sicht eines objektiven Betrachters Renovierungsbedarf besteht. Ob die Substanz der Mieträume gefährdet ist, ist unerheblich. Gerät der Mieter mit den Schönheitsreparaturen in Verzug, kann der Vermieter ihn auf Zahlung eines Vorschusses in Höhe der voraussichtlichen Renovierungskosten in Anspruch nehmen.

BGH, Urt. v. 6.4.2004 – VIII ZR 192/04, NJW 2005, 1862
= NZM 2005, 450
mit Besprechung *Weitemeyer*, NZM 2005, 646.

Baut der Vermieter nach Beendigung des Mietverhältnisses das Mietobjekt **352** um, so verwandelt sich sein Anspruch auf die Schönheitsreparaturen im Wege der ergänzenden Vertragsauslegung in einen auf Geldzahlung gerichteten Ausgleichsanspruch.

BGH, Urt. v. 20.10.2004 – VIII ZR 378/03, NJW 2005, 425.

4. Instandhaltung des Mietobjekts durch den Mieter

Die Verpflichtung zur Instandhaltung und Instandsetzung kann der Ver- **353** mieter bei der Gewerberaummiete formularmäßig auf den Mieter übertragen, soweit sie sich auf Schäden erstreckt, die dem Mietgebrauch oder der Risikosphäre des Mieters zuzuordnen sind. Diese zulässige Abweichung vom gesetzlichen Leitbild findet ihre Grenze jedoch bei der Abwälzung der Erhaltungslast für gemeinsam mit anderen Mietern genutzte Flächen oder Anlagen ohne Beschränkung der Höhe nach. Eine solche Klausel belastet den Mieter mit Aufwendungen, die nicht durch seinen Mietgebrauch veranlasst sind und nicht in seinen Risikobereich fallen.

BGH, Urt. v. 6.4.2005 – XII ZR 158/01, ZfIR 2005, 692
(mit Anm. *Schmid*, S. 694) = NZM 2005, 863 = ZMR 2005, 844.

In diesem Urteil distanziert sich der XII. Zivilsenat vom Summierungseffekt, **354** indem er den Mieter unangemessen benachteiligende Passagen des Klauselwerks wegdenkt und den verbleibenden Rest absegnet.

VII. Betriebspflicht des Mieters/Pächters

Der Mietwert von Räumen oder Grundstücken, die zum Betrieb einer Gast- **355** stätte, einer Apotheke, einer Tankstelle, eines Einzelhandelsgeschäfts oder einer Arztpraxis bestimmt sind, sinkt bei Leerstand. Auch besteht ein Anreiz für die Ansiedlung eines gleichartigen Betriebes in der Nachbarschaft. Gleichwohl ist eine Betriebspflicht des Mieters oder Pächters nicht vertragsimmanent, sondern bedarf einer ausdrücklichen Vereinbarung. In Ausnahmefällen kann sich eine Betriebspflicht aus den Umständen des Einzelfalles ergeben. Insoweit ist die Rechtsprechung allerdings sehr zurückhaltend. Das evidente Interesse des Vermieters an der stetigen Nutzung der überlassenen Räume genügt nicht.

> Dazu eingehend *Michalski*, ZMR 1996, 527.

Aus der Vereinbarung eines umsatzabhängigen Miet- oder Pachtzinses lässt **356** sich eine Betriebspflicht nicht einmal dann herleiten, wenn ohne Grundmietzins ausschließlich eine Umsatzbeteiligung vereinbart wurde.

> BGH, Urt. v. 4.4.1979 – VIII ZR 118/78, NJW 1979, 2531.

Auch bei Vermietung von Ladenlokalen in einem Einkaufszentrum ist der **357** Mieter ohne ausdrückliche Vereinbarung nicht zum Betreiben seines Geschäftes verpflichtet.

> OLG Düsseldorf, Urt. v. 13.8.1991 – 24 U 274/90, EWiR 1991,
> 881 *(H.-G. Eckert)*;
> LG Lübeck, Urt. v. 20.2.1992 – 14 S 11/92, NJW-RR 1993, 78.

Demgegenüber tritt das LG Hannover, **358**

> LG Hannover, Urt. v. 9.10.1992 – 8 S 146/92, ZMR 1993, 280,

für eine immanente Betriebspflicht des Mieters ein, wenn das Geschäft nach den übereinstimmenden Parteien das Kernstück („Anker" oder „Zugpferd") des Einkaufszentrums bilden soll.

Wegen des starken, für den Mieter erkennbaren Interesses des Vermieters an **359** der Nutzung des Mietobjekts bestehen keine Bedenken, sie in einem Formularvertrag auszubedingen.

> BGH, Urt. v. 29.4.1992 – XII ZR 221/90, NJW-RR 1992, 1032;
> OLG Düsseldorf, Beschl. v. 24.9.1998 – 10 W 93/98, NZM 1999,
> 124 = ZMR 1999, 171;
> OLG Düsseldorf, Beschl. v. 17.8.2000 – 24 W 49/00, NZM 2001,
> 131.

Auch bei Zusammentreffen mit einem formularmäßigen Ausschluss des **360** Konkurrenzschutzes benachteiligt die Betriebspflicht den Mieter nicht unangemessen.

OLG Hamburg, Urt. v. 3.4.2002 – 4 U 236/01, ZMR 2003, 254;
OLG Rostock, Urt. v. 8.3.2004 – 3 U 118/03, NZM 2004, 460;
BGH, Urt. v. 3.3.2010 – XII ZR 131/08.

361 Der BGH teilt nicht die Vorbehalte des OLG Schleswig,

Beschl. v. 2.8.1999 – 4 W 24/99, NZM 2000, 1008,

gegen die Wirksamkeit der formularmäßigen Kombination der Betriebspflicht mit einer Sortimentsbindung und dem Ausschluss des Konkurrenzschutzes.

BGH, Urt. v. 3.3.2010 – XII ZR 131/08, zur Veröffentlichung
vorgesehen.

362 Bei Vermietung von Ladenlokalen in Einkaufszentren ist es im Grundsatz
unbedenklich, den Mietern die Öffnungszeiten durch AGB vorzuschreiben.
Ungeachtet der gesetzlichen Ladenöffnungsregelungen benachteiligen den
Mieter allzu lange Öffnungszeiten erheblich.

Dazu *Eggersberger*, in: Lindner-Figura/Oprée/Stellmann,
Kap. 23 Rz. 20;
Wolf/Eckert/Ball, Rz. 700.

363 Nicht unangemessen werden die Mieter benachteiligt, wenn sie mehrheitlich
die Öffnungszeiten festlegen, der Vermieter darauf achtet, dass die Mehrheit
der Mieter kleinerer Geschäftslokale den Ankermieter nicht überstimmen
und umgekehrt bei der Abstimmung nach Flächengrößen die Ankermieter
nicht von vornherein die Mehrheit haben. Dies transparent zu formulieren,
ist schwierig.

Dazu BGH, Urt. v. 16.5.2007 – XII ZR 13/05, ZfIR 2007, 847
= NJW 2007, 2176 = NZM 2007, 516 = ZMR 2007, 846;
BGH, Urt. v. 7.5.2008 – XII ZR 5/06, GE 2008, 1049;
Voß, ZfIR 2008, 832.

364 Eine unangemessene Benachteiligung des Mieters ist auszuschließen, selbst
wenn die Fortführung des Geschäftsbetriebes unrentabel ist. Die Rentabilität
eines in gemieteten Räumen betriebenen Geschäfts oder Unternehmens fällt
nämlich allein in seinen Risikobereich. Dies gilt auch, wenn der Mieter aus
gesundheitlichen Gründen sein Unternehmen nicht mehr selbst führen kann;
in diesem Fall muss er sich zur Betriebsfortführung der Hilfe eines Dritten
bedienen.

OLG Düsseldorf, Urt. v. 18.12.2003 – I-10 U 69/03, ZMR 2004,
508.

365 Wegen der eindeutigen Risikoverteilung kann der auf Betriebsfortführung in
Anspruch genommene Mieter nicht wegen Vermögenslosigkeit oder andau-
ernder Verluste die Einrede der wirtschaftlichen Unmöglichkeit nach § 275
Abs. 2 BGB erheben.

OLG Celle, Beschl. v. 3.7.2007 – 2 W 56/07, NZM 2007, 838
= OLGR 2007, 582;

Wolf/Eckert/Ball, Rz. 698;
a. A. OLG Karlsruhe, Urt. v. 8.11.2006 – 9 U 58/06, MDR 2007,
577 = OLGR 2007, 5.

Selbst wenn der Mieter wegen wirtschaftlicher Unmöglichkeit gem. § 275 **366**
Abs. 2 BGB die Betriebsfortführung sollte verweigern können, bleiben die
Sekundäransprüche unberührt (§ 275 Abs. 4 BGB). Die Befolgung der Be-
triebspflicht durch Ausbedingung einer Vertragsstrafe für jeden Tag der Zu-
widerhandlung abzusichern, ist unbedenklich. Eine solche Vertragsstrafe ist
nicht auf einen bestimmten Zeitraum begrenzt, weil die Betriebspflicht eine
Dauerverpflichtung ist. Eine Vertragsstrafe in Höhe von 125 % der auf den
Tag entfallenden Miete ist nicht unangemessen hoch.

OLG Rostock, Urt. v. 8.3.2004 – 3 U 118/03, NZM 2004, 460
(nach Revisionsrücknahme rkr.).

Bei Verletzung der Betriebspflicht kann der Vermieter das Mietverhältnis **367**
nach vorheriger Abmahnung wegen vertragswidrigen Gebrauchs gem. § 543
Abs. 1 BGB fristlos kündigen. Dies wird den Mieter wenig treffen, denn mit
Wegfall der beiderseitigen Vertragspflichten entfällt seine Betriebspflicht,
selbst wenn er sich mit der Räumung und Rückgabe des Mietobjekts in Verzug befindet.

OLG Düsseldorf, Beschl. v. 17.8.2000 – 24 W 49/00, NZM 2001,
131.

Der Vermieter, der den Mieter gerichtlich auf Unterlassung des vertragswid- **368**
rigen Gebrauchs, also Betriebsfortführung in Anspruch nehmen will, muss
ihn zuvor abmahnen. § 541 BGB verdrängt als Spezialvorschrift § 1004 BGB.

BGH, Beschl. v.17.4.2007 – VIII ZB 93/06, NZM 2007, 481.

Den Anspruch auf Betriebsfortführung kann der Vermieter durch eine einst- **369**
weilige Verfügung durchsetzen.

OLG Düsseldorf, Beschl. v. 24.9.1998 – 10 W 93/98, NZM 1999,
124 = ZMR 1999, 171;
KG, Urt. v. 17.7.2003 – 22 U 149/03, MDR 2004, 84;
OLG Karlsruhe, Urt. v. 8.11.2006 – 9 U 58/06, MDR 2007, 577
= OLGR 2007, 5.

Ob ein auf Betriebsfortführung erkennender Titel nach § 887 ZPO (Ersatz- **370**
vornahme auf Kosten des Mieters) oder nach § 888 ZPO – Festsetzung eines
Zwangsgeldes – zu vollstrecken ist, ist umstritten.

Dazu OLG Hamm, Beschl. v. 10.10.1972 – 14 W 72/72, NJW
1973, 1135;
OLG Celle, Beschl. v. 2.1.1996 – 2 W 80/95, NJW-RR 1996, 585;
OLG Düsseldorf, Urt. v. 9.1.1997 – 24 U 94/94, NJW-RR 1997,
648;
OLG Naumburg, Beschl. v. 21.11.1997 – 2 W 14/97, NZM 1998,
575.

VIII. Beschädigung und Zerstörung der Mietsache

1. Haftung des Mieters

a) Pflichtverletzung des Mieters

Der Mieter ist verpflichtet, die Mietsache schonend zu gebrauchen und dafür **371**
zu sorgen, dass es nicht zu Schäden kommt, die nicht eine zwangsläufige
Folge des Gebrauchs der Mietsache sind.

Der Mieter haftet auf Schadensersatz, wenn er (oder sein Erfüllungsgehilfe) **372**
die Grenzen des ihm zustehenden vertragsgemäßen Gebrauchs (§ 538 BGB)
überschreitet und durch eine Verletzung seiner Obhutspflicht eine Verschlechterung der Mietsache verursacht.

> St. Rspr., vgl.
> BGH, Urt. v. 29.1.1991 – XII ZR 124/90, NJW-RR 1992, 714.

Der neue Grundtatbestand der vertraglichen Haftung, die Verletzung einer **373**
Pflicht aus dem Schuldverhältnis (§ 280 BGB Abs. 1), erfasst sowohl die Verletzung einer Hauptpflicht als auch die bisherige positive Vertragsverletzung.
Schadensersatz statt der Leistung kann der Gläubiger nach § 280 Abs. 3
i. V. m. § 281 Abs. 1 Satz 1 BGB nur fordern, wenn er dem Schuldner erfolglos eine angemessene Frist zur Leistung oder Nacherfüllung bestimmt hat.
Die Fristsetzung ist entbehrlich, wenn der Schuldner die Leistung ernstlich
und endgültig verweigert oder wenn besondere Umstände die sofortige Geltendmachung des Schadensersatzanspruchs rechtfertigen (§ 281 Abs. 2
BGB). Gegenüber dem früheren § 326 BGB a. F. ist insbesondere die häufig
übersehene Ablehnungsandrohung nun entbehrlich.

Nach dieser Regelung kann der Vermieter z. B. nach erfolgloser Fristsetzung **374**
(bzw. bei ernsthafter Erfüllungsverweigerung) Schadensersatz in Geld statt
der Sachleistung verlangen, wenn der Mieter die ihm obliegenden Schönheitsreparaturen nicht durchführt. Soweit der Mieter zur Wiederherstellung
verpflichtet ist, wandelt sich sein Sachleistungsanspruch, wenn die Voraussetzungen des § 281 BGB vorliegen, in einen Schadensersatzanspruch um,
ohne dass es darauf ankommt, ob die Wiederherstellung wegen ihres Um-
fangs eine Haupt- oder Nebenpflicht ist.

Ob in den Fällen, die früher aus positiver Vertragsverletzung ohne vorherige **375**
Fristsetzung einen auf Geldzahlung gerichteten Ersatzanspruch auslösten,
nach neuem Recht ebenfalls die Voraussetzungen des § 281 BGB zu beachten
sind, also nun eine Fristsetzung zur Schadensbeseitigung erforderlich ist,
oder ob in diesen Fällen nach § 280 BGB nach wie vor sofort Geldersatz verlangt werden kann, ist nicht abschließend geklärt. Allerdings konkurriert mit
einem solchen vertraglichen Schadensersatzanspruch in den meisten Fällen
ein deliktischer Schadensersatzanspruch aus § 823 BGB, mit dem nach § 249
Abs. 2 Satz 1 BGB ohne Weiteres (ohne dass dem Ersatzpflichtigen zunächst

eine Naturalrestitution ermöglicht werden muss) Geldersatz verlangt werden kann.

Vgl. im Einzelnen *Wolf/Eckert/Ball*, Rz. 660 f.

376 Es spricht vieles für die Anwendung des § 280 BGB; solange die Frage nicht höchstrichterlich geklärt ist, ist es jedoch für den Vermieter empfehlenswert, vorsorglich eine Frist zu setzen.

377 Zu der Pflicht des Mieters, die Mietsache bei Beendigung des Mietverhältnisses zurückzugeben (§ 546 BGB), gehört die Verpflichtung, für einen ordnungsgemäßen Zustand der zurückzugebenden Sache zu sorgen.

BGH, Beschl. v. 2.10.1996 – XII ZR 65/95, NJWE-MietR 1996,
266 = WuM 1997, 217.

378 Bei Schäden an der zurückgegebenen Sache wird der Vermieter Schadensersatz in Geld (statt dieser Leistung) nur unter den Voraussetzungen des § 281 BGB geltend machen können.

b) Haftungserweiterung

379 Zwar kann die Haftung des Mieters durch Vertrag sowohl beschränkt als auch erweitert werden. Einer Erweiterung durch Formularverträge sind jedoch Grenzen gesetzt.

380 Der Vermieter einer Fernschreibanlage verwendete folgende Klausel:

> „Der Mieter haftet für Beschädigungen und Verlust der Anlage und ihrer Teile bis zu ihrer Rückgabe, es sei denn, dass er nachweist, dass er den Schaden nicht zu vertreten hat. Jedoch haftet er stets für Risiken, die üblicherweise versichert werden können."

381 Diese Klausel hat der BGH für unwirksam erklärt. Die Klausel führe zu einer verschuldensunabhängigen Haftung des Vertragspartners, das stelle eine der gesetzlichen Risikoverteilung widersprechende unangemessene Benachteiligung des Kunden dar. Entgegen der Ansicht des Berufungsgerichtes scheide eine solche Benachteiligung des Kunden im konkreten Fall auch nicht deshalb aus, weil die verschuldensunabhängige Haftung begrenzt sei auf Schäden, die im Gefahrenbereich des Kunden eingetreten und versicherbar seien.

BGH, Urt. v. 1.4.1992 – XII ZR 100/91, ZIP 1992, 625 = WM
1992, 1163 = ZMR 1992, 295 = NJW 1992, 1761 = MDR 1992,
643 = DB 1992, 1518,
dazu EWiR 1992, 523 *(Hensen)*.

382 Aus denselben Gründen ist es unzulässig, durch AGB dem Mieter einer Ferienunterkunft die Haftung für von ihm verursachte Schäden auch für den Fall aufzuerlegen, dass ihn kein Verschulden trifft.

BGH, Urt. v. 9.7.1992 – VII ZR 7/92, BGHZ 119, 152, 168
= WM 1992, 1948 = NJW 1992, 3158,
dazu EWiR 1992, 1181 *(Hensen)*.

Ebenfalls unwirksam ist nach einer Entscheidung des OLG Hamburg eine **383** Klausel, nach der der Mieter für die „von seinen Besuchern" verursachten Schäden verantwortlich ist. Nach der gesetzlichen Regelung hafte der Mieter nur für Erfüllungsgehilfen, also für Personen, die auf seine Veranlassung mit der Mietsache in Berührung kämen. Unter die Klausel fielen aber auch unerwünschte Besucher, wie Vertreter, Bettler und Hausierer, auf deren Erscheinen der Mieter keinen Einfluss habe. Es sei unangemessen, dass der Mieter aufgrund einer vorformulierten Klausel für deren Handeln einstehen solle.

> OLG Hamburg, Urt. v. 10.4.1991 – 5 U 135/90, NJW-RR 1991, 1167;
> ebenso zur Wohnungsmiete:
> BGH, Urt. v. 15.5.1991 – VIII ZR 38/90, ZMR 1991, 290 = NJW 1991, 290,
> dazu EWiR 1991, 737 *(Sternel)*.

c) Vertragliche Regelung zum Haftungsumfang

Eine vertragliche Regelung des Haftungsumfangs kann nicht nur im Miet- **384** vertrag, sondern selbstverständlich auch im Nachhinein erfolgen. In einem vom BGH entschiedenen Fall verlangte der Verpächter eines Tankstellengeländes nach Beendigung des Pachtvertrages Schadensersatz wegen Beschädigung der Pachtsache, weil eine später durch einen Sachverständigen durchgeführte Bodenuntersuchung ergeben hatte, dass der Boden durch unsachgemäßen Betrieb der Tankstelle derart mit Mineralölprodukten verunreinigt war, dass er mit hohem Kostenaufwand ausgetauscht werden musste. Der Pächter berief sich darauf, dass die Parteien bei der Rückgabe des Tankstellengeländes – vor der Bodenuntersuchung – vereinbart hatten, die dem Verpächter gehörenden Tanks sollten vom Pächter auf dessen Kosten „unbrauchbar gemacht und eingeschlämmt" werden, außerdem solle der Pächter zur Abgeltung aller weiteren Ansprüche des Verpächters 24.000 DM zahlen.

Der BGH hat entschieden, wenn die Parteien bei Abschluss der Vereinba- **385** rung an die Möglichkeit eines solchen Schadens gar nicht gedacht haben sollten (hierzu fehlten Feststellungen im Berufungsurteil), verstoße es gegen Treu und Glauben, wenn sich der Pächter auf diese Vereinbarung berufe. Durch den nun notwendigen, von den Parteien nicht vorausgesehenen kostspieligen Bodenaustausch werde dann die Äquivalenz der vereinbarten gegenseitigen Leistungen so erheblich gestört, dass nach den gesamten Umständen des Falles das Festhalten an der Vereinbarung für den Verpächter eine ungewöhnliche, unzumutbare Härte bedeuten würde. Die Sache wurde deshalb zur weiteren Aufklärung an das Berufungsgericht zurückverwiesen.

> BGH, Urt. v. 29.1.1992 – XII ZR 124/90, NJW-RR 1992, 714, 715.

2. Rückgriff der Versicherung gegen den Mieter

Üblicherweise schließt der Eigentümer/Vermieter von gewerblichen Räumen **386** eine Feuer- und eine Leitungswasserversicherung ab: Soweit die Versicherung ihm einen Schaden ersetzt, gehen seine Ansprüche gegen einen Dritten, der den Schaden verursacht hat – nicht: gegen eine mitversicherte Person –, nach § 67 Abs. 1 VVG auf den Versicherer über. Lange war umstritten, ob – eventuell unter welchen Voraussetzungen – der Mieter als mitversicherte Person angesehen werden kann und ob er, falls er nicht mitversicherte Person ist, nur für grobe Fahrlässigkeit einzustehen hat. Die Rechtsprechung des BGH hierzu hat sich mehrfach geändert.

387 Der BGH hat 1991 unter Aufgabe der früheren Rechtsprechung entschieden, der Mieter sei jedenfalls in der Regel nicht mitversichert, ein Regress gegen ihn also grundsätzlich möglich.

> Für die Leitungswasserversicherung:
> BGH, Urt. v. 23.1.1991 – IV ZR 284/89, WM 1992, 1079
> = NJW-RR 1991, 527;
> für die Feuerversicherung:
> BGH, Urt. v. 18.12.1991 – IV ZR 259/91, WM 1992, 1081
> = NJW-RR 1992, 980, 981.

388 Stattdessen hat er – zunächst – eine sog. mietrechtliche Lösung gesucht. Danach richtet sich, da nur die bestehenden Ansprüche des Vermieters unverändert übergehen, der Umfang einer Regresshaftung des Mieters nach dem Mietvertrag.

389 Hat sich der Vermieter in dem Mietvertrag ausdrücklich verpflichtet, eine Feuerversicherung abzuschließen, kann sich daraus u. U. ergeben, dass der Versicherungsschutz auch dem Mieter zugutekommen und dass der Mieter dem Vermieter gegenüber nur haften soll, soweit die Versicherung den Schaden nicht ersetzt: bei Vorsatz und grober Fahrlässigkeit.

> BGH, Urt. v. 7.3.1990 – IV ZR 342/88, ZMR 1990, 333
> = NJW-RR 1990, 1175 = MDR 1990, 805 = VersR 1990, 625.

390 Erforderlich ist in diesem Zusammenhang grob fahrlässiges Verhalten des Versicherungsnehmers selbst oder seines Repräsentanten. Repräsentant ist, wer in dem Geschäftsbereich, zu dem das versicherte Risiko gehört, aufgrund eines Vertretungs- oder ähnlichen Verhältnisses an die Stelle des Versicherungsnehmers getreten ist (nicht: einfache Erfüllungsgehilfen).

> OLG Celle, Urt. v. 19.3.1998 – 2 U 184/96, ZMR 1998, 691;
> OLG Düsseldorf, Urt. v. 8.5.2008 – 10 U 24/08, ZMR 2009, 275.

391 Dagegen ergibt sich eine stillschweigende Beschränkung der Haftung des Mieters nicht schon aus der Überlegung, dass die Kosten für die Gebäudeversicherung regelmäßig in den Mietzins einkalkuliert sind und somit im wirtschaftlichen Ergebnis vom Mieter getragen werden.

> BGH, Urt. v. 23.1.1991 – IV ZR 284/89, ZMR 1991, 168
> = NJW-RR 1991, 527 = VersR 1991, 462.

392 Jedenfalls bei Wohnraummietverträgen ist aber eine solche stillschweigende Beschränkung der Haftung des Mieters auf Vorsatz und grobe Fahrlässigkeit

anzunehmen, wenn nach dem Mietvertrag die Kosten der Gebäudeversicherung vom Mieter zusätzlich zum vereinbarten Mietzins an den Vermieter zu zahlen sind.

> BGH, Urt. v. 13.12.1995 – VIII ZR 41/95, BGHZ 131, 288
> = ZIP 1996, 381 = WM 1996, 484 = ZMR 1996, 184 = NJW
> 1996, 715,
> dazu EWiR 1996, 295 *(Sonnenschein)*.

Die Entscheidung stellt ausdrücklich klar, dass damit die in dem Urteil des 393 BGH vom 23.1.1991 vertretene Rechtsauffassung nicht aufgegeben werden soll.

Sie ist zwar zur Wohnraummiete ergangen, aber nicht auf Argumente ge- 394 stützt, die sich aus den Besonderheiten der Wohnraummiete ergeben. Sie gilt deshalb uneingeschränkt auch für die Geschäftsraummiete.

> BGH, Beschl. v. 26.1.2000 – XII ZR 204/97, NJW-RR 2000, 1110
> = NZM 2000, 688.

Warum es in diesem Zusammenhang einen Unterschied machen soll, ob die 395 Versicherungsprämien als Nebenkosten oder durch Einkalkulieren in die Miete auf den Mieter abgewälzt werden, leuchtet nicht ohne Weiteres ein.

Das sog. Regressverzichtsabkommen für Feuerversicherer, 396

> Text: Veröffentlichungen des Bundesaufsichtsamtes für das Ver-
> sicherungs- und Bausparwesen 1978, 137,

greift zugunsten des Mieters nur in eng begrenzten Fällen ein, nämlich nur, wenn bei übergreifenden Brandereignissen der Brand auch bezüglich einer von dem Mieter abgeschlossenen Versicherung (z. B. seiner Hausratsversicherung) einen Versicherungsfall darstellt und wenn nur leichte Fahrlässigkeit vorliegt. Übergreifend bedeutet in diesem Zusammenhang: Der Brand der versicherten Sache des in Regress genommenen Schadensverursachers (hier: des Mieters) muss die anderweitig versicherten Sachen in Brand gesetzt haben, wegen deren Zerstörung Schadensersatz verlangt wird.

Beispiel: 397

Der Mieter, der eine Hausratsversicherung abgeschlossen hat, verursacht durch leichte Fahrlässigkeit einen Brand seines Hausrats und dieser Brand greift über auf den Dachstuhl.

Der Regressverzicht ist außerdem der Höhe nach begrenzt. 398

> Vgl. *Martin*, J I 14 u. 15;
> *Dallmayr*, in: Bub/Treier, IX Rz. 145.

Der BGH hat nun zwar die geschilderte mietrechtliche Lösung nicht aufge- 399 geben – sie gilt also weiter –, sie aber durch eine sog. versicherungsrechtliche Lösung ergänzt. Der Senat gibt seine Ansicht auf, in eine reine Sachversicherung des Vermieters könne nicht ohne Weiteres das Sachersatzinteresse des

Mieters einbezogen werden. Allerdings könne der Mieter nicht generell als mitversicherte Person angesehen werden, ein entsprechender Wille der Vertragschließenden müsse sich vielmehr – eventuell auch in ergänzender Auslegung – aus dem Versicherungsvertrag ergeben. Hierzu seien „hinreichend konkrete Anhaltspunkte" erforderlich; die üblicherweise benutzten allgemeinen Versicherungsbedingungen reichten dazu nicht aus.

400 Eine ergänzende Vertragsauslegung des Gebäudeversicherungsvertrages ergebe aber einen konkludenten Regressverzicht des Versicherers für die Fälle, in denen der Wohnungsinhaber/Mieter einen Brandschaden durch einfache Fahrlässigkeit verursacht habe. Diese Auslegung beruhe auf dem für den Versicherer erkennbaren Interesse des Versicherungsnehmers.

> BGH, Urt. v. 8.11.2000 – IV ZR 298/99, BGHZ 145, 393 = ZMR 2001, 175 = NJW 2001, 1353 = WM 2001, 514 = VersR 2001, 94; Prölss/Martin/*Kollhosser*, VVG, § 80 Rz. 25 ff.

401 Die Entscheidung vermeidet einen eigenen Anspruch des Mieters gegen die Versicherung. Offen bleibt, ob die Versicherung durch einen entsprechenden Passus in ihren Verträgen den angenommenen stillschweigenden Regressverzicht ausschließen kann.

> Vgl. hierzu die Anm. von *Prölss*, ZMR 2001, 157 ff.

Da die Rechtsprechung bisher mit einer solchen Klausel nicht befasst worden ist, ist anzunehmen, dass die Versicherungen diesen Weg scheuen.

402 Auch diese Entscheidung ist zu einem Fall der Wohnraummiete ergangen, gilt aber nach der Argumentation der Begründung für die Geschäftsraummiete in gleicher Weise.

403 Der VIII. Zivilsenat des BGH hat im Anschluss an BGHZ 145, 393 zur Wohnraummiete entschieden: Da eine ergänzende Auslegung des vom Vermieter abgeschlossenen Gebäudeversicherungsvertrags einen konkludenten Regressverzicht des Versicherers für den Fall ergebe, dass der Mieter einen Schaden durch einfache Fahrlässigkeit verursacht habe, könne in der mietvertraglichen Verpflichtung des Mieters, die Kosten der Gebäudeversicherung zu zahlen, keine stillschweigende Beschränkung seiner Haftung dem Vermieter gegenüber auf Vorsatz und grobe Fahrlässigkeit gesehen werden. Der Vermieter sei jedoch verpflichtet, zunächst den Gebäudeversicherer und nicht den Mieter auf Schadensausgleich in Anspruch zu nehmen, wenn ein Versicherungsfall vorliege, ein Regress des Versicherers gegen den Mieter ausgeschlossen sei und der Vermieter nicht ausnahmsweise ein besonderes Interesse an einem Schadensausgleich durch den Mieter habe.

> BGH, Urt. v. 3.11.2004 – VIII ZR 28/04, NZM 2005, 57 = ZMR 2005, 100 = VersR 2005, 498.

404 Auch diese Entscheidung dürfte auf die Geschäftsraummiete zu übertragen sein.

Dem Gebäudeversicherer ist ein Regress gegen den Mieter auch dann ver- **405** wehrt, wenn der Mieter eine Haftpflichtversicherung abgeschlossen hat, die Ansprüche wegen Beschädigungen der Mietsache deckt. Er kann aber von der Haftpflichtversicherung des Mieters entsprechend den Grundsätzen der Doppelversicherung (§ 59 Abs. 2 Satz 1 VVG) einen – nur – anteiligen Ausgleich verlangen.

> BGH, Urt. v. 13.9.2006 – IV ZR 273/05, BGHZ 169, 86 = ZfIR
> 2006, 838 = NJW 2006, 3707 = NZM 2006, 945 = MDR 2007,
> 211,
> dazu EWiR 2007, 95 *(Armbrüster)*.

Bei der Berechnung dieses Ausgleichsanspruchs ist aufseiten des Gebäude- **406** versicherers lediglich der vom Regressverzicht erfasste Teil des Haftpflichtschadens zu berücksichtigen.

> BGH, Urt. v. 18.6.2008 – IV ZR 108/06, NZM 2008, 782
> = VersR 2008, 1108.

Das OLG Stuttgart hatte entschieden, in Fortführung von BGHZ 145, 393 **407** sei auch in der Hausratsversicherung ein konkludenter Regressverzicht des Versicherers, der zugleich Gebäudeversicherer ist, für die Fälle anzunehmen, in denen der Wohnungsmieter einen Brandschaden am Gebäude und am Hausrat des im selben Haus wohnenden Vermieters durch einfache Fahrlässigkeit verursacht habe. Dieser Regressverzicht wirke auch zugunsten der mit dem Mieter in häuslicher Gemeinschaft lebenden Ehefrau.

> OLG Stuttgart, Urt. v. 30.12.2003 – 7 U 165/03, ZMR 2004, 433.

Der BGH hat das Urteil des OLG Stuttgart aufgehoben. Auf die Hausrat- **408** versicherung des Vermieters oder die Versicherung seiner Geschäftsausstattung ist die Rechtsprechung zum Regressverzicht des Versicherers nicht zu übertragen, denn diese Sachen des Vermieters haben keinen Bezug zum Mietobjekt und der Mieter beteiligt sich nicht, auch nicht mittelbar, an der Versicherungsprämie.

> BGH, Urt. v. 13.9.2006 – IV ZR 26/04, ZfIR 2006, 850 = NJW
> 2006, 3714 = NZM 2006, 951.

3. Wiederherstellungspflicht des Vermieters

Aus der Pflicht des Vermieters, die vermietete Sache während der Mietzeit in **409** einem zu dem vertragsgemäßen Gebrauch geeigneten Zustand zu erhalten (§ 535 Abs. 1 Satz 2 BGB.), ergibt sich die Pflicht des Vermieters zur Wiederherstellung der Mietsache im Falle ihrer Beschädigung. Will der Vermieter einer Gaststätte, die durch einen vom Mieter nicht zu vertretenden Brand unbenutzbar geworden ist, den Verlust seines Anspruchs auf die Miete (§ 536 Abs. 1 BGB) oder eine Kündigung des Mieters (§ 543 BGB) vermeiden, so muss er den Brandschaden beseitigen, und zwar auch dann, wenn nach dem Mietvertrag der Mieter die Kosten für Instandsetzung, Instandhaltung und Schönheitsreparaturen zu tragen hat.

BGH, Urt. v. 25.2.1987 – VIII ZR 88/86, WM 1987, 822
= NJW-RR 1987, 906,
dazu EWiR 1987, 447 *(Sonnenschein)*.

410 Einen Mangel der Mietsache hat der Vermieter auch dann auf seine Kosten zu beseitigen, wenn die Mangelursache zwar der Sphäre des Mieters zuzurechnen ist, der Mieter den Mangel aber nicht zu vertreten hat, weil er die Grenzen des vertragsgemäßen Gebrauchs nicht überschritten hat.

411 Kommt der Vermieter mit der Beseitigung in Verzug, kann der Mieter den Mangel selbst beseitigen (lassen) und hierfür einen Vorschuss verlangen.

BGH, Urt. v. 28.5.2008 – VIII ZR 271/07, NZM 2008, 607
= NJW 2008, 2432.

412 Der BGH hatte sich mit einem Fall zu befassen, in dem ein vermieteter Muldenkipper nach der Übergabe an den Mieter unverschuldet einen Achsbruch erlitten hatte, die Reparaturkosten hätten den Zeitwert des Fahrzeugs nach der Reparatur weit überschritten. Das Berufungsgericht ging (im Anschluss an eine in der Literatur vertretene Ansicht) davon aus, der Mietanspruch sei entfallen nach § 537 BGB a. F. (= § 536 BGB n. F.). Dem ist der BGH nur im Ergebnis, nicht aber in der Begründung gefolgt. § 537 BGB a. F. sei nur anwendbar, wenn der Vermieter noch zur Gebrauchsüberlassung und daraus folgend zur Beseitigung des Schadens verpflichtet sei. Nach ständiger Rechtsprechung des BGH trete aber bezüglich des Anspruchs auf Wiederherstellung Unmöglichkeit ein, wenn die Wiederherstellung entweder technisch nicht möglich oder – wie im zu entscheidenden Fall – dem Vermieter wirtschaftlich nicht zumutbar sei (sog. Opfergrenze: § 275 Abs. 2 BGB). Sei die Unmöglichkeit von keiner Partei zu vertreten, werde der Vermieter von seiner Verpflichtung zur Gewährung des Gebrauchs frei, der Mieter nach § 323 Abs. 1 BGB a. F. (= § 326 Abs. 1–3 BGB n. F). von seiner Verpflichtung zur Zahlung der Miete.

BGH, Urt. v. 26.9.1990 – VIII ZR 205/89, ZIP 1990, 1483 = WM 1991, 26 = ZMR 1991, 19 = NJW-RR 1991, 204 = MDR 1991, 329,
dazu EWiR 1990, 1187 *(Emmerich)*;
zur Opfergrenze vgl. auch
BGH, Urt. v. 21.4.2010 – VIII ZR 131/09, zur Veröffentlichung vorgesehen.

413 Der BGH hat (anders als das Berufungsgericht) eine Klage abgewiesen, mit der die Pächter eines landwirtschaftlichen Anwesens einen Verzugsschaden geltend machten, weil der Verpächter nach einem (vermutlich durch Selbstentzündung des Heus verursachten) Brand die beschädigten Gebäude erst nach mehr als zwei Jahren gebrauchsfähig machen ließ. Das Hauptgebäude (bestehend aus Wohntrakt und Stall) war bis auf eine Giebelwand und die Umfassungsmauern des Erdgeschosses abgebrannt. Der BGH führt aus, da eine Nutzung des landwirtschaftlichen Anwesens auch ohne das Hauptgebäude möglich gewesen sei, liege eine teilbare Leistung und bezüglich des

Hauptgebäudes Teilunmöglichkeit vor. Der Verpächter sei von seiner Verpflichtung zur Gebrauchsüberlassung der beschädigten Gebäudeteile und damit auch von seiner Verpflichtung zur Wiederherstellung nach § 275 BGB frei geworden. Dementsprechend habe er mit dieser Verpflichtung auch nicht in Verzug geraten können.

> BGH, Urt. v. 13.12.1991 – LwZR 5/91, BGHZ 116, 334 = WM
> 1992, 831 = NJW 1992, 1036,
> dazu EWiR 1992, 323 *(H.-G. Eckert)*;
> im Anschluss an:
> BGH, Urt. v. 12.1.1977 – VIII ZR 142/75, WM 1977, 400
> = MDR 1977, 660 = VersR 1977, 526.

Der BGH nimmt Teilunmöglichkeit an, ohne zu prüfen, ob die Wiederher- **414** stellung dem Verpächter wirtschaftlich zumutbar gewesen wäre. Er geht wohl davon aus, dass es sich bei den Brandschäden an dem Hauptgebäude nicht um behebbare Mängel handelte, dass das Hauptgebäude vielmehr völlig zerstört war. Im Falle einer völligen Zerstörung der Mietsache tritt Unmöglichkeit ohne Rücksicht auf die sog. Opfergrenze ein.

> BGH, Urt. v. 14.4.1976 – VIII ZR 291/74, ZMR 1977, 332;
> vgl. auch *Wolf/EckertBall*, Rz. 302.

Auch im Falle einer (nur) Beschädigung der Mietsache entfällt die Wieder- **415** herstellungspflicht des Vermieters, wenn der Mieter die Beschädigung zu vertreten hat.

> BGH, Urt. v. 13.12.1991 – LwZR 5/91, BGHZ 116, 334,
> dazu EWiR 1992, 323 *(H.-G. Eckert)*.

4. Beweislast

Tritt wegen der Wiederherstellung der Mietsache Unmöglichkeit ein und **416** wird deshalb der Vermieter von seiner Pflicht zur Gebrauchsüberlassung frei, so bleibt die Mietzahlungspflicht bestehen, wenn der Mieter die Zerstörung der Mietsache zu vertreten hat (§ 326 Abs. 2 BGB).

Aus § 538 BGB ergibt sich, dass der Mieter sich exculpieren muss, wenn die **417** Mietsache im Zusammenhang mit dem Mietgebrauch (also in seinem Verantwortungsbereich) Schaden erlitten hat.

> BGH, Urt. v. 14.4.1976 – VIII ZR 288/74, BGHZ 66, 349 = WM
> 1976, 694 = NJW 1976, 1315.

Ist die Mietsache dagegen außerhalb des Mietgebrauchs beschädigt worden **418** oder – z. B. durch einen Kraftfahrzeugdiebstahl – verloren gegangen, muss der Vermieter darlegen und beweisen, dass der Mieter dies zu vertreten hat.

> BGH, Urt. v. 19.10.1995 – IX ZR 82/94, BGHZ 131, 95 = WM
> 1996, 25 = NJW 1996, 321;
> im Anschluss an
> BGH, Urt. v. 11.12.1991 – VIII ZR 31/91, BGHZ 116, 278
> = ZIP 1992, 179 = WM 1992, 233 = NJW 1992, 683,

dazu EWiR 1992, 143 *(v. Westphalen)*;
vgl. hierzu auch
OLG Hamm, Urt. v. 25.6.1997 – 30 U 208/96, ZMR 1997, 520,
und
OLG Celle, Urt. v. 29.11.1995 – 2 U 210/94, ZMR 1996, 197.

419 Vgl. auch

BGH, Urt. v. 22.10.2008 – XII ZR 148/06, ZfIR 2009, 66 = NJW 2009, 142 = NZM 2009, 29 = MDR 2009, 74.

zur Darlegungs- und Beweislast für Schadensersatzansprüche gegen den Vermieter wegen der Verletzung mietvertraglicher Fürsorgepflichten.

420 Ist streitig, ob der Schaden im Zusammenhang mit dem Mietgebrauch eingetreten ist, muss der Vermieter darlegen und beweisen, dass die Schadensursache dem Obhutsbereich des Mieters zuzurechnen ist.

BGH, Urt. v. 18.5.1994 – XII ZR 188/92, BGHZ 126, 124 = ZIP 1994, 1027 = ZMR 1994, 465 = NJW 1994, 2019,
dazu EWiR 1994, 751 *(H.-G. Eckert)*.

421 Entgegen einer in der Literatur vertretenen Ansicht trifft im Rahmen des § 326 BGB grundsätzlich den Gläubiger der Gegenleistung (hier: den Vermieter) die Beweislast für das Vertretenmüssen des Schuldners; § 280 Abs. 1 Satz 2 BGB ist für diesen Fall nicht einschlägig.

BGH, Urt. v. 11.12.1991 – VIII ZR 31/91, BGHZ 116, 278, 288 = ZIP 1992, 179,
dazu EWiR 1992, 143 *(v. Westphalen)*.

422 Der Mieter kann nicht nach § 543 BGB wegen einer Störung des vertragsgemäßen Gebrauchs kündigen, wenn er die Zerstörung oder Beschädigung der Mietsache zu vertreten hat. Auch in diesem Falle muss er sich exculpieren, wenn z. B. ein Brand beim Mietgebrauch entstanden ist und Ursachen, die in den Obhuts- und Verantwortungsbereich des Vermieters fallen, ausgeräumt sind.

BGH, Urt. v. 26.11.1997 – XII ZR 28/96, WM 1998, 615 = ZMR 1998, 211 = NJW 1998, 594;
ebenso der VIII. Zivilsenat zur Wohnungsmiete:
BGH, Urt. v. 3.11.2004 – VIII ZR 28/04, NZM 2005, 100 = ZMR 204, 898.

423 Zur Beweislast für Verschlechterungen der Mietsache durch Bodenverunreinigungen (einschließlich Hinweisen für eine Gestaltung des Mietvertrages) vgl.

Schlemminger/Latinovic, NZM 1999, 163.

424 Zur Zurechnung von Bodenverunreinigungen auf einem Tankstellengrundstück, das nacheinander von mehreren Betreibern genutzt worden ist, und der damit zusammenhängenden Beweislastverteilung hat der BGH im Urteil vom 10.7.2002 Stellung genommen.

BGH, Urt. v. 10.7.2002 – XII ZR 107/99, NJW 2002, 3234
= NZM 2002, 913.

Er schließt eine Aufteilung der Verursachungsbeiträge (und damit der Sanie-   425
rungskosten) nicht aus und hält eine Schätzung nach § 287 ZPO für angebracht.

Bodenrechtliche Ausgleichsansprüche zwischen Mieter und Vermieter nach   426
§ 24 Abs. 2 BBodenSchG können durch Vereinbarung ausgeschlossen werden. Ein solcher Ausschluss kann sich aus dem Mietvertrag ergeben, und
zwar schon dadurch, dass dem Vermieter die gesamte Erhaltungspflicht bezüglich der Mietsache obliegt.

BGH, Urt. v. 28.7.2004 – XII ZR 163/03, NZM 2004, 916
= ZMR 2004, 898.

Der Ausgleichsanspruch nach § 24 Abs. 2 BBodSchG setzt nicht voraus, dass   427
derjenige, der ihn geltend macht, zuvor von der Behörde in Anspruch genommen worden war. Dieser Anspruch unterliegt nicht der kurzen Verjährung nach § 548 BGB.

BGH, Urt. v. 1.10.2008 – XII ZR 52/07, BGHZ 178, 137
= NZM 2009, 139 = MDR 2009, 16.

Die Beschwer einer zur Beseitigung von Kontaminationen verurteilten Partei   428
bemisst sich nicht nach dem vom Kläger behaupteten, sondern nach dem tatsächlichen, vom Sachverständigen festgestellten Kostenaufwand.

BGH, Beschl. v. 20.4.2005 – XII ZR 92/02, NJW-RR 2005, 1011
= MDR 2005, 1194.

5. Verjährung der Ersatzansprüche des Vermieters

§ 548 Abs. 1 BGB ordnet die Verjährung der Ersatzansprüche des Vermieters   429
in der kurzen, sechsmonatigen Frist an, beginnend mit Rückgabe des Mietobjekts. Sinn und Zweck dieser Regelung (zuvor des § 558 Abs. 1 BGB a. F.)
solle es sein, zwischen den Parteien eines Gebrauchsüberlassungsvertrages
eine schnelle Auseinandersetzung sicherzustellen. Demgemäß sprach sich die
Rechtsprechung stets für eine ausgedehnte, sogar analoge Anwendung dieser
Verjährungsregelung aus.

BGH, Urt. v. 24.6.1992 – VIII ZR 203/91, BGHZ 119, 35 = ZIP
1992, 1086 = NJW 1992, 2413,
dazu EWiR 1992, 1175 (Medicus);
BGH, Urt. v. 10.4.002 – XII ZR 217/98, NZM 2002, 605;
BGH, Urt. v. 19.1.2005 – VIII ZR 114/04, BGHZ 162, 30
= NJW 2005, 739 = NZM 2005, 176;
BGH, Urt. v. 22.2.2006 – XII ZR 48/03, ZfIR 2006, 579 = NJW
2006, 1963 = NZM 2006, 509 = ZMR 2006, 441;
dazu Wolf/Eckert/Ball, Rz. 1199 ff.

Dies war richtig, solange andernfalls die Ansprüche in der Regelfrist, die bis
2001 dreißig Jahre betrug, verjährten. Nachdem die regelmäßige Verjäh-

rungsfrist drei Jahre (§ 195 BGB) beträgt (dazu oben Rz. 2), verzögert § 548 Abs. 1 Satz 2 BGB in vielen Fällen die Verjährung der Ersatzansprüche des Vermieters, weil die Frist erst beginnt, wenn der Vermieter die Mietsache zurückerhält. Auch in Fällen, in denen ihm die Beschädigung des Mietobjekts während der Vertragszeit bekannt ist, kann er trotz Ablaufs der regelmäßigen Verjährungsfrist den Mieter auf Schadensersatz in Anspruch nehmen, wenn er erst danach das Mietobjekt zurückerlangt.

> Kritisch dazu *Lehmann-Richter*, NZM 2009, 761.

430 § 548 BGB ist eine Regressfalle. Das Urteil des BGH vom 28.6.2008

> – IX ZR 145/05, ZIP 2008, 1432 = MDR 2008, 1214,
> dazu EWiR 2008, 523 *(Schodder)*

behandelt den Schadensersatzanspruch gegen einen Rechtsanwalt, der nicht auf die kurze Verjährung nach § 548 BGB hingewiesen hat.

a) Vertragliche und konkurrierende Ansprüche

431 § 548 Abs. 1 BGB ist nicht nur auf Schadensersatzansprüche wegen Verletzung vertraglicher Pflichten anzuwenden, er erfasst auch damit konkurrierende gesetzliche Ansprüche, insbesondere Ansprüche aus einer fahrlässig begangenen unerlaubten Handlung.

> BGH, Urt. v. 18.9.1986 – III ZR 227/84, BGHZ 98, 235, 237
> = NJW 1987, 187 = WM 1987, 54 = ZMR 1987, 53 m. w. N.,
> dazu EWiR 1987, 133 *(H.-G. Eckert)*.

432 Zur Anwendbarkeit bei einer vorsätzlichen Zerstörung der Mietsache durch den Mieter und auf einen Anspruch wegen sittenwidriger Schädigung gem. § 826 BGB vgl.

> BGH, Urt. v. 17.6.1993 – IX ZR 206/92, NJW 1993, 2797 = WM
> 1993, 1798 = ZMR 1993, 458,
> dazu EWiR 1993, 1177 *(Borgmann)*;
> BGH, Urt. v. 27.4.2001 – LwZR 6/00, NZM 2001, 668 = WM
> 2001, 1571.

433 Dem Zweck des § 548 Abs. 1 BGB entsprechend greift die Vorschrift auch bei Beschädigung der Mietsache in der Abwicklungsphase nach Vertragsende ein, sogar bei Gebrauchsgewährung trotz unwirksamen Mietvertrages,

> BGH, Urt. v. 31.1.1967 – VI ZR 105/65, BGHZ 47, 53 = NJW
> 1967, 980,

nach Ansicht des BGH sogar bei einem Anspruch wegen Verschuldens bei Vertragsschluss, wenn der Vermieter auf Wunsch des Mieters die Mieträume umbaut, dieser aber den Vertragsschluss verweigert.

> BGH, Urt. v. 22.2.2006 – XII ZR 48/03, ZfIR 2006, 579
> (m. Anm. *Eckert*, S. 582) = NJW 2006, 1963 = NZM 2006, 509
> = ZMR 2006, 441.

Die kurze Verjährungsfrist gilt auch für entsprechende Ansprüche des Ver- 434
mieters gegen den vollmachtlosen Vertreter, der gem. § 179 BGB haftet.

> BGH, Urt. v. 19.11.2003 – XII ZR 68/00, ZfIR 2004, 371 = NJW
> 2004, 774 = NZM 2004, 98.

Besteht zwischen der Eigentümerin und der Vermieterin eines Kraftfahr- 435
zeuges eine enge wirtschaftliche Verflechtung (hier: zwei Gesellschaften mit
demselben Geschäftssitz und demselben Geschäftsführer), so kann sich der
Mieter nicht nur gegenüber den Ansprüchen der Vermieterin aus Mietvertrag, sondern auch gegenüber den deliktischen Ansprüchen der Eigentümerin auf die kurze Verjährung des § 548 Abs. 1 BGB berufen.

> BGH, Urt. v. 11.12.1991 – XII ZR 269/90, BGHZ 116, 293
> = ZIP 1992, 184 = NJW 1992, 1820 = WM 1992, 800,
> dazu EWiR 1992, 657 (H.-G. Eckert).

Ob eine die entsprechende Anwendung des § 548 Abs. 1 BGB gebietende 436
wirtschaftliche Verflechtung zwischen dem vermietenden Teileigentümer
und der Eigentümergemeinschaft besteht, ist streitig.

Nach Ansicht des LG Stuttgart, 437

> Urt. v. 28.11.2007 – 13 S 136/07, NZM 2009, 36,

unterliegt der Anspruch der Gemeinschaft gegen den Mieter, der das ge-
meinschaftliche Eigentum beschädigt hat, der regelmäßigen Verjährung. Die
Gegenauffassung lässt den Anspruch nach § 548 Abs. 1 BGB verjähren.

> LG Essen, Urt. v. 11.12.1997 – 10 S 433/97, NZM 1998, 377;
> Schmidt-Futterer/Gather, § 558 Rz. 32.

Ersatzansprüche des Kraftfahrzeugvermieters gegen den Fahrer, der nicht 438
Mieter ist, verjähren ebenfalls nach § 548 Abs. 1 BGB.

> BGH, Urt. v. 23.5.2006 – VI ZR 259/04, NJW 2006, 2399
> = NZM 2006, 624 = ZMR 2006, 754.

b) Bezug zum Mietobjekt

Sind durch dasselbe Schadensereignis vom Mieter zu ersetzende Schäden so- 439
wohl an der Mietsache als auch an nicht vermieteten Gegenständen des Vermieters entstanden (im zu entscheidenden Fall: Durch den Einsturz einer
Wand der vermieteten Lagerhalle sind daneben abgestellte Geräte des Vermieters beschädigt worden), so sollen alle geltend gemachten Schadens-
positionen in sechs Monaten nach Rückgabe des Mietobjekts verjähren, ohne
dass es darauf ankommt, ob der Schaden an der vermieteten Sache überwiegt.

> BGH, Urt. v. 6.11.1991 – XII ZR 216/90, WM 1992, 364 = ZMR
> 1992, 96 = NJW 1992, 687 = MDR 1992, 710,
> dazu EWiR 1992, 761 (Sonnenschein).

Dass die Ersatzansprüche des Vermieters wegen Beschädigung seiner in der 440
Lagerhalle abgestellten Geräte nicht in drei Jahren nach Entstehung des

Schadensersatzanspruchs verjähren sollen, ist nach Neuregelung des Verjährungsrechts nicht mehr einzusehen. Ein Bedürfnis für eine verjährungslose Phase bis zur Rückgabe der Mieträume besteht nicht.

441 Der Schaden, für den Ersatz verlangt wird, muss einen hinreichenden Bezug zum Mietobjekt selbst haben. Dass die Durchsetzbarkeit von Ersatzansprüchen mit Ablauf von sechs Monaten nach Rückgabe der Mietsache entfällt, muss korrespondieren mit der Möglichkeit für den Vermieter, etwaige Schäden nach der Rückgabe der Mietsache durch eine Untersuchung schnell festzustellen. Diese Möglichkeit hat der Vermieter nicht, wenn die geltend gemachten Schäden an Sachen aufgetreten sind, mit denen der Mieter beim vertragsgemäßen Gebrauch der Mietsache normalerweise nicht in Kontakt kommen kann, wenn sie nach der Rückgabe der Mietsache zunächst nicht erkennbar und auch keine zwangsläufigen Folgeschäden des Schadens an der Mietsache selbst sind, und insbesondere, wenn sie an Gegenständen eingetreten sind, die im Eigentum eines Dritten stehen. Der BGH verneint die Anwendbarkeit des § 558 BGB a. F. bzw. § 548 BGB n. F. für einen Folgeschaden, der nach dem Auslaufen von Heizöl auf dem Mietgrundstück an einer entfernt liegenden Fischzuchtanlage eines Dritten entstanden ist und für den der Vermieter, nachdem er selbst in Anspruch genommen worden war, beim Mieter Regress nehmen wollte.

> BGH, Urt. v. 24.11.1993 – XII ZR 79/92, ZIP 1994, 37 = NJW 1994, 251,
> dazu EWiR 1994, 125 *(H.-G. Eckert)*.

442 Beschädigt der Mieter unter Verletzung seiner mietvertraglichen Obhutspflichten das Eigentum eines Dritten und nimmt dieser den Vermieter nach § 838 BGB als Gebäudeeigentümer in Anspruch, so verjährt der Regress des Vermieters gegen den Mieter nicht nach § 548 Abs. 1 BGB.

> OLG Dresden, Urt. v. 14.7.2007 – 5 U 8/07, NZM 2007, 803 = ZMR 2007, 691.

443 Gelegenheit, den hinreichenden Bezug zur Mietsache als maßgebliches Abgrenzungskriterium näher zu definieren, hatte der BGH am 10.5.2000. Ohne sich abschließend festzulegen, warnt er davor, ihn ohne Substanzbeeinträchtigung schon dann anzunehmen, wenn von dem eingelagerten Material eine Gefahr für das Mietgrundstück und/oder seine Nachbarschaft ausgeht.

> BGH, Urt. v. 10.5.2000 – XII ZR 149/98, NJW 2000, 3203 = NZM 2000, 1055,
> dazu EWiR 2000, 1007 *(H.-G. Eckert)*.

444 Ob Ausgleichsansprüche unter Gesamtschuldnern nach öffentlich-rechtlicher Inanspruchnahme des einen in den Anwendungsbereich des § 548 BGB fallen, ist fraglich. In seinem Urteil vom 24.11.1993

> – XII ZR 79/92, ZIP 1994, 37 = NJW 1994, 251,
> dazu EWiR 1994, 125 *(H.-G. Eckert)*

hat der BGH dies bewusst offengelassen. Soweit es um die Kosten für die Sanierung der benachbarten Flächen, die nicht dem Vermieter gehören, geht, fehlt der hinreichende Bezug zum Erdreich. Im Übrigen hilft dem Vermieter die Änderung des § 24 Abs. 2 Satz 3 und 4 Bodenschutzgesetzes (vom 19.12.2004, BGBl I, 3214). Danach verjährt sein Anspruch in drei Jahren.

Dazu *Drasdo*, ZfIR 2005, 280.

Auch vor Einführung dieser Regelung war § 548 Abs. 1 BGB nicht einschlä- **445** gig.

BGH, Urt. v. 1.10.2008 – XII ZR 52/07, BGHZ 178, 137 = NJW 2009, 139 = NZM 2008, 933 = MDR 2009, 16.

c) Beginn der Verjährungsfrist

Die Verjährung der Ersatzansprüche des Vermieters beginnt auch bei späte- **446** rer rechtlicher Beendigung des Mietverhältnisses gem. §§ 200 Satz 1, 548 Abs. 1 Satz 2 BGB mit dem Zeitpunkt, in dem er die Mietsache zurückerhält.

BGH, Urt. v. 15.3.2006 – VIII ZR 123/05, NJW 2006, 1588 = NZM 2006, 503 = ZMR 2006, 507.

Unerheblich ist, ob bei Rückgabe der schadhafte Zustand der Mietsache er- **447** kennbar war.

OLG Frankfurt/M., Urt. v. 8.6.2001 – 24 U 198/00, ZMR 2001, 707.

Rückgabe der Mietsache i. S. d. § 548 BGB setzt voraus, dass der Vermieter – **448** auch wenn die Sache nicht endgültig zurückgegeben wird – durch eine „Veränderung der Besitzverhältnisse" die unmittelbare Sachherrschaft erlangt und auf diese Weise in die Lage versetzt wird, sich ungestört ein umfassendes Bild von den Veränderungen und Verschlechterungen der Mietsache zu machen. Hierzu genügt es nicht, dass ihm zur Besichtigung der Mietsache freier Zutritt gewährt wird,

BGH, Urt. v. 10.7.1991 – XII ZR 105/90, NJW 1991, 2416 = WM 1991, 1884 = ZMR 1991, 420 = MDR 1992, 159, dazu EWiR 1991, 1067 *(Sternel)*,

oder dass der Vermieter während des Mietverhältnisses Gelegenheit erhält, den Schaden zu beseitigen.

BGH, Urt. v. 10.5.2000 – XII ZR 149/98, NJW 2000, 3203 = WM 2000, 1960 = ZMR 2000, 596, dazu EWiR 2000, 1007 *(H.-G. Eckert)*.

Die umfassende Untersuchung der Mieträume durch einen vom Vermieter **449** beauftragten Sachverständigen genügt nicht, wenn der Mieter diese ohne Besitzübertragung an den Vermieter aufgegeben hatte.

BGH, Urt. v. 19.11.2003 – XII ZR 68/00, ZfIR 2004, 371 = NJW 2004, 774 = NZM 2004, 98.

450 Nicht in Einklang mit der veröffentlichten Judikatur des BGH steht das Urteil des Kammergerichts vom 21.5.2001. Nach seiner Auffassung kann der Vermieter den Verjährungsbeginn nicht zu Lasten des Mieters, der den Besitz aufgegeben hat, dadurch verzögern, dass er trotz Kenntnis der Besitzaufgabe von der ihm möglichen Besitzergreifung absieht.

> KG, Urt. v. 21.5.2001 – 12 U 9284/99, ZMR 2005, 455.

451 Das Urteil des Kammergerichts wurde trotzdem rechtskräftig, da der BGH in einem nicht begründeten Beschluss die Annahme der Revision abgelehnt hat.

> BGH, Beschl. v. 27.11.2004 – XII ZR 214/01 (unveröff.).

452 Scheidet ein Mieter, der die Mietsache untervermietet hat, sowohl aus dem Mietverhältnis als auch aus dem Untermietverhältnis aus und tritt an seiner Stelle im allseitigen Einverständnis ein Dritter in beide Mietverhältnisse ein, so verjähren Ansprüche des ursprünglichen Mieters gegen seinen Untermieter wegen einer Verschlechterung der Mietsache sechs Monate nach dem Zeitpunkt seines Ausscheidens.

> BGH, Urt. v. 6.11.1991 – XII ZR 216/90, NJW 1992, 687
> = ZMR 1992, 96 = MDR 1992, 710,
> dazu EWiR 1992, 761 (Sonnenschein).

453 Nach § 200 BGB in der Fassung des Schuldrechtsmodernisierungsgesetzes beginnt die Verjährung von Ansprüchen, die nicht der regelmäßigen Verjährung unterliegen, mit der Fälligkeit des Anspruchs, soweit nicht ein anderer Verjährungsbeginn bestimmt ist. Demgemäß lässt sich § 548 Abs. 1 Satz 2 BGB als zulässige Ausnahme zu § 200 BGB begreifen, so dass auch der auf Geldzahlung gerichtete Schadensersatzanspruch in sechs Monaten nach Zurückerhalten verjährt, und zwar unabhängig davon, wann er durch Umwandlung des Erfüllungsanspruchs im Rechtssinne entstanden ist.. Mit dem Gesetzeszweck ist diese Auffassung zu vereinbaren.

> BGH, Urt. v. 19.1.2005 – VIII ZR 114/04, BGHZ 162, 30
> = NJW 2005, 739 = NZM 2005, 176 = ZMR 2005, 291,
> dazu EWiR 2005, 383 (H.-G. Eckert);
> BGH, Urt. v. 4.5.2005 – VIII ZR 93/04, NJW 2005, 2004
> = NZM 2005, 935.

d) Ersatz von Folgeschäden

454 Kann die Mietsache nach Beendigung des Mietverhältnisses nicht weitervermietet werden, weil Schönheitsreparaturen oder Instandsetzungsarbeiten, zu denen der Mieter verpflichtet war, nicht ausgeführt worden sind, so verjährt der Anspruch des Vermieters auf Ersatz des Mietausfalls zugleich mit dem Anspruch auf Durchführung dieser Arbeiten.

> BGH, Urt. v. 23.11.1994 – XII ZR 150/93, BGHZ 128, 74 = ZIP
> 1995, 388 (m. Anm. Michalski, S. 392) = NJW 1995, 252 = ZMR
> 1995, 114,
> dazu EWiR 1995, 115 (H.-G. Eckert).

e) Hemmung

Die Verjährung von Ersatzansprüchen des Vermieters wegen Verschlechte-   **455**
rung oder Veränderung der Mietsache wird ohne Rücksicht darauf, ob die
Ansprüche aus dem Mietvertrag oder aus Deliktsrecht hergeleitet werden,
nach § 203 BGB gehemmt, solange der Vermieter mit dem Mieter verhandelt
und keiner die Fortsetzung der Verhandlungen verweigert. Nach § 204 Nr. 7
BGB in der Fassung des ab 1.1.2002 geltenden Schuldrechtsmodernisierungsgesetzes hemmt die Zustellung des Antrags auf Durchführung des selbständigen Beweisverfahrens die Verjährung.

Eine Leistungsklage auf Ersatz des Mietausfallschadens hemmt die Verjäh-   **456**
rung für künftige, nicht eingeklagte Mietausfallforderungen auch dann nicht,
wenn es sich insgesamt um einen einheitlichen Verzugsschaden handelt.

> BGH, Urt. v. 19.11.1997 – XII ZR 281/95, ZIP 1998, 428 = ZfIR
> 1998, 288 = NJW 1998, 1303 (Klarstellung zu BGHZ 128, 74, 82),
> dazu EWiR 1998, 161 *(H.-G. Eckert)*.

Zur Hemmung der Verjährung durch Widerrufsvergleich   **457**

> BGH, Urt. v. 4.5.2005 – VIII ZR 93/04, NZM 2005, 935.

Ordnet das Gericht nach Abweisung der Klage gegen einen Streitgenossen   **458**
durch Teilurteil das Ruhen des Rechtsstreits gegen den anderen Streitgenossen an und nimmt dieser ihn erst nach Erledigung des Rechtsmittelverfah-
rens über das Teilurteil auf, so endet nach § 204 Abs. 2 BGB die Verjäh-
rungsunterbrechung wegen Stillstandes des Prozesses.

> So zum früheren § 211 Abs. 2 BGB: BGH, Urt. v. 18.10.2000
> – XII ZR 85/98, NJW 2001, 218 = WM 2000, 2551.

Sind mehrere Vermieter Gläubiger der Ersatzforderung, so hemmt die Klage   **459**
eines von ihnen die Verjährung nur dann, wenn dieser durch Abtretung Al-
leininhaber der Forderung geworden ist oder die Klage in Prozessstandschaft
der übrigen Gläubiger erhoben und seine Prozessführungsbefugnis innerhalb
der Verjährungsfrist offen gelegt hat.

> OLG Düsseldorf, Urt. v. 24.8.1999 – 24 U 93/98, ZMR 2000,
> 210.

f) Verlängerung der Verjährungsfrist

§ 225 BGB a. F. verbot eine Verlängerung der Verjährungsfrist. Nach Erset-   **460**
zung dieser Vorschrift durch den milderen § 202 BGB sind die Parteien nicht
gehindert, eine längere Verjährungsfrist zu vereinbaren. In welchen Grenzen
dies durch AGB geschehen kann, bleibt abzuwarten. Nachdem das Schuldrechtsmodernisierungsgesetz im Kauf- und Werkvertragsrecht die sechsmo-
natige Verjährungsfrist als verbraucherfeindlich und praktischen Bedürfnissen zuwiderlaufend abgeschafft hat, wird kaum noch zu begründen sein, dass
die kurze Verjährung beim Mietvertrag zum unverrückbaren Leitbild gehört.

Eine Verlängerung der Frist auf ein Jahr, beginnend mit der Rückgabe sollte der Inhaltskontrolle standhalten.

> *Kandelhard*, NJW 2002, 3291, 3295;
> *Fritz*, NZM 2002, 713, 718;
> *Hau*, NZM 2006, 561, 567.
> Großzügig (3 Jahre): *Scheffler*, ZMR 2008, 512, 514.

IX. Sicherheiten

1. Kaution

a) Höhe

Im Gegensatz zur Wohnraumvermietung (§ 551 Abs. 1 BGB) ist die Kautions- **461** höhe gesetzlich nicht begrenzt. Die Parteien können die Höhe individuell aushandeln, sie auch mit einer zusätzlichen Bürgschaft kombinieren, solange der Vermieter keine übermäßige Absicherung erlangt.

> OLG Brandenburg, Beschl. v. 4.9.2006 – 3 U 78/06, MDR 2007, 515 = ZMR 2006, 853.

Eine formularmäßig ausbedungene Sicherheit, die höher ist als drei Monats- **462** mieten, benachteiligt den gewerblichen Mieter nicht unangemessen.

> OLG Düsseldorf, Beschl. v. 28.5.2009 – 10 U 2/09, GE 2009, 1043;
> *Wolf/Eckert/Ball*, Rz. 779;
> a. A. *Moeser*, in: Lindner-Figura/Oprée/Stellmann, Kap. 12 Rz. 30.

b) Einzahlung

Ist der Mieter mit der Einzahlung der vor Überlassung zu stellenden Si- **463** cherheit in Verzug, so kann der Vermieter seine Vorleistungen – z. B. Ausbau des Mietobjekts – gem. § 273 BGB zurückbehalten.

> BGH, Beschl. v. 8.7.1998 – XII ZR 32/97, NZM 1998, 766.

Ob der mit der Einzahlung der Kaution in Verzug befindliche Mieter die **464** rückständige Kautionssumme zu verzinsen hat, ist umstritten. Das OLG Düsseldorf spricht sich dagegen aus, weil diese nicht in das Vermögen des Vermieters fällt. Jedenfalls fallen Rechtshängigkeitszinsen in gesetzlicher Höhe an, weil die Rechtshängigkeit einen selbständigen Verzinsungsgrund bedeutet.

> OLG Düsseldorf, Urt. v. 23.3.2000 – 10 U 160/97, ZMR 2000, 45.

Die Gegenauffassung betont, der Mieter befinde sich mit der Erfüllung einer **465** Geldschuld in Verzug und es bestehe kein Grund, dies sanktionslos zu lassen.

> OLG Rostock, Urt. v. 18.12.2000 – 3 U 153/00, OLGR 2001, 440, 442.

Der Anspruch auf Einzahlung der Kaution verjährt gem. § 195 BGB in der **466** regelmäßigen Dreijahresfrist, gerechnet ab Ende des Kalenderjahres, in dem er fällig wurde.

> KG, Beschl. v. 3.3.2008 – 22 W 2/08, NZM 2009, 743 = ZMR 2008, 624.

467 Die Beendigung des Mietverhältnisses lässt den Anspruch auf Beibringung der Sicherheit – sofern er nicht verjährt ist – unberührt.. Klagt der Vermieter weiterhin die Kaution ein, so hat er die ungesicherten Ansprüche substantiiert darzulegen. Der Mieter kann demgegenüber nicht einwenden, der Vertrag sei beendet, denn das Sicherungsbedürfnis wird gerade bei Vertragsende aktuell.

> BGH, Urt. v. 12.1.1981 – VIII ZR 332/79, NJW 1981, 976
> = WM 1981, 252;
> OLG Düsseldorf, Urt. v. 20.1.2000 – 10 U 182/98, NZM 2001,
> 380;
> OLG Düsseldorf, Urt. v. 9.3.2006 – I-10 U 130/05, ZMR 2006,
> 686.

468 Eine Ausnahme mag angebracht sein, wenn dem Vermieter offensichtlich keine oder nur geringfügige Ansprüche gegen den Mieter zustehen.

> OLG Celle, Urt. v. 23.4.1997 – 2 U 118/96, = NJW-RR 1998,
> 585 = NZM 1998, 265 = ZMR 1998, 272.

c) Anlage der Kaution

469 Für die gewerbliche Vermietung gilt § 551 Abs. 3 BGB, der eine vom Vermögen des Vermieters getrennte Anlage vorschreibt, nicht. Gleichwohl ist davon auszugehen, dass der Vermieter die Kautionssumme im Interesse des Mieters derart anzulegen hat, dass der Mieter sie im Insolvenzverfahren über das Vermögen des Vermieters gem. § 47 InsO aussondern kann.

> OLG Frankfurt/M., Urt. v. 29.5.1991 – 17 U 110/90, NJW-RR
> 1991, 1416 = ZMR 1991, 34;
> *Wolf/Eckert/Ball*, Rz. 786 m. w. N.

470 Eine dem genügende Geldanlage kommt nur zustande, wenn der Vermieter auf dem Konto nur Fremdgelder anlegt. Unschädlich ist die Zusammenfassung der Kautionen mehrerer Mieter, solange das Konto insgesamt treuhänderisch gebunden ist.

> Vgl. BGH, Urt. v. 24.6.2003 – IX ZR 120/02, ZIP 2003, 1404
> = ZfIR 2003, 691 = ZVI 2003, 408 = NZM 2003, 818,
> dazu EWiR 2003, 981 *(H.-G. Eckert)*.

471 Allerdings müssen auf einem solchen Konto die einzelnen Kautionsguthaben und Mieter identifizierbar sein, andernfalls scheitert die Aussonderung.

> OLG Schleswig, Urt. v. 29.11.1988 – 3 U 117/87, ZIP 1989, 252,
> dazu EWiR 1989, 185 *(H.-G. Eckert)*.

472 Bei Befolgung des Unmittelbarkeitsgrundsatzes wird eine treuhänderische Anlage nur erreicht, wenn das Treugut (die Kautionssumme) unmittelbar aus dem Vermögen des Treugebers (des Mieters) auf das Konto fließt.

> Vgl. BayObLG, Beschl. v. 8.4.1988 – RE-Miet 1/88, ZIP 1988,
> 789 = NJW 1988, 1796,
> dazu EWiR 1988, 703 *(H.-G. Eckert)*.

In seinem Urteil vom 20.12.2007 geht der BGH, ohne dies zu problematisie-   **473**
ren, davon aus, dass die nachträgliche insolvenzfeste Anlage der Kaution
möglich ist.

> BGH, Urt. v. 20.12.2007 – IX ZR 132/06, ZIP 2008, 469 = NJW
> 2008, 1152 = NZM 2008, 203,
> dazu EWiR 2008, 209 (H.-G. Eckert).

Dies deutet darauf hin, dass er die nachträgliche gesetzeskonforme Anlage
nicht am Unmittelbarkeitsgrundsatz scheitern lassen wird.

Ist demgemäß die nachträgliche insolvenzfeste Anlage nicht mehr möglich,   **474**
obwohl der Vermieter vertraglich hierzu verpflichtet ist, so sollte der Mieter
von der Kautionsvereinbarung gem. § 323 BGB zurücktreten und Rück-
zahlung verlangen können.

> Boecken/Schifferdecker, ZfIR 2004, 133, 135;
> Wolf/Eckert/Ball, Rz. 787.

Der Zwangsverwalter, der die Vermieterrechte wahrzunehmen und die Ver-   **475**
mieterpflichten zu erfüllen hat, ist auch an die Sicherungsvereinbarung der
Vertragsparteien gebunden. Ist danach der Vermieter zu einer von seinem
Vermögen getrennten Anlage der Kaution verpflichtet, so ist auch der
Zwangsverwalter gehalten, die Kaution von dem sonstigen Verwaltungsvermögen getrennt zu halten, um sie dem Mieter zurückerstatten zu können.
Hat der Vermieter die Kaution dem Zwangsverwalter nicht überlassen, so
muss der Verwalter den entsprechenden Betrag dem Verwaltungsvermögen
entnehmen und davon getrennt halten. Der BGH hat dies zur Wohnraum-
vermietung entschieden, bei der der Vermieter gesetzlich zu der von seinem
Vermögen getrennten Anlage verpflichtet ist.

> BGH, Urt. v. 11.3.2009 – VIII ZR 184/08, ZfIR 2009, 332
> = NJW 2009, 1673 = NZM 2009, 481.

Die Grundsätze dieses Urteils lassen sich auf die vertragliche Verpflichtung   **476**
zur getrennten Anlage übertragen.

d) Rückzahlung

Bis zum Wegfall seines Sicherungsbedürfnisses darf der Vermieter die Kau-   **477**
tion einbehalten; dies gilt insbesondere dann, wenn zu erwarten ist, dass die
noch zu erstellende Betriebskostenabrechnung einen Nachzahlungsanspruch
ergibt.

> BGH, Urt. v. 18.1.2006 – VIII ZR 71/05, NJW 2006, 1422
> = NZM 2006, 343 = ZMR 2006, 431.

Nach Anordnung der Zwangsverwaltung ist der Zwangsverwalter auch dann   **478**
zur Rückgewähr verpflichtet, wenn der Vermieter sie nicht von seinem Vermögen getrennt angelegt und nicht an den Zwangsverwalter abgeführt hatte.
Die gem. § 152 Abs. 2 ZVG auf ihn übergehenden Pflichten sind nicht auf
die unmittelbar mit der Gebrauchsgewährung zusammenhängenden Pflichten

begrenzt. Die Rückerstattung der Kaution zählt noch zu den Ausgaben der Verwaltung gem. § 155 Abs. 1 ZVG.

> BGH, Urt. v. 16.7.2003 – VIII ZR 11/03, ZIP 2003, 1899 = ZfIR 2003, 1012 = NJW 2003, 3342;
> BGH, Urt. v. 9.3.2005 – VIII ZR 330/03, ZfIR 2005, 769 = NJW-RR 2005, 1029 = NZM 2005, 596;
> BGH, Urt. v. 9.3.2005 – VIII ZR 381/03, NJW-RR 2005, 962 = NZM 2005, 639.

479 Der für Insolvenz- und Zwangsverwaltungsrecht zuständige IX. Zivilsenat des BGH schließt sich dieser Rechtsprechung ausdrücklich an.

> BGH, Urt. v. 11.10.2007 – IX ZR 156/06, ZIP 2007, 2375 = ZfIR 2008, 25 (mit Anm. *H.-G. Eckert*) = NZM 2008, 100.

480 Hat der Mieter nach Vertragsende das Mietobjekt zurückgegeben und wird danach die Zwangsverwaltung angeordnet, so besteht kein Grund, ihn, der die Kaution vom Vermieter nicht zurückerlangen konnte, zu Lasten der dinglichen Gläubiger zu bevorzugen.

> BGH, Urt. v. 3.5.2006 – VIII ZR 210/05, ZfIR 2007, 207 = NJW-RR 2006, 1021 = NZM 2006, 680.

481 In dem Urteil vom 3.5.2006 hat der BGH ausdrücklich offengelassen, ob der Zwangsverwalter auch dann die Kaution zurückzuzahlen hat, wenn das Mietverhältnis vor Anordnung der Zwangsverwaltung endete, der Mieter das Mietobjekt jedoch weiterhin nutzt.

> Dazu *Wolf/Eckert/Ball*, Rz. 1504.

482 In der Insolvenz des Vermieters kann der Mieter die vom Vermieter nicht von seinem Vermögen getrennt angelegte Kaution nicht aussondern; mit seinem Rückerstattungsanspruch ist er Insolvenzgläubiger. Schutzwürdige Interessen des Mieters sieht der BGH nicht; er hätte, so der BGH, sich mit dem Nachweis der vom Vermögen des Vermieters getrennten Anlage absichern können.

> BGH, Urt. v. 20.12.2007 – IX ZR 132/06, ZIP 2008, 469 = NJW 2008, 1152 = NZM 2008, 203,
> dazu EWiR 2008, 209 *(H.-G. Eckert)*.

e) Verjährung der gesicherten Forderung

483 Aus dem Erhalt der Aufrechnungslage gem. § 215 BGB ergibt sich für den Bereich des Mietrechts die alltägliche Konstellation, dass der Vermieter gegen den Anspruch des Mieters auf Rückerstattung der Barkaution auch noch nach Eintritt der gem. § 548 BGB kurzen Verjährung mit seinem Schadensersatzanspruch wegen Verschlechterung der Mietsache aufrechnen kann, sofern sich vor Eintritt der Verjährung gleichartige Ansprüche gegenüberstanden. Auf die Absicherung durch die einbehaltene Barkaution vertrauend kann er darauf verzichten, den die Kaution übersteigenden Schadensersatzanspruch geltend zu machen, und den Rückzahlungsanspruch des Mieters durch Aufrechnung mit dem Schadensersatzanspruch abwehren. Dies gilt auch dann, wenn er über die Kaution nicht innerhalb angemessener Frist nach Vertragsende abrechnet.

> BGH, Beschl. v. 1.7.1987 – VIII ARZ 2/87, BGHZ 101, 244
> = NJW 1987, 2372,
> dazu EWiR 1987, 967 (H.-G. Eckert).

Allerdings kann der Schadensersatzanspruch des Vermieters während des **484** laufenden Mietverhältnisses verjähren, wenn der Mieter die Mietsache geraume Zeit vor dem rechtlichen Vertragsende zurückgibt. Bei dieser Sachlage tritt die Aufrechnungslage gem. § 215 BGB erst mit dem rechtlichen Vertragsende ein; der Ersatzanspruch des Vermieters war zuvor verjährt.

> OLG Düsseldorf, Urt. v. 30.10.2001 – 24 U 77/01, ZMR 2002, 658.

Bei vorzeitiger Rückgabe der Mietsache muss der Vermieter daher zeitnah **485** seinen Schadensersatzanspruch geltend machen, gegebenenfalls auf die Kaution zurückgreifen und dann deren Auffüllung verlangen.

Wenn der Vermieter nach Vertragsende noch die Kaution unter Darlegung **486** seines fortbestehenden Sicherungsbedürfnisses aufgrund offener Schadensersatzansprüche wegen Verschlechterung der Mietsache fordert, stellt sich die Frage, ob der Mieter dem Anspruch des Vermieters auf die Kautionszahlung die Verjährung der Schadensersatzforderung entgegensetzen darf.

> Dazu OLG Rostock, Urt. v. 18.12.2000 – 3 U 153/99, OLGR
> 2001, 440.

2. Bürgschaft

a) Umfang der gesicherten Forderungen

Die Bürgschaft, die ausdrücklich nur den Mietanspruch abdeckt, sichert auch **487** den Anspruch auf Nutzungsentschädigung wegen Vorenthaltung der Mietsache nach Vertragsende (§ 546a BGB), denn er tritt an die Stelle der entfallenen Mietforderung.

> Vgl. BGH Urt. v. 9.12.1998 – XII ZR 170/96, ZIP 1999, 187
> = NJW 1999, 715;
> dazu EWiR 1999, 343 (Kohte) zur Sicherungsabtretung der
> Mietanforderung;
> strenger OLG Frankfurt/M., Urt. v. 21.1.1987 – 17 U 52/85,
> NJW-RR 1991, 1213.

Für Schadensersatzansprüche des Vermieters wegen einer vom Mieter zu **488** vertretenden vorzeitigen Vertragsbeendigung oder wegen Rückgabeverzugs, die regelmäßig dem Grunde und der Höhe nach umstritten und schwerlich noch als Mietforderungen zu qualifizieren sind,

> vgl. OLG Köln, Urt. v. 6.12.1990 – 12 U 89/90, EWiR 1991, 207
> (H.-G. Eckert),

sollte § 767 Abs. 1 Satz 2 BGB gelten.

489 Betrifft die Bürgschaft einen bestimmten Mietvertrag mit Verlängerungsoption und verlängern die Vertragsparteien ohne Mitwirkung des Bürgen den Vertrag über die Optionszeit hinaus, so haftet der Bürge nicht für die in der Verlängerungszeit entstandenen Vermieterforderungen.

OLG Düsseldorf, Urt. v. 19.1.2005 – 15 U 35/04, ZMR 2005, 784.

490 Sichert die Bürgschaft den Anspruch auf Miete und Nebenkosten ab, so kann der Bürge daran interessiert sein, dass der Vermieter bei Zahlungsverzug des Mieters den Mietvertrag gem. § 543 Abs. 1 und Abs. 2 Nr. 3 BGB außerordentlich kündigt, z. B. weil der an die Stelle der Miete tretende Schadensersatzanspruch sich aus der Nettomiete ohne Umsatzsteuer errechnet, also geringer ist als die Miete. Gleichwohl ist der Vermieter dem Bürgen gegenüber nicht verpflichtet, den Mietvertrag vorzeitig zu kündigen.

OLG Hamburg, Urt. v. 21.4.1999 – 4 U 113/98, ZMR 1999, 630;
OLG Düsseldorf, Urt. v. 25.10.2001 – 10 U 116/00, NZM 2002, 23.

491 Beide Gerichte lehnen es zu Recht ab, die vom BGH zur Bürgschaft für Forderungen aus einem Leasingvertrag entwickelten Grundsätze zur Rücksichtsnahmepflicht des Gläubigers,

BGH, Urt. v. 30.3.1995 – IX ZR 98/94, NJW 1995, 1886,

auf den gewerblichen Mietvertrag zu übertragen.

b) Bürgschaft auf erstes Anfordern

492 Im gewerblichen Mietrecht gewinnt die im Bauvertragsrecht verbreitete Bürgschaft auf erstes Anfordern zunehmend Bedeutung.

Dazu *Gero Fischer*, NZM 2003, 497.

493 Ungeachtet des evidenten Sicherungsbedürfnisses des Vermieters und der Vorteile, die ihm eine solche Bürgschaft bietet, ist die Mietbürgschaft ohne ausdrückliche Abmachung nicht eine solche auf erstes Anfordern.

OLG Köln, Urt. v. 5.6.2002 – 13 U 162/01, ZMR 2003, 258.

494 Gegen die Zulässigkeit einer Formularklausel, die den Mieter zur Stellung einer Bürgschaft auf erstes Anfordern verpflichtet, lässt sich nicht einwenden, dass damit der Streit über die Berechtigung der gesicherten Forderung in den Rückzahlungsprozess verlagert werde, denn diese Situation ist typisch für die Absicherung durch Barkaution.

OLG Karlsruhe, Urt. v. 2.7.2004 – 1 U 12/04, NZM 2004, 742.

495 Die Rechtsprechung, dass bei Unwirksamkeit der Klausel der Sicherungsgeber jedenfalls zur Beibringung einer gewöhnlichen Bürgschaft verpflichtet bleibt, lässt sich auf das Mietrecht übertragen.

Gero Fischer, NZM 2003, 497, 500;
a. A. *Derleder*, NZM 2006, 601, 603.

Die in der Bürgschaftserklärung übernommene Verpflichtung, auf erstes An- **496** fordern an den Vermieter zu leisten, bedeutet nicht, dass der Bürge auf jede Zahlungsanforderung des Vermieters ohne Sachprüfung zunächst leisten muss und die materielle Berechtigung der Forderung des Vermieters erst im Rückerstattungsprozess geklärt werden kann. Ist die geltend gemachte Mietforderung nicht durch den Mietvertrag gedeckt, z. B. wegen Verlängerung der Mietzeit ohne Mitwirkung des Bürgen, so kann und muss der Bürge diesen Einwand im Anforderungsprozess anbringen.

> OLG Düsseldorf, Urt. v. 19.1.2005 – 15 U 35/04, ZMR 2005,
> 784.

c) Mietausfallbürgschaft

Der Mietausfallbürge ist nicht gehindert, die Mietschuld zu begleichen, be- **497** vor der Ausfall feststeht. Auch dann geht die Mietforderung mit der Absicherung durch eine gewöhnliche Bürgschaft auf ihn (§§ 774 Abs. 1, 412, 401 BGB) über und er kann den gewöhnlichen Bürgen in Regress nehmen.

> OLG Hamm, Urt. v. 27.2.2002 – 30 U 135/01, NZM 2002, 563.

d) Verjährung der gesicherten Forderung

Der Verzicht des Mieters auf die Verjährungseinrede wirkt nicht gegen den **498** Bürgen. Hierbei ist unerheblich, ob bei Abgabe der Verzichtserklärung die Hauptschuld bereits verjährt war oder nicht.

> BGH, Urt. v. 18.9.2007 – XI ZR 447/06, ZIP 2007, 2206 = MDR
> 2008, 94,
> dazu EWiR 2008, 13 *(Tiedtke)*.

Die Erhebung der Klage des Vermieters gegen den Mieter hemmt nicht die **499** Verjährung des Anspruchs gegen den Bürgen. Umgekehrt läuft trotz Rechtshängigkeit des Anspruchs gegen den Bürgen die Verjährung der Hauptforderung weiter, so dass der gerichtlich in Anspruch genommene Bürge noch erfolgreich Verjährung der Hauptforderung geltend machen kann,

> BGH, Urt. v. 9.7.1998 – IX ZR 272/96, BGHZ 139, 214 = ZIP
> 1998, 1478 = NJW 1998, 981;
> BGH, Urt. v. 5.11.1998 – IX ZR 48/98, ZIP 1999, 19 = NJW
> 1999, 278,
> dazu EWiR 1999, 155 *(Aden)*.

Nach Ergänzung des § 771 BGB durch dessen jetzigen Satz 2 gilt dies nur, **500** bei der selbstschuldnerischen Bürgschaft.

> Dazu *Schlößer*, NJW 2006, 645;
> Herrlein/Kandelhard/*Herrlein*, § 548 BGB Rz. 57;
> *Wolf/Eckert/Ball*, Rz. 816.

Der zur Leistung auf erstes Anfordern verpflichtete Bürge kann die Zahlung **501** nicht wegen Verjährung der Hauptforderung verweigern. Mit Einziehung der verjährten Forderung handelt der Vermieter nicht rechtsmissbräuchlich. Der Bürge kann die Verjährung im Rückforderungsprozess geltend machen, sofern er unter Vorbehalt gezahlt hat.

> OLG Hamm, Urt. v. 21.4.1994 – 21 U 215/93, NJW-RR 1994, 1073;
> Staudinger/Horn, BGB, vor § 765 Rz. 29;
> Wolf/Eckert/Ball, Rz. 815.

502 Dass die Bürgschaft geringere Sicherheit als die Kaution bietet, zeigt sich in der Abwicklungsphase. Hier ist eine zügige Entschließung in Hinblick auf die kurze Verjährung seiner Schadensersatzansprüche wegen Veränderung oder Verschlechterung der Mietsache (§ 548 Abs. 1 BGB) geboten. Während dem durch Barkaution Gesicherten nach Ablauf der Verjährungsfrist die Aufrechnungslage gem. § 215 BGB zugutekommt, ist der Bürge oder der Hauptschuldner nicht gehindert, sich auf die Verjährung der durch Bürgschaft gesicherten Forderung zu berufen. Eine dem Regelungstatbestand des § 215 BGB vergleichbare Konstellation ist nicht gegeben, denn der Bürge berühmt sich keines Anspruchs gegen den Vermieter; daher scheidet eine Analogie aus. § 216 BGB privilegiert als Ausnahmevorschrift nur den dinglich gesicherten Gläubiger.

> BGH, Urt. v. 28.1.1998 – XII ZR 63/96, BGHZ 138, 49 = ZIP 1998, 415 = ZfIR 1998, 198 = NJW 1998, 981, dazu EWiR 1998, 257 (H.-G. Eckert).

503 Bei Insolvenz des Mieters gilt nichts anderes. Der Vermieter muss zur Hemmung der Verjährung seine Forderung zur Insolvenztabelle anmelden.

> OLG Düsseldorf, Urt. v. 30.6.2005 – I-10 U 28/05, ZMR 2006, 36.

X. Vertragsdauer und -verlängerung

1. Vereinbarte Laufzeit des Vertrages

Dass eine langfristige Bindung dem gesetzlichen Leitbild der Miete nicht widerspricht, zeigt § 544 BGB. Somit können auch Formularverträge mit einer Laufzeit bis zu 30 Jahren geschlossen werden. Eine solche Laufzeit benachteiligt einen Vertragspartner allenfalls dann unangemessen, wenn der Verwender durch die lange Vertragszeit ohne einsichtigen Grund und ohne Rücksicht auf schützenswerte Belange des Vertragsgegners seine eigenen Interessen verfolgt. 504

Bei Vermietung beweglicher Sachen ist die Rechtsprechung zur langfristigen Bindung uneinheitlich. Die zwölfjährige Laufzeit eines Mietvertrages über eine Fernsprechnebenstelle 505

> BGH, Urt. v. 13.2.1985 – VIII ZR 154/84, NJW 1985, 2328,
> dazu EWiR 1985, 123 *(Bunte)*;

und eines Vertrages über den Anschluss an das Breitband-Kabelnetz

> BGH, Urt. v. 10.2.1993 – XII ZR 74/91, NJW 1993, 1133,
> dazu EWiR 1993, 423 *(Hensen)*.

ließ der BGH unbeanstandet. Die mehrjährige Bindung sah er wegen der häufig hohen Entwicklungs- und Vorhaltekosten als gerechtfertigt an. Sieht die Klausel zudem eine Möglichkeit zur vorzeitigen Kündigung vor, so spricht dies zusätzlich für ihre Wirksamkeit.

In dem Rechtsstreit zum Breitbandkabelanschluss hatte der klagende Verbraucherverband auch vorgebracht, die Laufzeitklausel sei deshalb unangemessen, weil sie nicht ausdrücklich das Recht zur außerordentlichen Kündigung vorsehe, das grundsätzlich nicht abbedungen werden kann. Der BGH lässt trotz der im Verbandsprozess praktizierten kundenfeindlichsten Auslegung diesen Einwand nicht gelten. Die Annahme, die Laufzeitklausel nehme das Recht zur außerordentlichen Kündigung aus wichtigem Grund, komme nicht ernsthaft in Betracht. Es bestehe kein Bedürfnis, dieses selbstverständliche Kündigungsrecht ausdrücklich in das Klauselwerk aufzunehmen. 506

In jüngerer Zeit werden Vertragsklauseln, die eine langfristige Bindung vorsehen, kritisch beurteilt, so eine zehnjährige Laufzeit in einem Wartungsvertrag über eine veraltete Telekommunikationseinrichtung, 507

> BGH, Urt. v. 8.4.1997 – X ZR 62/95, NJW-RR 1997, 942,

eine zwanzigjährige Laufzeit in einem Vertrag über einen Kabelanschluss,

> BGH, Urt. v. 4.7.1997 – V ZR 405/96, ZIP 1998, 72 = NJW
> 1997, 3022,
> dazu EWiR 1997, 1009 *(Hensen)*,

bei Verwendung gegenüber einem Verbraucher eine zehnjährige Laufzeit in einem Mietvertrag über Verbrauchserfassungsgeräte für Warmwasser und Heizung.

> BGH, Urt. v. 19.12.2007 – XII ZR 61/05, NZM 2008, 243
> = MDR 2008, 441.

508 Maßgebliche Erwägungen sind die Gefahr, dass der Kunde viele Jahre an eine Anlage mit veralteter Technik gebunden bleibt, aber auch die Einschränkung seiner wirtschaftlichen Dispositionsfreiheit sowie das Abschneiden, der Möglichkeit zu einem Konkurrenzunternehmen mit besserem Service zu wechseln.

2. Vertragsverlängerung aufgrund Verlängerungsklausel

509 Die Klausel, dass sich der auf eine feste Dauer abgeschlossene Mietvertrag um eine bestimmte Zeit verlängert, sofern nicht eine der Parteien innerhalb einer bestimmten Frist vor Vertragsablauf widerspricht oder „kündigt", bewirkt bei ausbleibendem Widerspruch die Verlängerung des Ursprungsvertrages, nicht den Abschluss eines neuen Vertrages.

> BGH, Urt. v. 29.4.2002 – II ZR 330/00, ZIP 2002, 1251 = ZfIR
> 2002, 801 = NJW 2002, 2170,
> dazu EWiR 2002, 719 *(H.-G. Eckert)*.

510 Der BGH, mit einer Verlängerungsklausel im Vertrag des Betreibers eines Fitness-Studios befasst, betont als grundlegenden Gesichtspunkt zur Inhaltskontrolle mietvertraglicher Verlängerungsklauseln die gesetzgeberische Wertung, die in der Mietverträge ausnehmenden Regelung des § 11 Nr. 12b AGBG a. F. bzw. § 309 Nr. 9 BGB zum Ausdruck kommt. Trotz des Übertitels „Laufzeit von Dauerschuldverhältnissen" hat der Gesetzgeber in Abkehr von dem im Referentenentwurf enthaltenen Vorschlag Mietverträge nicht in § 11 Nr. 12b AGBG a. F. erfasst. Somit wollte er für Mietverträge nicht einmal Klauseln verbieten, die eine Vertragsverlängerung um mehr als ein Jahr vorsehen.

> BGH, Urt. v. 4.12.1996 – XII ZR 193/95, ZIP 1997, 282 = NJW
> 1997, 739,
> dazu EWiR 1997, 241 *(Heinrichs)*.

511 Der Gegner wird nicht benachteiligt, weil er gezwungen ist, die vereinbarte Widerspruchs- oder Kündigungsfrist im Auge zu behalten und dies häufig vergisst. Der BGH weist darauf hin, dass dieser vom Gesetzgeber bedachte Aspekt nicht typisch für Mietverträge ist, sondern auf alle in § 309 Nr. 9 BGB angesprochenen, auf Dauer angelegten Verträge zutrifft. Im Übrigen ist der unzufriedene, zur Vertragsbeendigung entschlossene Mieter oder Vermieter nicht damit überfordert, den Vertragstext durchzulesen und festzustellen, mit welcher Frist er sich lösen kann. Die Argumente des BGH haben über die für Verbraucherschutzerwägungen besonders anfälligen Verträge

von Betreibern von Fitness-Unternehmen hinaus Bedeutung für Mietverträge schlechthin.

3. Verlängerungsoption

a) Zusammentreffen der Option mit einer sonstigen Vertragsverlängerung

Unklarheiten bestehen vor allem bei Zusammentreffen mit – häufig vorfor- **512** mulierten – Verlängerungsklauseln. Insoweit hat der BGH festgestellt, dass bei Weiterlaufen des Mietverhältnisses mangels Kündigung die Option zwar noch während der Verlängerungszeit ausgeübt werden kann, dass dies aber nicht zu einer Verlängerung der Höchstdauer der vertraglichen Bindung der Parteien führen darf.

> BGH, Urt. v. 14.7.1982 – VIII ZR 196/81, NJW 1982, 2770.

Das Optionsrecht erlischt, wenn es durch Ausübung verbraucht wird. Ver- **513** längern die Parteien nach Ausübung der Option den Vertrag und vereinbaren sie dessen Fortgeltung, soweit er nicht durch den Nachtrag geändert wird, so lebt das Optionsrecht nicht wieder auf.

> BGH, Urt. v. 8.2.1995 – XII ZR 42/43, NJW-RR 1995, 714.

Ein bestehendes, noch nicht ausgeübtes Optionsrecht geht unter, wenn die **514** Vertragspartner das Mietverhältnis durch Vereinbarung um mehr verlängern, als es durch Optionsausübung verlängert werden könnte. Die Fortdauer des Optionsrechts bedarf stets einer unmissverständlichen Parteivereinbarung.

Setzt sich das Mietverhältnis gem. § 545 BGB stillschweigend fort, so gilt **515** dies naturgemäß nicht hinsichtlich des vereinbarten Endtermins, im Übrigen jedoch mit dem bisherigen Inhalt, also einschließlich des nicht verbrauchten Optionsrechts. Allerdings ist die Verlängerungszeit auf die Optionszeit anzurechnen; der Optionsberechtigte kann den Vertrag also nur bis zur vorgesehenen Höchstdauer verlängern.

> BGH, Urt. v. 4.12.1974 – VIII ZR 160/73, WM 1975, 56 = ZMR 1975, 215.

Bei Zusammentreffen einer Verlängerungsoption zu Gunsten des Mieters **516** und einer Vertragsverlängerung mangels Kündigung ist unklar, ob der Vertrag sich schon nach Ablauf der Ursprungslaufzeit oder erst nach Ablauf der Optionszeiten verlängert; eine solche Klausel ist zum Nachteil des Verwenders auszulegen.

> BGH, Urt. v. 14.12.2005 – XII ZR 236/03, ZfIR 2006, 639
> = NZM 2006, 294;
> BGH, Urt. v. 14.12.2005 – XII ZR 241/03, NJW 2006, 82
> = ZMR 2006, 266.

b) Zeitpunkt der Optionserklärung

517 Optionsklauseln schweigen meistens dazu, wann die Option zu erklären ist. Die Rechtsprechung behilft sich damit, dass sie insoweit den Vertrag ergänzend dahin auslegt, dass Kündigungs- oder Widerspruchsfristen, die die Parteien im Übrigen vereinbart haben, entsprechend gelten sollen.

> BGH, Urt. v. 20.3.1985 – VIII ZR 64/84, NJW 1985, 2581,
> dazu EWiR 1985, 369 *(H.-G. Eckert)*;
> OLG Düsseldorf, Urt. v. 7.11.1991 – 10 U 33/91, ZMR 1992, 52.

518 Ohne einen solchen Anknüpfungstatbestand kann der Optionsberechtigte noch am letzten Tag des Mietverhältnisses den Vertragsgegner mit der Erklärung überraschen, er optiere. Dass dies für diesen nahezu unzumutbar ist, liegt nahe; aber er hat es in der Hand, auf eine Vertragsgestaltung hinzuwirken, die derartige Unklarheiten ausschließt.

c) Vertragsbedingungen nach Option

519 Zweifel tauchen im Zusammenhang mit den in der Verlängerungszeit geltenden Vertragsbedingungen, insbesondere der Mietzinshöhe auf. Folgende Vertragsgestaltung ist nahezu typisch:

> In einem Mietvertrag auf die feste Dauer von zehn Jahren wird dem Mieter nach Ablauf der festen Dauer ein fünfjähriges Optionsrecht eingeräumt. Außerdem verlängert sich der Mietvertrag um jeweils ein Jahr, wenn er nicht spätestens ein Jahr zuvor gekündigt wurde. Der Mietzins für die zehnjährige erste Mietphase wird festgeschrieben; nach Ablauf dieser Zeit sollen beide Vertragspartner die Miete neu festlegen. Der Vermieter versäumt es, den Mietvertrag ein Jahr vor Ablauf der ersten zehnjährigen Vertragszeit zu kündigen.

520 Zu entscheiden war, ob in der Verlängerungszeit die für die Festzeit vereinbarte oder eine von den Parteien festzulegende erhöhte Miete zu zahlen war. Diese Vereinbarung legt der BGH dahin aus, dass der Mietzins nach Ablauf der ersten Vertragszeit in der Verlängerung in jedem Fall erhöht werden konnte, gleichgültig, ob sich der Vertrag aufgrund der Verlängerungsklausel oder aufgrund der Option erhöhte. Die Parteien hätten den Zeitpunkt für die Erhöhungsmöglichkeit festgelegt, ohne dies von der Ausübung der Option abhängig zu machen.

> BGH, Urt. v. 19.3.1992 – IX ZR 203/91, NJW 1992, 2281.

521 Die Klausel:

> „Der Mieter kann nach Ablauf der Mietzeit wieder auf zehn Jahre mieten"

in einem auf zehn Jahre abgeschlossenen Vertrag besagt nichts zu den Vertragsbedingungen in der Verlängerungszeit. Der Grundsatz, dass der ortsübliche oder angemessene Mietzins vereinbart ist, wenn sich die Parteien bindend über die entgeltliche Überlassung des Gebrauchs des Mietobjekts geeinigt haben, gilt auch bei einer Vertragsverlängerung aufgrund Option.

BGH, Urt. v. 2.10.1991 – XII ZR 88/90, WM 1992, 240
= NJW-RR 1992, 517.

Denkbar ist auch ein Leistungsbestimmungsrecht des Vermieters gem. **522**
§§ 315, 316 BGB, falls die Parteien sich über die Miethöhe in der Verlängerungszeit nicht einigen können.

KG, Urt. v. 18.9.2008 – 8 U 2/07, MDR 2008, 1385 = ZMR 2009,
605.

4. Stillschweigende Vertragsverlängerung

Die Regelung des § 545 BGB gehört nicht zum gesetzlichen Leitbild des **523**
Mietvertrages. Zweck der Vorschrift ist es, Rechtsklarheit darüber zu schaffen,
ob der Vertrag fortbesteht oder nicht. Sie hat daher nur Ordnungsfunktion
und dient deshalb nicht dem Bestandsschutz. Aus diesem Grund benachteiligt der formularmäßige Ausschluss dieser Regelung keine der Vertragsparteien.

BGH, Urt. v. 15.5.1991 – VIII ZR 38/90, NJW 1991, 1750,
dazu EWiR 1991, 737 *(Sternel)*.

Dem Gesetzeswortlaut zufolge ist der Widerspruch *nach* Vertragsende zu **524**
erklären. Gleichwohl genügt es, wenn er vor Ablauf der Vertragszeit in zeit-
lichem Zusammenhang mit dem Endtermin erhoben wird,

BGH, Urt. v. Urt. v. 7.1.2004 – VIII ZR 103/03, ZIP 2004, 858,
dazu EWiR 2004, 271 *(Becher)*;
BGH, Urt. v. 12.7.2006 – XII ZR 178/03, ZfIR 2006, 861
(m. Anm. *Schmid*, S. 864) = NJW-RR 2006, 1385 = NZM 2006,
699 = ZMR 2006, 763,

etwa im Kündigungsschreiben.

OLG Brandenburg, Urt. v. 14.11.2007 – 3 U 86/07, ZMR 2008,
116.

Streitig ist, ob das Transparenzgebot (§ 307 Abs. 1 Satz 2 BGB) verletzt ist, **525**
wenn sich die Klausel darauf beschränkt, die Anwendung des § 545 BGB auszuschließen, ohne den Inhalt der Vorschrift mitzuteilen. Das OLG Schleswig

OLG Schleswig, RE. v. 27.3.1995 – 4 RE-Miet 1/93, ZMR 1996,
254 = NJW 1995, 2858;
ebenso MünchKomm-*Bieber*, BGB, § 545 Rz. 4;
Schmidt-Futterer/*Blank*, § 545 Rz. 31.

sieht einen solchen Verstoß, während das OLG Rostock darauf hinweist,
dass die Vertragsparteien mit einem Blick in den für Laien verständlich for-
mulierten § 545 BGB nicht überfordert seien.

OLG Rostock, Urt. v. 29.5.2006 – 3 U 167/05, NZM 2006, 584
= ZMR 2006, 282;
im Ergebnis ebenso *Voelskow*, ZMR 1996, 431;
Herrlein/Kandelhard/*Both*, § 545 Rz. 12;
Wolf/Eckert/Ball, Rz. 888.

526 Seinen Anspruch auf Rückgabe oder Räumung verwirkt der Vermieter nicht dadurch, dass er mit der gerichtlichen Durchsetzung längere Zeit zuwartet. Würde man letzteres annehmen, so würde der Tatbestand der stillschweigenden Vertragsverlängerung nach § 545 BGB ohne gesetzliche Grundlage durch einen weiteren Fortsetzungstatbestand ergänzt.

BGH, Urt. v. 23.9.1987 – VIII ZR 265/86, WM 1988, 62 = NJW-RR 1988, 77,
dazu EWiR 1988, 35 *(H.-G. Eckert)*.

XI. Kündigung des Mietverhältnisses

1. Allgemeine Grundsätze

a) Form

Bei der gewerblichen Vermietung bedarf die Kündigung keiner Form. § 568 **527**
Abs. 1 BGB ordnet den Formzwang nur für die Wohnraummiete an; § 578
BGB verweist nicht darauf. Dies gilt auch bei formbedürftigen Immobilien-
mietverträgen. Demgemäß kann die Kündigung durch schlüssiges Verhalten
erklärt werden, wenn sich aus ihm zweifelsfrei ergibt, dass eine Partei das
Mietverhältnis beenden möchte. Der BGH hat der Erklärung des Mieters, er
werde das Mietobjekt nicht beziehen, eine ordentliche, schon vor Überlassung der Mietsache an den Mieter zulässige Kündigung entnommen.

> BGH, Urt. v. 10.10.2001 – XII ZR 93/99, NZM 2001, 1077,
> dazu EWiR 2002, 95 *(H.-G. Eckert)*.

Wegen der Bedeutung der Kündigungserklärung und des Bestrebens der Par- **528**
teien nach Rechtssicherheit bestehen keine Bedenken gegen die Vereinbarung des Schriftformerfordernisses, auch nicht gegen eine dahingehende
vorformulierte Klausel.

> Zur gewillkürten Schriftform:
> BGH, Urt. v. 21.1.2004 – XII ZR 214/00, NJW 2004, 1320
> = NZM 2004, 258 = MDR 2004, 560.

Die mit Telefax übermittelte Kündigung genügt, denn das Formerfordernis **529**
folgt nicht aus dem Gesetz (§ 127 Abs. 2 BGB). Die ohne Befolgung der vereinbarten Form erklärte Kündigung ist nicht zwingend, aber im Zweifel unwirksam (§ 127 Abs. 1 BGB).

b) Angabe des Endtermins

Eine außerordentliche Kündigung braucht nicht fristlos zu wirken. Der **530**
Kündigende kann einen Auslauftermin bestimmen. Unwirksam ist hingegen
eine außerordentliche Kündigung zu einem unbestimmten Zeitpunkt, bei
einer Kündigung des Mieters etwa bis zur Anmietung von Ersatzräumen.

> BGH, Urt. v. 22.10.2003 – XII ZR 112/00, NJW 2004, 284
> = NZM 2004, 66.

Bei Ausübung des Sonderkündigungsrechts nach § 57a ZVG muss der Be- **531**
endigungstermin nicht angegeben werden. Es gilt der nächstmögliche Termin, auch wenn ein drei Monate früher liegender angegeben wurde.

> BGH, Beschl. v. 25.10.1995 – XII ZR 245/94, NJW-RR 1996, 144.

c) Kündigungszeitpunkt

§ 193 BGB ist auf den Ablauf der Kündigungsfrist nicht anwendbar. **532**

> BGH, Urt. v. 17.2.2005 – III ZR 172/04, BGHZ 162, 175 = ZIP
> 2005, 716 = NZM 2005, 391,

dazu EWiR 2005, 455 *(Schimmel/Meyer)*;
BGH, Urt. v. 27.4.2005 – VIII ZR 206/04, NZM 2005, 532,
dazu EWiR 2005, 721 *(Schimmel/Meyer)*.

533 Der VIII. Zivilsenat lässt allerdings offen, ob dies auch gilt, wenn der letzte Tag der Karenzfrist auf einen Sonnabend fällt.

534 Die außerordentliche Kündigung darf der Kündigende nicht zu früh, aber auch nicht zu spät erklären. Bei den Sonderkündigungsrechten gem. § 57a ZVG und § 111 InsO ist die Kündigung nur zum erstmöglichen Termin möglich. Dies erfordert eine schnelle Entschließung. Großzügig ist das OLG Düsseldorf,

OLG Düsseldorf, Urt. v. 5.9.2002 – 10 U 66/02, ZMR 2003, 177,

das nach Zuschlag am 26. des letzten Quartalsmonats nicht schon die Kündigung bis zum dritten Werktag des Folgemonats fordert.

535 Hingegen ist nach Ansicht des OLG Oldenburg,

OLG Oldenburg, Urt. v. 17.12.2001 – 11 U 63/01, ZfIR 2002, 1027 = OLGR 2002, 47,

eine nach dem dritten Werktag des Oktobers erklärte außerordentliche Kündigung verspätet, wenn der Zuschlag am 28. September erfolgte. Revisionsrechtlich ist gegen diese strenge Auffassung nichts einzuwenden.

Vgl. BGH, Beschl. v. 9.11.2001 – LwZR 4/01, ZIP 2992, 174 = NZM 2002, 163.

536 Der Erwerber, dem das Mietgrundstück in der Zwangsversteigerung zugeschlagen wird, kann nach Ansicht des OLG Frankfurt/Main den Mietvertrag zu einem späteren als dem rechnerisch erstmöglichen Termin außerordentlich kündigen, wenn er zunächst die neue Firma und die neue Anschrift der Mieterin ermitteln muss.

OLG Frankfurt/M., Urt. v. 19.6.2009 – 2 U 303/08, MDR 2010, 174.

537 Eine außerordentliche Kündigung gem. § 543 BGB kann unwirksam sein, wenn der Kündigende sie zu früh erklärt. Bei der fristlosen Kündigung wegen Zahlungsverzugs (§ 543 Abs. 2 Satz 1 Nr. 3 BGB) ist streitig, ob eine vor Erreichen des die Kündigung rechtfertigenden Rückstands abgesandte Kündigung wirksam ist oder ob es insoweit nur auf den Zugang ankommt.

538 Unwirksam ist insbesondere eine vor Ablauf der Abhilfefrist ausgesprochene Kündigung, etwa die des Mieters, der den Vermieter zur Mangelbeseitigung aufgefordert hat; sie bleibt auch nach ergebnislosem Ablauf der Abhilfefrist unwirksam.

d) Zugang

539 Die Kündigungserklärung ist nicht gem. § 130 BGB zugegangen, wenn das Kündigungsschreiben in den Räumen des Mieters einem dort tätigen Mitarbeiter übergeben wird, sofern nicht feststeht, dass dieser Mitarbeiter Empfangsvertreter oder Empfangsbote ist. Ebenso wenig genügt es, das Kündigungsschreiben ohne persönliche Übergabe in den Räumen des Mieters abzulegen, denn hierdurch wird keine zur Entgegennahme von Erklärungen bereitgehaltene Einrichtung benutzt.

> BGH, Urt. v. 17.5.1991 – V ZR 92/90, WM 1991, 1809 = NJW
> 1991, 2700,
> dazu EWiR 1991, 879 *(H.-G. Eckert)*.

Bei Einwurf des Kündigungsschreibens in den Hausbriefkasten des Empfängers geht die Kündigung an dem Tag zu, an dem nach der Verkehrsanschauung mit der Leerung des Kastens zu rechnen ist. **540**

> BGH, Urt. v. 5.12.2007 – XII ZR 148/05, NJW 2008, 843
> = NZM 2008, 167.

Auch eine per Telefax übermittelte Kündigung geht nur mit Ausdruck zu, wenn nach der Verkehrsanschauung die alsbaldige Kenntnisnahme zu erwarten ist. Ein kurz vor Mitternacht übermitteltes Telefaxschreiben geht somit erst am Folgetag zu. **541**

> BGH, Urt. v. 21.1.2004 – XII ZR 214/00, NJW 2004, 1320
> = NZM 2004, 258 = MDR 2004, 560.

Während seiner Abwesenheit oder bei sonstiger Verhinderung, auch bei Krankheit, kann die Kündigung zugehen, denn der Kündigungsgegner hat dafür zu sorgen, dass ihn rechtserhebliche Erklärungen erreichen. **542**

> BGH, Urt. v. 21.1.2004 – XII ZR 214/00, NJW 2004, 1320
> = NZM 2004, 258 = MDR 2004, 560.

Bei Übermittlung der Kündigung per Einschreiben erstreckt sich die Beweiskraft des Rückscheins nicht darauf, dass der Unterzeichner des Rückscheins tatsächlich Bediensteter oder Empfangsbevollmächtigter des Adressaten ist, sondern nur darauf, dass er sich als solcher bezeichnet oder geriert hat. Daraus ergibt sich jedoch ein erhebliches Beweisanzeichen für die tatsächliche Beschäftigung oder Bevollmächtigung. Dieses Indiz kann der Kündigungsempfänger nur den schlüssigen Vortrag und den Nachweis der dagegen sprechenden Tatsachen widerlegen. **543**

> BGH, Beschl. v. 6.5.2004 – IX ZB 43/03, NJW 2004, 2386.

Kommen bei gleichzeitiger Versendung des Kündigungsschreibens mit einfacher Post und per Einschreiben der Rückschein mit Unterschrift im Empfängerfeld, der einfache Brief jedoch mit dem Vermerk „Empfänger unbekannt" zurück, so muss der Kündigende nachweisen, dass die Person, die den Rückschein unterschrieben hat, im Unternehmen des Kündigungsempfängers beschäftigt und/oder von diesem zur Entgegennahme bevollmächtigt war. **544**

> OLG Frankfurt/M., Urt. v. 19.6.2009 – 2 U 303/08, MDR 2010,
> 174.

545 Die häufige Klausel, dass die Kündigung per Einschreiben zu übersenden sei, hat nur Beweisfunktion. Kann der Kündigende den Zugang, auch den Ausdruck der Telefaxsendung beim Kündigungsgegner nachweisen, so ist die Kündigung zugegangen.

> BGH, Urt. v. 21.1.2004 – XII ZR 214/00, NJW 2004, 1320
> = NZM 2004, 258 = MDR 2004, 560.

546 Der Zugang kann unterstellt werden, wenn der Empfänger eine Einschreibesendung nicht abholt, obwohl er mit dem Zugang eines rechtserheblichen Schreibens rechnen musste.

> BGH, Urt. v. 26.11.1997 – VIII ZR 22/97, ZIP 1998, 212,
> dazu EWiR 1998, 199 *(Medicus)*;
> ferner OLG München, Urt. v. 4.8.1995 – 21 U 5934/94, ZMR
> 1997, 286.

e) Kündigung durch Stellvertreter

547 Schwierigkeiten resultieren bei der Kündigung durch einen Bevollmächtigten, etwa Rechtsanwalt, aus der Regelung des § 174 BGB. Danach ist bei einseitigen Rechtsgeschäften die Vollmachtsurkunde vorzulegen, und zwar nach einhelliger Ansicht deren Original. Die Vorlage einer beglaubigten Abschrift oder einer Ablichtung genügt nicht. Die Regelung dient dem Schutz des Erklärungsempfängers, der nicht im Ungewissen darüber sein soll, ob der Vertretene die Erklärung gegen sich gelten lassen muss oder nicht. Das OLG München zeigt die Grenzen auf. Bei bekannter Mandatierung ist die Zurückweisung rechtsmissbräuchlich.

> OLG München, Urt. v. 12.7.1996 – 21 U 4334/95, ZMR 1996, 557.

548 Bei der Telefax-Übermittlung erhält der Empfänger mit der Kündigung lediglich eine abgelichtete Vollmachtsurkunde. Die Telefax-Kopie genügt daher nicht dem Schutzzweck des § 174 BGB. Ihr kann man nicht ansehen, ob sie vom Original, das dem Absender bei Absetzung der Kündigung vorlag, stammt oder von einer früher gefertigten Ablichtung des Originals.

> OLG Hamm, Urt. v. 26.10.1990 – 20 U 71/90, NJW 1991, 1185,
> dazu EWiR 1991, 123 *(Hensen)*.

549 Kündigt ein Gesellschafter als Vertreter einer BGB-Gesellschaft, so kann der Kündigungsgegner die Kündigung gem. § 174 BGB zurückweisen, wenn ihr nicht der Nachweis der Vollmacht des Kündigenden beiliegt. Ergibt sie sich nur aus dem Gesellschaftsvertrag, so ist dieser beizufügen.

> BGH, Urt. v. 9.11.2001 – LwZR 4/01, ZIP 2002, 174 = NZM
> 2002, 163.

f) Kündigung gegenüber Stellvertreter

550 Die einem Rechtsanwalt zur Abwehr der Räumungsklage erteilte Prozessvollmacht schließt regelmäßig die Befugnis ein, eine in Zusammenhang mit dem Rechtsstreit erklärte Kündigung entgegenzunehmen; eine Beschränkung im Innenverhältnis zwischen Mandant und Rechtsanwalt ist im Außenverhältnis mangels Offenlegung unbeachtlich.

> BGH, Nichtannahmebeschl. v. 23.2.2000 – XII ZR 77/98, NZM 2000, 382;
> zu OLG Brandenburg, Urt. v. 18.2.1998 – 3 U 155/97, ZMR 2000, 373 = OLG-Report 2001, 264;
> ähnlich OLG Rostock, Urt. v. 16.10.2000 – 3 U 90/00, NZM 2002, 1028, dazu Nichtannahmebeschl. des BGH v. 15.5.2002 – XII ZR 318/00.

g) Kündigung im Prozess durch Prozesserklärung

Sie ist als materiell wirksame Erklärung wirksam, wenn unzweifelhaft zu er- **551** kennen ist, dass der Räumungsklage oder einem sonstigen prozessualen Schriftsatz auch materiell-rechtliche Bedeutung zukommen soll.

> BGH, Urt. v. 2.11.1988 – VIII ZR 7/88, WM 1988, 153 = NJW-RR 1989, 77.

Hierzu genügt, dass die Klageschrift die Kündigungsgründe in tatsächlicher **552** Hinsicht beschreibt, darlegt, dass das beschriebene vertragswidrige Verhalten einen Grund zur fristlosen Kündigung darstelle, und schließlich auf eine frühere Kündigung verweist.

> BGH, Urt. v. 6.11.1996 – XII ZR 60/95, WM 1997, 540 = NJW-RR 1997, 203.

Auf eine von einem Rechtsanwalt im Rahmen seiner Prozessvollmacht ab- **553** gegebene Erklärung ist § 174 BGB nicht anzuwenden, denn die Vollmacht ermächtigt ihn gem. § 81 ZPO nicht nur zu Prozesshandlungen im engeren Sinn, sondern auch zu materiell-rechtlichen Erklärungen, die den Prozessgegenstand betreffen, auch zu Kündigungen. So kann in einem Räumungsrechtsstreit der Prozessbevollmächtigte kündigen, ohne dass der Gegner die Kündigung gem. § 174 BGB zurückweisen kann.

> BGH, Urt. v. 18.12.2002 – VIII ZR 72/02, NJW 2003, 963 = NZM 2003, 229.

h) Kündigungen durch und gegenüber Personenmehrheiten

Bei Personenmehrheiten, gleich auf welcher Seite, müssen sämtliche Erklä- **554** rungen jeweils von allen Mietern oder Vermietern abgegeben werden. Zur Erleichterung des Rechtsverkehrs wird vielfach formularmäßig vereinbart, dass rechtsverbindliche Erklärungen für und gegen die anderen Mieter bzw. Vermieter wirken. Eine solche Klausel begegnet Bedenken, weil sie dem gesetzlichen Leitbild der Gesamtschuld (§ 425 BGB) widerspricht.

Der BGH hält die Bevollmächtigungsklausel, die die Entgegennahme der **555** Kündigung einschließt, für wirksam.

BGH, RE. v. 10.9.1997 – VIII ARZ 1/97, ZIP 1998, 27 = ZfIR
1997, 650 = NZM 1998, 22,
ergangen auf Vorlage des BayObLG ZMR 1997, 517.

556 Die vorformulierte Klausel, die zur Inhaltskontrolle anstand, lautete wie
folgt:

"Erklärungen, deren Wirkung die Mieter berührt, müssen von oder gegenüber
allen Mietern abgegeben werden. Die Mieter bevollmächtigen sich jedoch ge-
genseitig zur Entgegennahme *oder Abgabe* solcher Erklärungen. Diese Vollmacht gilt auch für die Entgegennahme von Kündigungen, jedoch nicht *für
den Ausspruch von Kündigungen und* für Mietaufhebungsverträge."

557 Den BGH stört nicht, dass die Klausel ihrem Wortlaut nach auch die aktive
Kündigung oder Vertragsaufhebung betrifft. Er hält sie innerhalb des Satzes
für teilbar und unterwirft sie losgelöst von der Abgabevollmacht der Inhaltskontrolle. Einen Verstoß gegen die gem. § 308 Nr. 6 BGB unzulässige Zu-
gangsfiktion sieht er nicht, obwohl er die Nähe hierzu nicht leugnet. Im Übrigen führt der Senat aus, dass die Klausel mit dem wesentlichen Grundge-
danken der gesetzlichen Regelung vereinbar sei. Gesamtvertretung bei der
Entgegennahme von Willenserklärungen sei derart häufig, dass sich daraus
ein allgemeines Prinzip herleiten lässt.

558 Vom BGH nicht entschieden ist die gegenseitige Bevollmächtigung zur Abgabe der Kündigungserklärung. Er sieht insoweit die Gefahr einer "Selbstent-
rechtung". Im geschäftlichen Verkehr, zu dessen Erleichterung das Handeln
für einen anderen beiträgt, erscheint diese Befürchtung nicht angebracht.

559 Die Übermittlung der Kündigung an den Mieter, der zwischenzeitlich ver-
schwunden ist, erfordert Formalitäten, die für einen Laien kaum nachzuvoll-
ziehen sind. Das OLG Frankfurt/Main bemüht sich um eine Erleichterung,
sofern einer von mehreren Mietern im Zeitpunkt der Kündigung unbekann-
ten Aufenthalts ist. An der Einheitlichkeit der Kündigung gegenüber den
mehreren Mietern hält er fest, somit auch an dem Grundsatz, dass jedem von
ihnen die Kündigungserklärung zugehen muss. Gleichwohl lässt er es wegen
der Umstände des Einzelfalles ausnahmsweise zur Wirksamkeit der Kündigung genügen, dass sie nur dem in den Mieträumen verbliebenen Mieter zugegangen ist.

OLG Frankfurt/M., RE v. 13.12.1990 – 20 RE Miet 2/90,
NJW-RR 1991, 459.

560 Bedingt sich der Vermieter in seinen AGB ein Recht zur außerordentlichen
Kündigung bei Vorliegen bestimmter Umstände aus (Zahlungseinstellung,
Vermögensverfall), so kann er einen Mietvertrag mit mehreren Mietern nur
kündigen, wenn bei allen Mietern der in der Klausel umschriebene Kündi-
gungsgrund besteht. Der BGH folgert dies aus der Unklarheitenregelung
(§ 305c Abs. 2 BGB).

BGH, Urt. v. 28.6.2000 – VIII ZR 240/00, ZIP 2000, 1493
= NJW 2000, 3133 = WM 2000, 1632 = MDR 2000, 1235,
dazu EWiR 2001, 139 *(Bydlinsky/Thoß)*.

i) Kündigung nach Verkauf des Mietgrundstücks

Häufige Fehlerquelle ist die Kündigung durch den Käufer/Erwerber, der   561
noch nicht als Eigentümer im Grundbuch eingetragen ist. Sie ist unwirksam,
denn er ist noch nicht Vertragspartei. Sie bleibt auch nach Eintragung des Eigentumswechsels im Grundbuch unwirksam.

> BGH, Urt. v. 10.12.1997 – XII ZR 119/96, ZfIR 1998, 135
> = NJW 1998, 896,
> dazu EWiR 1998, 249 (Sternel);
> BGH, Urt. v. 11.9.2002 – XII ZR 187/00, NJW 2002, 3389
> = NZM 2002, 950 = MDR 2003, 81,
> dazu EWiR 2002, 951 (H.-G. Eckert).

Kündigt der Mieter in Unkenntnis des Vermieterwechsels gegenüber dem   562
Veräußerer, so wirkt die Kündigung nach dem Rechtsgedanken der §§ 407,
412 BGB gegen den Erwerber.

> BGH, Urt. v. 28.11.2001 – XII ZR 197/99, NZM 2002, 291.

2. Außerordentliche Kündigung aus wichtigem Grund

a) Zahlungsverzug des Mieters

Die in § 543 Abs. 2 Satz 1 Nr. 3a BGB umschriebenen Kündigungsvoraus-   563
setzungen gelten unabhängig davon, ob die Miete monatlich oder in längeren
Zeiträumen zu zahlen ist.

> BGH, Urt. v. 17.9.2008 – XII ZR 61/07, NJW-RR 2009, 21
> = NZM 2009, 30.

Verzug mit einem nicht unerheblichen Teil der Miete i. S. d. § 543 Abs. 2   564
Satz 1 Nr. 3a Alt. 2 BGB liegt bei vereinbarter monatlicher Zahlung auch bei
der Vermietung zu gewerblichen Zwecken jedenfalls dann vor, wenn der
Rückstand den Betrag einer Monatsmiete übersteigt. Ein solcher Rückstand
reicht für eine außerordentliche fristlose Kündigung nach § 543 Abs. 2 Satz 1
Nr. 3a Alt. 2 BGB nur aus, wenn er aus zwei aufeinander folgenden Zahlungszeiträumen (Monaten) resultiert. Ein Rückstand, der diese Voraussetzungen nicht erfüllt, weil er auch aus anderen Zahlungszeiträumen herrührt,
rechtfertigt die außerordentliche Kündigung erst, wenn seine Höhe zwei
Monatsmieten erreicht (§ 543 Abs. 2 Satz 1 Nr. 3b BGB).

> BGH, Urt. v. 23.7.2008 – XII ZR 134/06, ZfIR 2008, 844
> (m. Anm. Th. Schnabel, S. 848) = NJW 2008, 3210 = NZM 2008,
> 770.

Bei gem. § 536 BGB berechtigter Mietminderung ist die geminderte Miete   565
Ausgangsgröße für die Bestimmung des nicht unerheblichen Teils oder des
Rückstandes in Höhe zweier Monatsmieten. Gegenteiliges ist dem BGH-
Urteil vom 23.7.2008

> – XII ZR 134/06, ZfIR 2008, 844 = NJW 2008, 3210 = NZM
> 2008, 770

nicht zu entnehmen, obwohl dort ungeachtet der unterstellten Mietminderung ausgeführt ist, dass der Mieter sich mit einem die vereinbarte Monatsmiete übersteigenden Betrag in Verzug befunden habe.

566 Der Mieter, der aufgrund unzutreffender Rechtsberatung meint, die Miete sei gemindert oder er sei zur Zurückbehaltung berechtigt, muss sich nach § 278 BGB das Verhalten des Rechtsberaters zurechnen lassen und kann nicht einwenden, er habe den Zahlungsrückstand nicht zu vertreten.

BGH, Urt. v. 25.10.2006 – VIII ZR 102/06, NJW 2007, 428 = NZM 2007, 35.

567 Nicht in Zahlungsverzug gerät der Mieter, der die Miete nicht zahlt, weil er nicht weiß, wer die Erben des verstorbenen Vermieters sind.

BGH, Urt. v. 7.9.2005 – VIII ZR 24/05, ZMR 2006, 26 = NJW 2006, 51.

568 Die außerordentliche Kündigung wegen Zahlungsverzugs gem. § 543 Abs. 2 Satz 1 Nr. 3 BGB setzt keine vorherige Abmahnung voraus. Ausnahmsweise ist sie jedoch erforderlich, wenn der Untermieter jahrelang die Miete unmittelbar an den Vermieter zahlte, was diesem bekannt war, dann aber die Zahlungen einstellt, ohne dass der Mieter davon erfährt.

OLG Düsseldorf, Urt. v. 25.3.2004 – 10 U 109/03, NZM 2004, 786.

569 Das Recht zur außerordentlichen Kündigung verwirkt der Vermieter nicht schon deshalb, weil er erst einige Monate (hier: drei Monate) nach Erreichen des zur Kündigung berechtigenden Rückstandes und weiterer Erhöhung des Rückstandes fristlos kündigt.

BGH, Urt. v. 11.3.2009 – VIII ZR 115/08, NZM 2009, 314 = ZMR 2009, 521.

570 § 543 Abs. 2 Satz 1 Nr. 3b BGB findet keine Anwendung, wenn die Parteien sich über die Höhe der Mietrückstände in einem Vergleich einigen und der Mieter die zwei Monatsmieten übersteigende Vergleichssumme nicht zahlt.

OLG München, Urt. v. 9.12.2002 – 15 U 2940/02, NZM 2003, 554.

571 Probleme bereitet die Rechtskraft eines Zahlungsprozesses, den der Vermieter vor dem Räumungsprozess gegen den Mieter geführt hat. Hat das vor der Räumungsklage mit der Zahlungsklage befasste Gericht für den Verzugszeitraum, den der Vermieter der späteren fristlosen Kündigung zugrunde legt, nur einen unter den Grenzen des § 543 Abs. 2 Nr. 3 BGB liegenden Zahlungsanspruch anerkannt, so soll es dem Vermieter nach Ansicht des OLG Köln wegen der Rechtskraftwirkung im Räumungsprozess verwehrt sein, die Kündigung auf einen höheren als den zuvor zuerkannten Rückstand zu stützen.

OLG Köln, Urt. v. 4.2.2000 – 1 U 92/99, ZfIR 2000, 360 = ZMR 2000, 459.

Umgekehrt ist dem rechtskräftig zur Zahlung der Miete für einen bestimm- **572** ten Zeitraum verurteilten Mieter wegen der Rechtskraftwirkung der Einwand verwehrt, die Mietforderung bestehe nicht.

OLG Koblenz, Beschl. v. 2.11.2004 – 12 U 1530/03, NZM 2005, 784.

Die auf Zahlungsverzug gestützte fristlose Kündigung wird unwirksam, **573** wenn der Mieter unverzüglich gegen die Mietforderung aufrechnet (§ 543 Abs. 2 Satz 3 BGB). Die Aufrechnungslage genügt nicht, der Mieter muss unverzüglich nach Zugang der Kündigung die Aufrechnung erklären. Die Wirkung des § 543 Abs. 2 Satz 3 BGB kann daher nicht eintreten, wenn laut Mietvertrag die Aufrechnung gegen die Mietforderung eine vorherige Ankündigung voraussetzt; die Aufrechnungserklärung mag die Ankündigung darstellen, sie kann indessen nicht „unverzüglich" die Mietforderung erlöschen lassen.

OLG Rostock, Beschl. v. 5.3.1999 – 3 U 80/98, NZM 1999, 1006.

b) Schwerwiegende Vertragsverletzung

Ständige unpünktliche Mietzahlungen, ohne dass die in § 543 Abs. 2 Nr. 3 **574** BGB umschriebenen Rückstände erreicht werden, beschäftigen die Rechtsprechung nach wie vor. In solchen Fällen kann der Vermieter – ohne vorherige Abmahnung –

BGH, Urt. v. 11.1.2006 – VIII ZR 364/04, NJW 2006, 1585
= NZM 2006, 338 = ZMR 2006, 425

nach § 543 Abs. 1 BGB) das Mietverhältnis fristlos kündigen, wenn für ihn infolge der ständigen verzögerten Mietzins- oder Nebenkostenzahlungen die Fortsetzung des Mietverhältnisses unzumutbar geworden ist.

BGH, Urt. v. 23.9.1987 – VIII ZR 265/86, WM 1988, 62
= NJW-RR 1988, 77,
dazu EWiR 1988, 35 *(H.-G. Eckert)*;
BGH, Urt. v. 6.11.1996 – XII ZR 60/95, WM 1997, 540;
BGH, Urt. v. 28.11.2007 – VIII ZR 145/07, NJW 2008, 508
= NZM 2008, 121 = ZMR 2008, 196,

Zur Zumutbarkeitsgrenze – Höhe und Zeitraum der vom Mieter zu vertre- **575** tenden Verspätungen und Rückstände

OLG Hamm, Urt. v. 3.12.1991 – 7 U 145/91, NJW-RR 1993, 1163 (rkr. nach Nichtannahmebeschl. des BGH v. 7.4.1993 – VIII ZR 16/92, unveröff.);
OLG Düsseldorf, Urt. v. 23.5.1991 – 10 U 119/90, NJW-RR 1991, 1353;
OLG Düsseldorf, Urt. v. 16.1.1992 – 10 U 128/91, ZMR 1992, 192;
OLG Koblenz, Urt. v. 13.10.1992 – 3 U 637/92, NJW-RR 1993, 583;

OLG Karlsruhe, Urt. v. 10.12.2002 – 17 U 97/02, NJW-RR 2003, 945 = NZM 2003, 513.

576 Das Kündigungsrecht entfällt nicht bei Ausgleich des Rückstandes vor Zugang der Kündigung.

BGH, Urt. v. 25.10.2006 – VIII ZR 102/06, NJW 2007, 428 = NZM 2007, 35 = ZMR 2007, 103.

577 Ständig verspätete Mietzahlungen rechtfertigen auch dann die fristlose Kündigung, wenn der Mieter die Zahlungsrückstände jeweils vor dem nächsten Zahlungstermin ausgeglichen hatte.

OLG Rostock, Urt. v. 7.10.2002 – 3 U 90/02, OLGR 2003, 30.

578 Setzt der abgemahnte Mieter seine unpünktliche Zahlungsweise fort, so rechtfertigt schon die erste Verspätung nach der Abmahnung die außerordentliche Kündigung.

BGH, Urt. v. 11.1.2006 – VIII ZR 364/04, NJW 2006, 1585 = NZM 2006, 338 = ZMR 2006, 425.

579 Im Urteil vom 15.6.2005

– XII ZR 291/01, NJW 2005, 2775 = NZM 2005, 703

warnt der BGH vor der vorschnellen Annahme der Verwirkung des Kündigungsrechts, falls der Vermieter zu geringe Zahlungen längere Zeit hingenommen hatte.

580 Die Ankündigung des Mieters, die Mieten nicht mehr zu zahlen berechtigt als endgültige Erfüllungsverweigerung zur außerordentlichen Kündigung nach § 543 Abs. 1 BGB.

BGH, Urt. v. 9.3.2005 – VIII ZR 394/03, ZIP 2005, 1085 = NJW 2005, 2552 = NZM 2005, 538;
BGH, Urt. v. 24.1.2008 – IX ZR 201/06, ZIP 2008, 608 = NZM 2008, 365 = ZMR 2008, 442,
dazu EWiR 2008, 309 *(H.-G. Eckert)*.

581 Die fristlose Kündigung kann gerechtfertigt sein, wenn der Mieter trotz mehrfacher Mahnung die Kaution nicht einzahlt.

BGH, Urt. v. 21.3.2007 – XII ZR 36/05, ZfIR 2007, 545 (mit Anm. *Schmid*, S. 547) = NZM 2007, 400 = ZMR 2007, 525.

582 Die Abweisung einer früheren, auf eine fristlose Kündigung gestützten Räumungsklage hindert den Vermieter nicht, eine erneute Kündigung und die Räumungsklage damit zu begründen, dass der Mieter das vertragswidrige, zuvor abgemahnte Verhalten nach der letzten mündlichen Verhandlung des Vorprozesses fortgesetzt habe; die neue Kündigung kann der Vermieter auch mit solchen Tatsachen rechtfertigen, die während des Vorprozesses objektiv vorlagen, ihm aber noch nicht bekannt waren.

BGH, Urt. v. 10.9.1997 – XII ZR 222/95, ZIP 1997, 2010 = NJW
1998, 374,
dazu EWiR 1998, 285 *(Dauner-Lieb)*.

c) Außerordentliche Kündigung aus sonstigem wichtigen Grund

Der Mieter kann wegen erheblicher Abweichung von der vereinbarten Größe **583**
der Mieträume außerordentlich kündigen, ohne die Unzumutbarkeit der
Fortsetzung des Mietverhältnisses darzulegen. Die Kündigung ist verfristet,
wenn er erst geraume Zeit nach Feststellung der Flächenunterschreitung
kündigt.

BGH, Urt. v. 29.4.2009 – VIII ZR 142/08, NJW 2009, 2297
= NZM 2009, 431.

Das Recht zur fristlosen Kündigung wegen gesundheitsgefährdender Be- **584**
schaffenheit der Mieträume (§ 569 Abs. 1 BGB) steht auch dem gewerblichen Zwischenvermieter von Wohnräumen als Mieter gegenüber dem
Hauptvermieter zu.

BGH, Urt. v. 17.12.2003 – XII ZR 308/00, ZfIR 2004, 524
= NJW 2004, 848 = NZM 2004, 222 = MDR 2004, 500,
dazu EWiR 2004, 425 *(H.-G. Eckert)*.

Die außerordentliche Kündigung wegen Gesundheitsgefährdung setzt in al- **585**
ler Regel nach § 543 Abs. 3 BGB ein vorheriges Abhilfeverlangen voraus.

BGH, Urt. v. 18.4.2007 – VIII ZR 182/06, NJW 2007, 2177
= NZM 2007, 439 = ZMR 2007, 601.

Der Mieter, der den Vermieter unter Fristsetzung zur Beseitigung eines **586**
Sachmangels aufgefordert und Ersatzvornahme oder Klage auf Mangelbeseitigung angedroht hat, ist nach Fristablauf zur außerordentlichen Kündigung
berechtigt, ohne diese vorher ebenfalls angedroht zu haben. Allerdings bleibt
zu prüfen, ob der Mieter mit der fristlosen Kündigung gegen Treu und Glauben verstößt.

BGH, Urt. v. 13.6.2007 – VIII ZR 281/06, NJW 2007, 2474
= NZM 2007, 561 = ZMR 2007, 686.

Der Mieter, der die Betriebskostenvorauszahlungen pünktlich leistet, kann **587**
außerordentlich kündigen, wenn der Versorgungsträger Versorgungsleistungen wegen Zahlungsverzugs des Vermieters sperrt.

OLG Düsseldorf, Urt. v. 21.3.2006 – 24 U 132/05, OLGR 2006,
670.

Trotz der weit gefassten Generalklausel in § 543 Abs. 1 BGB rechtfertigt **588**
eine schwere Erkrankung des Mieters, die ihn an der Nutzung des Mietobjekts hindert, nicht die außerordentliche Kündigung des Mietverhältnisses;
das Verwendungsrisiko trägt allein der Mieter (§ 537 Abs. 1 BGB.).

BGH, Urt. v. 30.9.2009 – XII ZR 39/08, NZM 2009, 908.

589 Der Pächterwechsel infolge Umwandlung (§ 20 Abs. 1 Nr. 1 UmwG) allein rechtfertigt nicht die außerordentliche Kündigung des Verpächters aus wichtigem Grund. Denkbar ist sie jedoch, wenn die Umwandlung zu einer konkreten Gefährdung der Ansprüche des insoweit darlegungs- und beweisbelasteten Verpächters führt.

> BGH, Urt. v. 26.4.2002 – LwZ 20/01, NJW 2002, 2168 = NZM 2002, 660 = MDR 2002, 1055.

590 Der Vermögensverfall des Vermieters und die Ablehnung der Eröffnung des Insolvenzverfahrens über sein Vermögen berechtigen den Mieter nicht zur außerordentlichen Kündigung des Mietverhältnisses.

> BGH, Urt. v. 23.1.2002 – XII ZR 5/00, NZM 2002, 524.

591 Selbst die Löschung der Vermieter-GmbH stellt keinen Kündigungsgrund dar.

> BGH, Urt. v. 10.4.2002 – XII ZR 37/00, NZM 2002, 525.

592 Die Betriebseinstellung rechtfertigt nicht die eigene außerordentliche Kündigung.

> BGH, Urt. v. 7.10.2004 – I ZR 18/02, ZIP 2005, 534 = NJW 2005, 1360.

XII. Abwicklung des Mietverhältnisses

1. Rückgabe der Mietsache

a) Selbsthilfe des Vermieters

Mietverträge über bewegliche Sachen sehen häufig das Recht des Vermieters **593** vor, bei Rückgabeverzug die Mietsache abzuholen und gegen den Willen des Mieters an sich zu nehmen. Zwar hat der Mieter nach Vertragsende kein Recht mehr, die Sache zu nutzen und zu besitzen. Gleichwohl gehören der Besitzschutz (§ 858 BGB) und die Reduzierung des Selbsthilferechts auf Fälle, in denen obrigkeitliche Hilfe nicht zu erlangen ist (§ 229 BGB), zu den wesentlichen Grundsätzen des bürgerlichen Rechts. Selbsthilfeklauseln sind daher grundsätzlich unwirksam.

> OLG Hamm, Urt. v. 20.12.1991 – 30 U 93/91, NJW-RR 1992, 502;
> *Wolf/Eckert/Ball*, Rz. 1088 und 1997.

Die den Vermieter treffende nachvertragliche Obhutspflicht hinsichtlich der **594** in den Mieträumen zurückgebliebenen Gegenstände gehört nicht in einem solchen Maß zum Leitbild des Mietvertrages, dass ihr Ausschluss unangemessen wäre. Eine Klausel, die ihn berechtigt, im Mietobjekt zurückgelassene Sachen nach einer gewissen Zeit zu entfernen, ist daher hinzunehmen.

> *Wolf/Eckert/Ball*, Rz. 1077;
> **a. A.** OLG Hamburg, Urt. v. 21.9.1988 – 5 U 216/87, NJW-RR 1989, 881, 883;
> OLG Frankfurt/M., Urt. v. 25.9.1997 – 1 U 41/96, NJW-RR 1998, 368 = NZM 1998, 150.

Der Vermieter, der nach Beendigung des Mietverhältnisses Versorgungsleis- **595** tungen wie Beheizung der Mieträume, Wasser- und Stromlieferung) einstellt, begeht keine verbotene Eigenmacht, denn der Besitz ist lediglich gegen beeinträchtigende Eingriffe von außen geschützt, gewährt aber keinen Anspruch auf fortgesetzte Versorgungsleistungen. Nach Beendigung des Mietverhältnisses kann der Vermieter nachvertraglich zur weiteren Versorgungsleistungen verpflichtet sein. Diese Pflicht besteht jedoch nicht, wenn der Mieter kein Entgelt entrichtet und der Vermieter Gefahr läuft, durch weitere Versorgungsleistungen geschädigt zu werden.

> BGH, Urt. v. 6.5.2009 – XII ZR 137/07, BGHZ 180, 300 = ZfIR 2009, 501 = NJW 2009, 1974 = NZM 2009, 482;
> KG, Beschl. v. 8.7.2004 – 12 W 21/04, NJW-RR 2004, 1665 = NZM 2005, 65 = ZMR 2004, 905;
> **a. A.** OLG Celle, Urt. v. 28.4.2005 – 11 U 44/05, ZMR 2005;
> OLG Köln, Beschl. v. 26.4.2003 – 1 U 67/03, ZMR 2005, 124;
> zur Versorgungssperre: *Herrlein*, NZM 2006, 527;
> *Scholz*, NZM 2008, 387.

b) Rückgabe der Mietsache durch mehrere Mieter

596 Es besteht ein Rechtsschutzinteresse, auch denjenigen von mehreren Mietern auf Rückgabe zu verklagen, der seinerseits den Besitz aufgegeben hat oder aus den Mieträumen ausgezogen ist. Der Rückgabeanspruch gem. § 546 Abs. 1 BGB ist auf eine unteilbare Leistung gerichtet; er ist auch gegen den Mieter begründet, der im Gegensatz zu dem anderen den Besitz an der Mietsache endgültig aufgegeben hat. Die mehreren Mieter haften als Gesamtschuldner.

> BGH, Urt. v. 29.10.1975 – VIII ZR 136/74, BGHZ 65, 226
> = NJW 1976, 287.

597 Durch bloße Besitzaufgabe eines von mehreren Mietern erlangt der Vermieter keinen unmittelbaren Besitz, also ist der Rückgabeanspruch nicht erfüllt. Objektiv unmöglich ist dem Mieter, der bereits ausgezogen ist, die Rückgabe nicht. Er kann auf denjenigen einwirken, der noch im Besitz der Mietsache ist.

> BGH, Beschl. v. 22.11.1995 – VIII ARZ 4/95, BGHZ 131, 176
> = ZIP 1996, 286 = NJW 1996, 515,
> dazu EWiR 1996, 57 *(H.-G. Eckert)*.

c) Vollstreckung des Räumungstitels

598 Ein auf Räumung und Herausgabe eines unbeweglichen Mietobjekts lautender Titel ist ausschließlich nach §§ 885, 886 ZPO zu vollstrecken; § 888 ZPO ist nicht ergänzend heranzuziehen.

> BGH, Beschl. v. 14.12.2006 – I ZB 16/06, NJW-RR 2007, 1091.

599 Vollstreckungsschuldner ist nur die im Räumungstitel bezeichnete natürliche oder juristische Person. Der Titel gegen den Mieter lässt nur die Zwangsvollstreckung gegen ihn zu, jedoch nicht gegen Untermieter oder Mitbesitzer.

> BGH, Beschl. v. 15.7.1998 – XII ZR 185/98, NZM 1999, 665;
> BGH, Beschl. v. 14.2.2003 – IXa ZB 10/03, ZfIR 2003, 1058 (LS)
> = BGH Report 2003, 707;
> BGH, Beschl. v. 18.7.2003 – IXa ZB 116/03, ZfIR 2003, 879
> = NJW-RR 2003, 1450 = NZM 2003, 802;
> BGH, Beschl. v. 14.8.2008 – I ZB 39/08, NJW 2008, 3287
> = NZM 2008, 805 = ZMR 2009, 21.

600 Die Vollstreckung beschränkt sich darauf, den Mieter aus dem Besitz zu setzen und den Vermieter in den Besitz einzuweisen. Bewegliche Sachen des Mieters sind von dem Grundstück bzw. aus den Mieträumen wegzuschaffen. Die weitere Erfüllung der Räumungspflicht, d. h. die Entfernung mit dem Grundstück fest verbundener Einrichtungen oder die Wiederherstellung des früheren Zustandes ist nicht mehr gem. § 885 ZPO Aufgabe des Gerichtsvollziehers.

> OLG Düsseldorf, Beschl. v. 5.7.1999 – 3 W 195/99, ZMR 1999, 814.

Im Rahmen der Räumungsvollstreckung gem. § 885 ZPO, bei der der vor- **601** schusspflichtige Vollstreckungsgläubiger in aller Regel mit seinem Kostenerstattungsanspruch ausfällt, billigt der BGH das sog. „Berliner Modell". Danach kann der Vermieter den Auftrag an den Gerichtsvollzieher auf die Besitzübertragung beschränken und, ohne dass der Gerichtsvollzieher die Berechtigung nachprüfen darf, bezüglich der in den Mieträumen befindlichen Sachen des Mieters sein gesetzliches Pfandrecht ausüben.

> BGH, Beschl. v. 17.11.2005 – I ZB 45/05, NZM 2006, 149;
> BGH, Beschl. v. 16.7.2009 – I ZB 80/05, NJW-RR 2009, 1384
> = NZM 2009, 660;
> dazu *Schuschke*, NZM 2006, 284;
> *Flatow*, NJW 2006, 1396.

Dem Vermieter ist eine Räumungsfrist nicht zuzumuten, wenn die Zahlung **602** der laufenden Nutzungsentschädigung nicht gewährleistet ist.

> OLG Stuttgart, Beschl. v. 7.6.2006 – 13 U 89/06, ZMR 2006, 863.

Auch bei der gewerblichen Vermietung kann der Schuldner Vollstreckungs- **603** schutz gem. § 765a ZPO beanspruchen. Indessen ist, wie auch bei sonstigen Anträgen auf einstweilige Einstellung der Zwangsvollstreckung, zu beachten, dass der Entzug des Mietgebrauchs und die damit verbundenen wirtschaftlichen Einbußen normale Folgen der Rückgabe des Mietobjekts und nicht unersetzliche Nachteile sind.

> BGH, Beschl. v. 27.8.1998 – XII ZR 167/98, NZM 1998, 863.

Chancenlos ist der räumungs- und zahlungsunwillige Räumungsschuldner **604** nicht. Droht er, ohne psychisch erkrankt zu sein, glaubhaft mit Suizid („Bilanzselbstmord"), falls er das gemietete Ladenlokal räumen muss, so kann dies nach Auffassung des BVerfG ein Vollstreckungshindernis begründen.

> BVerfG, Beschl. v. 16.8.2001 – 1 BvR 1002/01, NZM 2001, 951
> = ZMR 2001, 779.

Die staatliche Aufgabe des Lebensschutzes des Schuldners darf nicht zu einer **605** dauerhaften Einstellung der Zwangsvollstreckung führen. Die Zwangsvollstreckung ist deshalb fortzusetzen, wenn die für den Lebensschutz zuständigen Stellen Maßnahmen zum Schutz des Schuldners nicht für notwendig halten.

> BGH, Urt. v. 14.6.2007 – V ZB 28/07, NZM 2007, 658 = WM
> 2007, 1667.

Der psychisch kranke Räumungsschuldner muss sich zur Abwehr der Suizid- **606** gefahr ärztlich behandeln lassen.

> BGH, Beschl. v. 19.10.2005 – VIII ZR 208/05, ZMR 2006, 33;
> vgl. auch BGH, Beschl. v. 4.5.2005 – I ZB 10/05, BGHZ 163, 66
> = NJW 2005, 1859 = NZM 2005, 517.

2. Nutzungsentschädigung wegen Vorenthaltung der Mietsache nach Vertragsende

607 § 546a BGB entspricht im Wesentlichen dem früheren § 557 BGB. Die Neuregelung setzt das Urteil des BGH vom 14.7.1999 um.

> BGH, Urt. v. 14.7.1999 – XII ZR 215/97, BGHZ 142, 186 = ZIP 1999, 1395 = ZfIR 2000, 194 = NJW 1999, 2808 = NZM 1999, 803,
> dazu EWiR 1999, 991 *(Armbrüster)*,

608 Der BGH stellt klar, dass der Vermieter als Entschädigung entweder die vereinbarte oder die für vergleichbare Sachen ortsübliche Miete verlangen kann.

a) Vorenthaltung

609 § 546a BGB bezweckt, Druck auf den Mieter auszuüben, um ihn zur vertragsgerechten Rückgabe des Mietobjekts anzuhalten.

> BGH, Urt. v. 22.3.1989 – VIII ZR 155/88, BGHZ 107, 123 = ZIP 1989, 647 (mit Bespr. *Tiedke*, S. 1437) = NJW 1989, 1730, dazu EWiR 1989, 549 *(v. Westphalen)*.

610 Vorenthalten bedeutet Rückgabeverzug gegen den Willen des Vermieters. Daher kann sich der Vermieter in seinen AGB nicht ausbedingen, dass der Mieter, der die Mietsache nicht termingerecht zurückgibt, eine Entschädigung in Höhe der vereinbarten Miete schuldet; diese Klausel würde nämlich auch dem nicht rücknahmebereiten Vermieter zu einem Entschädigungsanspruch verhelfen.

> BGH, Urt. v. 7.1.2004 – VIII ZR 103/03, ZIP 2004, 858 = NJW-RR 2004, 558 = NZM 2004, 351, dazu EWiR 2004, 271 *(Becher)*.

611 Zu Unrecht bezweifelt das OLG Düsseldorf den Rücknahmewillen, wenn der Vermieter einen Rückgabetitel längere Zeit nicht vollstreckt.

> OLG Düsseldorf, Urt. v. 1.12.2005 – I-10 U 75/05, OLGR 2006, 493.

612 Vorenthalten setzt nicht voraus, dass der Mieter den Rückgabeverzug zu vertreten hat. Auch kann er auf die Rückgabeverweigerung seines Untermieters einwenden.

> BGH, Urt. v. 15.2.1984 – VIII ZR 213/82, BGHZ 90, 145 = ZIP 1984, 612 = NJW 1984, 1527.

613 Keine Vorenthaltung liegt vor, wenn der Mieter seine Sachen in den Mieträumen zurücklässt, weil der Vermieter sein gesetzliches Pfandrecht geltend macht.

> OLG Rostock, Beschl. v. 8.6.2008 – 3 W 23/07, MDR 2008, 137 = ZMR 2008, 54.

Da die Rückgabe im rechtlichen Sinn eine unteilbare Leistung ist, enthält der **614** Mieter auch bei nur teilweiser Räumung das Mietgrundstück insgesamt vor, so dass der Vermieter volle Nutzungsentschädigung geltend machen kann.

> BGH, Urt. v. 11.5.1988 – VIII ZR 213/82, BGHZ 104, 285
> = ZIP 1988, 917 = NJW 1988, 2665,
> dazu EWiR 1988, 975 *(Weiß)*;
> BGH, Urt. v. 2.2.2006 – IX ZR 46/05, ZIP 2006, 583 = ZVI
> 2006, 156 = NJW-RR 2006, 989 = NZM 2006, 352 = ZMR
> 2006, 438.

In diesem Zusammenhang wenden Mieter gern ein, der Vermieter müsse sich **615** zumindest nach § 254 BGB eine Herabsetzung der Nutzungsentschädigung gefallen lassen, weil er die zurückgebliebenen Einrichtungsgegenstände nicht vom Grundstück entfernt habe. Der BGH lässt diesen Einwand nicht durchgreifen, weil der Anspruch aus § 546a BGB kein Schadensersatzanspruch ist. Der Vermieter ist zwar berechtigt, aber nicht verpflichtet, bei der Rückgabe Teilleistungen anzunehmen. Zur Entfernung zurückgebliebener Sachen ist er jedenfalls nicht befugt.

Etwas anderes gilt, wenn weitgehend wertlose Sachen, an denen der Mieter **616** offensichtlich nicht mehr interessiert ist, zurückbleiben. Der Vermieter riskiert, in Gläubigerverzug zu geraten, wenn er die Zurücknahme des Mietobjekts verweigert; der Vermieter wird dann auch berechtigt sein, die zurückgebliebenen Gegenstände zu beseitigen, ohne dass ihm unzulässige Selbsthilfe vorgeworfen werden kann.

> BGH, Urt. v. 10.1.1983 – VIII ZR 304/81, WM 1983, 233
> = NJW 1983, 1049;
> BGH, Urt. v. 11.5.1988, VIII ZR 213/82, BGHZ 104, 285 = ZIP
> 1988, 917 = WM 1988, 1277 = NJW 1988, 2665,
> dazu EWiR 1988, 975 *(Weiß)*.

Es kommt, wie der BGH ausdrücklich betont, immer auf die Umstände des **617** Einzelfalles an. Der Grat zwischen Annahmeverzug, der Vorenthalten ausschließt, und Vorenthalten der Mietsache ist schmal.

Weitere Beispiele zur unvollständigen Räumung:

> OLG Hamburg, Urt. v. 29.1.1995 – 4 U 66/95, ZMR 1996, 259;
> OLG Hamm, Urt. v. 12.12.1995 – 29 U 80/95, ZMR 1996, 372;
> OLG München, Urt. v. 12.7.1996 – 21 U 4334/95, ZMR 1996,
> 557;
> OLG Düsseldorf, Beschl. v. 29.11.2004 – I-24 U 157/04, MDR
> 2005, 744;
> KG, Urt. v. 29.5.2005 – 12 U 266/04, OLGR 2006, 125.

Mit Rückgabe des Mietobjekts, nicht etwa am Ende des laufenden Monats, **618** endet die Vorenthaltung. Ersatz des Mietausfalls, den der Vermieter hinzunehmen hat, weil er wegen des Rückgabeverzugs die Mietsache nicht anderweitig vermieten konnte, kann er nur nach Verzugsgrundsätzen fordern.

> BGH, Urt. v. 5.10.2005 – VIII ZR 57/05, NZM 2006, 52 = ZMR
> 2006, 32.

b) Nutzungsentschädigung

619 Der Anspruch auf Nutzungsentschädigung gem. § 546a BGB ist, wie der BGH ständig betont, ein vertraglicher Anspruch eigener Art, der an die Stelle des weggefallenen Mietzinsanspruchs tritt, ohne die Geltendmachung weiterer Ansprüche auszuschließen.

620 Bei Nutzung der Mietsache durch einen von mehreren Miteigentümern will der BGH vorrangig Gemeinschaftsrecht anwenden. Die Beendigung der Nutzungsvereinbarung, so führt er aus, löse keinen mietrechtlichen Rückgabeanspruch aus. Da grundsätzlich die Nutzung eines Grundstücks durch einen der mehreren Eigentümer nicht zur Entschädigung der anderen Teilhaber verpflichte, könne § 546a BGB nicht eingreifen; der Ausgleich erfolge gem. § 745 Abs. 2 BGB.

> BGH, Urt. v. 15.9.1997 – II ZR 94/96, ZIP 1997, 2049 = ZfIR 1997, 726 = NJW 1998, 372 = ZMR 1998, 26.

621 Dieser Auffassung zufolge kann der Miteigentümer, dem die Gemeinschaft das Grundstück nicht weiter zur Nutzung belassen will, es vorerst uneingeschränkt weiter nutzen, ohne zumindest ein Entgelt in der zuvor vereinbarten Höhe zu schulden. Von der Interessenlage her ist diese Privilegierung des Miteigentümers nicht verständlich.

> Dazu *Gerber*, ZIP 1998, 1196.

622 Ist während des Mietverhältnisses das Mietniveau gefallen, so schuldet der Mieter gleichwohl die Nutzungsentschädigung in Höhe des vereinbarten Mietzinses. Der vor Vertragsende wegen eines Sachmangels nach § 536 BGB geminderte Mietzins ist weiterzuzahlen. Hingegen sinkt die Nutzungsentschädigung gem. § 546a BGB nicht, wenn das Mietobjekt erst nach Vertragsbeendigung mangelhaft wird.

> BGH, Urt. v. 21.2.1990 – VIII ZR 116/89, NJW-RR 1990, 884.

623 Soweit der Mieter die Miete zuzüglich Umsatzsteuer schuldet, gilt dies auch für die Entschädigung nach § 546a BGB, weil steuerrechtlich ein Leistungsaustausch vorliegt.

> BGH, Urt. v. 11.5.1988 – VIII ZR 213/82, BGHZ 104, 285
> = ZIP 1988, 917 = NJW 1988, 2665,
> dazu EWiR 1988, 975 *(Weiß)*;
> BGH, Urt. v. 22.3.1989 – VIII ZR 155/88, ZIP 1989, 647 = NJW 1989, 1730,
> dazu EWiR 1989, 549 *(v. Westphalen)*;
> BGH, Urt. v. 6.12.1995 – XII ZR 228/93, NJW-RR 1996, 460,
> dazu EWiR 1996, 255 *(Sternel)*;
> BGH, Urt. v. 22.10.1997 – XII ZR 142/97, NZM 1998, 192
> = MDR 1998, 9;
> Erlass des Bundesfinanzministers v. 15.7.1981, BB 1981, 1447.

624 Ob der Rückgabeanspruch ohne den Anspruch auf Nutzungsentschädigung wegen Vorenthaltung der Mietsache gem. § 546a BGB n. F. und umgekehrt letzterer ohne den Rückgabeanspruch abgetreten werden können, ist nach Auffassung des BGH zweifelhaft. Jedenfalls wirkt ein etwaiger Verzicht des Vermieters im Zweifel nicht gegen den Erwerber, dem der Vermieter den Rückgabeanspruch abgetreten hatte.

> BGH, Urt. v. 13.1.1999 – XII ZR 208/96, NZM 1999, 371.

3. Vorzeitige Rückgabe des Mietgrundstücks mit werterhöhenden Investitionen des Mieters

Der Mieter, der in die Mieträume investiert, erwartet regelmäßig Ersatz sei- **625** ner Aufwendungen. Dem steht ebenfalls regelmäßig entgegen, dass die Verwendungen nicht notwendig waren und Ansprüche wegen Geschäftsführung ohne Auftrag scheitern, weil der Mieter im eigenen Interesse investiert. Wenn er seinen Aufwand in der vereinbarten Vertragslaufzeit amortisieren kann, besteht kann Anlass, den Mieter nachträglich auf Kostenerstattung in Anspruch zu nehmen.

Jedoch ist der Vermieter, der infolge vorzeitiger Vertragsbeendigung in den **626** Genuss der werterhöhenden Maßnahmen des Mieters gelangt, auf Kosten des Mieters „in sonstiger Weise" gem. § 812 BGB ungerechtfertigt bereichert. Die Bereicherung besteht nicht in dem Zeitwert der Aufwendungen bei Rückgabe des Mietobjekts, sondern in der Erhöhung des Ertragswerts des Grundstücks.

> BGH, Urt. v. 22.5.1967 – VIII ZR 25/65, NJW 1967, 2255;
> BGH, Urt. v. 4.4.1990 – VIII ZR 71/89, NJW 1990, 1789,
> dazu EWiR 1990, 1081 (*Reuter*);
> BGH, Urt. v. 20.1.1993 – VIII ZR 22/92, NJW-RR 1993, 522;
> BGH, Urt. v. 5.10.2005 – XII ZR 43/02, ZfIR 2006, 92
> (mit Anm. *Schmid*) = NZM 2006, 15 = ZMR 2006, 185,
> dazu EWiR 2006, 101 (*H.-G. Eckert*);
> BGH, Urt. v. 29.4.2009 – XII ZR 66/07, BGHZ 180, 293 = ZfIR
> 2009, 607 (m. Anm. *Jaeger*, S. 609) = NJW 2009, 2374 = NZM
> 2009, 514.

Eine Bereicherung des Vermieters liegt auch dann vor, wenn die Weiterver- **627** mietung zu einer höheren Miete wegen von ihm zu vertretender Sachmängel nicht gelingt.

> BGH, Urt. v. 5.10.2005 – XII ZR 43/02, ZfIR 2006, 92
> (mit Anm. *Schmid*) = NZM 2006, 15 = ZMR 2006, 185,
> dazu EWiR 2006, 101 (*H.-G. Eckert*).

XIII. Veräußerung des Mietgrundstücks

1. Voraussetzungen des Eintritts des Erwerbers in das Mietverhältnis

a) Eigentum des Vermieters

Unerlässliche Voraussetzung für den Eintritt des Erwerbers in das Mietver- **628** hältnis ist die Identität zwischen Vermieter und Eigentümer. Daher kann sich ein Mieter nicht auf § 566 BGB stützen, wenn er mit einem Grundstücksbesitzer, zu dessen Gunsten eine Auflassungsvormerkung eingetragen war, einen Mietvertrag abgeschlossen hat, die Vormerkung aber nicht zum Eigentum erstarkt, weil das Grundstück überhaupt nicht oder an einen Dritten übereignet wird.

> BGH, Urt. v. 12.3.2003 – XII ZR 18/00, BGHZ 154, 171 = ZIP
> 2003, 1658 = ZfIR 2003, 632 = NJW 2003, 2158 = NZM 2003,
> 476 = ZMR 2003, 647.

War der Miteigentümer mit der Vermietung einverstanden und gehen in **629** Kenntnis der Eigentumsverhältnisse Veräußerer und Erwerber von dessen Eintritt in das Mietverhältnis aus, ist diese gar beabsichtigt, so soll § 566 BGB eingreifen.

> BGH, Urt. v. 9.4.2008 – XII ZR 89/06, NJW 2008, 2181 = NZM
> 2008, 484 = ZMR 2008, 701.

Die reale Teilung des Grundstücks und Veräußerung der Teile an verschie- **630** dene Erwerber bewirken nicht die Teilung des Mietverhältnisses in mehrere auf die einzelnen Grundstücke bezogene Mietverhältnisse. Es bleibt bei einem einheitlichen Mietvertrag, der nunmehr mit mehreren Vermietern fortbesteht.

> BGH, Urt. v. 28.9.2005 – VIII ZR 399/03, NJW 2005, 3494
> = NZM 2005, 907.

b) Überlassung des Mietobjekts

Das Mietverhältnis geht nicht auf den neuen Eigentümer über, wenn der **631** Mieter vor dem Eigentümerwechsel den Besitz des Mietobjektes aufgegeben oder es dem Vermieter vorzeitig zurückgegeben hat.

> BGH, Urt. v. 4.4.2007 – VIII ZR 219/06, ZfIR 2007, 764
> (m. Anm. *Eckert*, S. 766) = NJW 2007, 1818 = NZM 2007, 441;
> BGH, Urt. v. 16.1.2009 – VIII ZR 313/08, MDR 2010, 375
> = NJW 2010, 1068.

c) Eigentumswechsel

§ 566 BGB knüpft an den Eigentümerwechsel an, gleichgültig auf welchem **632** Rechtsgrund er beruht. Auch der Eigentumswechsel kraft Gesetzes löst die Rechtsfolgen der §§ 566 ff BGB aus.

BGH, Urt. v. 9.7.2008 – VIII ZR 280/07, NJW 2008, 2773
= NZM 2008, 726 = ZMR 2008, 881.

633 Maßgeblich sind die Eintragung im Grundbuch (§ 873 BGB) oder bei Zwangsversteigerung der Zuschlag. Ohne Bedeutung sind der Übergang der Gefahr, Nutzungen und Lasten auf den Käufer gem. § 446 BGB

BGH, Urt. v. 2.7.2003 – XII ZR 34/02, NZM 2003, 716 = ZMR
2003, 732;
BGH, Urt. v. 3.12.2003 – XII ZR 238/01, NZM 2004, 301

sowie der Termin, zu dem Vermieter und Erwerber den Übergang der Rechte und Pflichten aus dem Mietverhältnis vereinbaren.

634 Die Eintragung einer Auflassungsvormerkung zugunsten des Erwerbers verlegt die maßgebliche Zäsur nicht nach vorn. Vermietet der Veräußerer noch als Grundstückseigentümer nach Eintragung der Auflassungsvormerkung das Grundstück, so tritt der Erwerber in das Mietverhältnis ein, denn es besteht im Zeitpunkt des Eigentümerwechsels. Der neue Eigentümer kann nicht einwenden, der Veräußerer habe das Grundstück vermietet, als er dazu nicht mehr berechtigt war. § 883 Abs. 2 BGB findet keine Anwendung.

BGH, Urt. v. 19.10.1988 – VIII ZR 22/88, NJW 1989, 451
= ZMR 1989, 57.

635 Umgekehrt kann sich ein Mieter nicht auf § 566 BGB stützen, wenn er mit einem Grundstücksbesitzer, zu dessen Gunsten eine Auflassungsvormerkung eingetragen war, einen Mietvertrag abgeschlossen hat, die Vormerkung aber nicht zum Eigentum erstarkt, weil das Grundstück überhaupt nicht oder an einen Dritten übereignet wird.

BGH, Urt. v. 12.3.2003 – XII ZR 18/00, BGHZ 154, 171 = ZIP
2003, 1658 = ZfIR 2003, 632.

636 Bei Veräußerung des Grundstücks an mehrere Erwerber treten diese in das Mietverhältnis ein und haben als Gesamtschuldner die Vertragspflichten zu erfüllen. Die reale Teilung des Grundstücks und Veräußerung der Teile an verschiedene Erwerber bewirken nicht die Teilung des Mietverhältnisses in mehrere auf die einzelnen Grundstücke bezogene Mietverhältnisse. Es bleibt bei einem einheitlichen Mietvertrag, der nunmehr mit mehreren Vermietern fortbesteht.

BGH, Urt. v. 28.9.2005 – VIII ZR 399/03, NJW 2005, 3494
= NZM 2005, 907.

637 Keine Veräußerung i. S. d. § 566 BGB sind die Auflösung der Miteigentümergemeinschaft und Begründung von Teileigentum (§ 3 WEG) durch mehrere Vermieter, die Miteigentümer des Grundstücks sind; sie bleiben Vermieter der nunmehr in Alleineigentum stehenden Mieteinheiten.

BGH, Beschl. v. 6.7.1994 – VIII ARZ 2/94, BGHZ 126, 357
= ZIP 1994, 1451 = ZMR 1994, 534,
dazu EWiR 1994, 1073 (Sternel).

2. Zwischenphase zwischen kaufrechtlichem Gefahr- und Lastenübergang und Eintritt des Erwerbers in das Mietverhältnis

Zur Überbrückung der Schwebezeit bis zum gesetzlichen Eintritt des Erwer- **638** bers in das Mietverhältnis kann der Vermieter seine Ansprüche an ihn abtreten. Eine solche Abtretung ist in aller Regel nicht schon in der Vereinbarung der Kaufvertragsparteien zum Übergang von Besitz und Nutzungen enthalten.

> BGH, Urt. v. 2.7.2003 – XII ZR 34/02, NZM 2003, 716 = ZMR
> 2003, 732.

Insbesondere kann der Grundstücksverkäufer den Erwerber ermächtigen, **639** schon vor Vollendung des Eigentumswechsels den Mietvertrag im eigenen Namen zu kündigen.

> BGH, Urt. v. 10.12.1997 – XII ZR 119/96, ZfIR 1998, 135
> = NJW 1998, 896 = NZM 1998, 146 = ZMR 1998, 214,
> dazu EWiR 1998, 249 (Sternel);
> BGH, Urt. v. 11.9.2002 – XII ZR 187/00, NZM 2002, 950
> = ZMR 2002, 907,
> dazu EWiR 2002, 951 (H.-G. Eckert).

Auch kann der (Noch-)Vermieter den Erwerber zur Erhaltungs- und Ver- **640** besserungsmaßnahmen ermächtigen.

> BGH, Urt. v. 13.2.2008 – VIII ZR 105/07, ZfIR 2008, 418
> (mit Anm. H.-G. Eckert, S. 421) = NZM 2008, 283 = ZMR
> 2008, 519.

3. Auf den Erwerber übergehende Rechte und Pflichten

a) Gewährleistung

Mängel der Mietsache, mit denen sie bei seinem Eintritt in das Mietverhältnis **641** behaftet ist, hat der Erwerber zu beheben, denn die Gebrauchsüberlassungspflicht ist eine Dauerverpflichtung, die quasi jeden Tag neu entsteht.

> BGH, Urt. v. 19.6.2006 – VIII ZR 284/05, NZM 2006, 696
> = ZMR 2006, 761.

Umgekehrt ist nach Eintritt des Erwerbers der Veräußerer nicht mehr zur **642** Mangelbeseitigung verpflichtet, so dass der Mieter ihm gegenüber die Zahlung aus früherer Zeit rückständiger Mieten nicht verweigern kann.

> BGH, Urt. v. 19.6.2006 – VIII ZR 284/05, NZM 2006, 696
> = ZMR 2006, 761.

Jedoch haftet der Erwerber, wenn nach seinem Eintritt in das Mietverhältnis **643** der Schaden eintritt oder die Aufwendungen zur Mangelbeseitigung anfallen, denn die einmal eingetretene Verzugslage wirkt ohne wiederholte Mahnung gegen ihn

> BGH, Urt. v. 9.2.2005 – VIII ZR 22/04, NJW 2005, 1187
> = NZM 2005, 253 = ZMR 2005, 354.

b) Mietvorauszahlung

644 Eine Mietvorauszahlung oder ein Baukostenzuschuss, die bestimmungsgemäß zum Aufbau oder zur Herstellung des Mietobjekts verwendet wurden, soll nach ständiger Rechtsprechung unabhängig von §§ 566b, 566c BGB gegen den Erwerber wirken, weil die unter ihrem Einsatz geschaffenen Werte ihm zugutekommen.

> BGH, Urt. v. 6.6.1952 – V ZR 79/51, BGHZ 6, 202 = NJW 1952, 867;
> BGH, Urt. v. 11.7.1962 – VIII ZR 98/61, BGHZ 37, 346 = NJW 1962, 1860;
> BGH, Urt. v. 29.10.1969 – VIII ZR 130/68, BGHZ 53, 35 = NJW 1970, 93;
> BGH, Beschl. v. 13.6.2002 – IX ZR 26/01, ZfIR 2002, 849 = NZM 2002, 758.

645 Wegen des häufigen Missbrauchs dieser Rechtsprechung durch konklusives Zusammenwirken von Vermieter und Mieter und nach Abschaffung des § 57c ZVG mit Wirkung ab 1.1.2007 sollte diese nicht mehr zeitgemäße Rechtsprechung aufgegeben werden.

> *Wolf/Eckert/Ball*, Rz. 1393;
> *Keller*, ZfIR 2008, 349, 353;
> *H.-G. Eckert*, ZfIR 2008, 453;
> *Dötsch*, NZI 2009, 713;
> a. A. *Bergsdorf/Thrum*, ZfIR 2007, 164.

c) Betriebskosten

646 War die Abrechnungsperiode vor dem Vermieterwechsel abgeschlossen, ohne dass die Abrechnung vorliegt, so bleibt der Veräußerer abrechnungspflichtig, auch wenn die Abrechnung zur Zeit des Eigentumswechsel noch nicht fällig ist. Der Nachzahlungsanspruch steht ihm zu, weil er den Mietgebrauch gewährt und die durch die Vorauszahlungen vorläufig abgedeckten Kosten zu tragen hatte. Umgekehrt bleibt er rückzahlungspflichtig.

> BGH, Urt. v. 14.9.2000 – III ZR 211/99, NZM 2001, 158 = ZMR 2001, 17;
> BGH, Urt. v. 3.12.2003 – VIII ZR 168/03, NJW 2004, 851 = NZM 2004, 188;
> BGH, Beschl. v. 29.9.2004 – XII ZR 148/02, ZfIR 2005, 56 = NZM 2005, 17 = ZMR 2005, 37.

d) Abwicklung des Mietverhältnisses

647 Nach § 566a BGB ist der Erwerber zur Rückerstattung der Kaution auch dann verpflichtet, wenn der Veräußerer sie ihm nicht überlassen hat. Bei Veräußerungen vor dem Inkrafttreten der Neuregelung (1.9.2001) bleibt wegen des Vertrauensschutzes die frühere Rechtslage maßgebend.

> BGH, Urt. v. 9.3.2005 – VIII ZR 17/04, NJW 2005, 1429 = NZM 2005, 376;

BGH, Urt. v. 16.11.2005 – XII ZR 124/03, ZfIR 2006, 472
= NJW-RR 2006, 443 = NZM 2006, 179.

Bei Verkauf des Mietgrundstücks vor dem 1.9.2001 und Eigentumswechsel **648**
danach gilt ebenfalls die frühere Rechtslage.

BGH, Urt. v. 24.6.2009 – XII ZR 145/07, NJW-RR 2009, 1164
= NZM 2009, 615.

Der Bereicherungsanspruch des Mieters wegen vorzeitiger Vertragsbeendi- **649**
gung (dazu Rz. 626) richtet sich gegen den Erwerber, weil er vorzeitig das
Mietobjekt zurückerlangt und von der Werterhöhung profitiert.

BGH, Urt. v. 5.10.2005 – XII ZR 43/02, ZfIR 2006, 92
(mit Anm. *Schmid*) = NZM 2006, 15,
dazu EWiR 2006, 101 *(H.-G. Eckert)*.

Dies soll auch nach Erwerb in der Zwangsversteigerung gelten. **650**

BGH, Urt. v. 29.4.2009 – XII ZR 66/07, BGHZ 180, 293 = ZfIR
2009, 607 (m. Anm. *Jaeger*, S. 609) = NJW 2009, 2374 = NZM
2009, 514;
BGH, Urt. v. 16.9.2009 – XII ZR 72/07, NZM 2009, 783 = ZMR
2010, 104.

Hiergegen bestehen Bedenken, wenn der Ersteher das Mietverhältnis nach **651**
§ 57a ZVG außerordentlich kündigt, denn er ist, anders als der rechtsge-
schäftliche Erwerber, nicht an die vereinbarte Vertragslaufzeit gebunden.

H.-G. Eckert, NZM 2009, 768.

4. Beendigung des Mietverhältnis vor Veräußerung des Mietobjekts

In Grenzen tritt der Erwerber in das Rückabwicklungsverhältnis entspre- **652**
chend § 566 BGB in das Abwicklungsverhältnis ein, wenn der Mieter das
Mietobjekt vor dem Eigentümerwechsel nicht zurückgegeben hatte.

BGH, Urt. v. 28.6.1978 – VIII ZR 139/77, BGHZ 72, 147
= NJW 1978, 2148 = MDR 1979, 134 = ZMR 1979, 78,
zum Schadensersatz wegen Rückgabeverzugs.

Ein Bedürfnis für eine entsprechende Anwendung des § 566a BGB besteht **653**
nicht, wenn der Mieter die Mietsache vor dem Eigentumswechsel zurückgegeben hat, der Kautionsrückzahlungsanspruch, etwa wegen der ausstehenden
Abrechnung der Betriebskosten, noch nicht fällig ist.

BGH, Urt. v. 4.4.2007 – VIII ZR 219/06, ZfIR 2007, 764
(m. Anm. *Eckert*, S. 766) = NZM 2007, 441 = ZMR 2007, 529.

Ob der Erwerber die Kaution zurückzuzahlen hat, wenn das Mietverhältnis **654**
zwar vor der Grundstücksveräußerung endet, der Mieter die Miträume jedoch noch nicht zurückgegeben hat, hat der BGH bislang nicht entschieden.

XIV. Untermiete

1. Erlaubnis des Vermieters

Grundsätzlich ist bei der gewerblichen Miete der Vermieter nicht ver- **655** pflichtet, dem Mieter die Untervermietung zu gestatten. Ob dieser die Sache während der gesamten Vertragszeit entsprechend seinen bei Vertragsschluss bestehenden Erwartungen nutzen kann, ist sein Risiko. Eine Ausnahme von diesem Grundsatz gilt nach § 46 SchuldRAnpG für bestimmte Verträge in den neuen Bundesländern, wenn der „Nutzer" auf dem Grundstück bis 2.10.1990 mit Billigung staatlicher Stellen ein Wohn- und gewerblichen Zwecken dienendes Bauwerk errichtet, mit dem Bau begonnen oder ein solches Bauwerk vertraglich vom vorherigen Nutzer übernommen hat. Den Belangen des Mieters trägt § 540 Abs. 1 Satz 2 BGB Rechnung, indem er ihm für den Fall der grundlosen Verweigerung der Erlaubnis (d. h., wenn nicht in der Person des vorgesehenen Untermieters ein wichtiger Grund vorliegt) ein Recht zur außerordentlichen Kündigung zubilligt.

Damit der Vermieter beurteilen kann, ob er die Erlaubnis zur Untervermie- **656** tung aus in der Person des vorgesehenen Untermieters liegenden Gründen verweigern kann, ohne deshalb eine außerordentliche Kündigung zu riskieren, kann er von dem Hauptmieter Angaben zur Person des Untermieters verlangen. Auf Nachfrage z. B. auch Angaben dazu, ob der Untermieter als unverträglich bekannt oder mit anderen Mietern verfeindet ist, eventuell – wegen möglicher Konkurrenzprobleme – welches Gewerbe er ausüben will. Jedenfalls dann, wenn der Hauptmieter eine Betriebspflicht übernommen hat, kann der Vermieter auch Angaben zu den wirtschaftlichen Verhältnissen des Untermieters verlangen.

> BGH, Urt. v. 15.11.2006 – XII ZR 92/04, ZfIR 2007, 343
> (m. Anm. *Hildebrandt*, S. 346) = NZM 2007, 127 = NJW 2007,
> 288 = ZMR 2007, 184.

Ob bei der gewerblichen Vermietung der Vermieter generell Angaben über **657** die wirtschaftlichen Verhältnisse des Untermieters verlangen kann, lässt der Senat ausdrücklich offen.

Die häufige vorformulierte Klausel, der Mieter sei nur mit Zustimmung des **658** Vermieters zur Untervermietung berechtigt, wiederholt nur die gesetzliche Regelung und hat keine weitergehende Wirkung als § 540 Abs. 1 Satz 1 BGB, belässt somit dem Mieter das Sonderkündigungsrecht des Mieters bei grundloser Verweigerung der Untermieterlaubnis.

Eine Klausel, die das Kündigungsrecht ausschließt, hat der BGH in einem **659** Leasingvertrag gebilligt. Seine Argumentation ist vorrangig auf die typische Vertragsgestaltung des Leasings zugeschnitten; gleichwohl führt der Senat allgemein aus, dass der Vermieter es auch bei Abschluss eines Formularvertrages in der Hand haben sollte, die Art und Weise des Mietgebrauchs in jeder Hinsicht festzulegen.

> BGH, Urt. v. 4.7.1990 – VIII ZR 288/89, ZIP 1990, 1133 = WM
> 1990, 1620 = NJW 1990, 3016,
> dazu EWiR 1990, 971 *(H.-G. Eckert)*.

660 Im Bereich der Geschäftsraummiete hält der XII. Zivilsenat des BGH den formularmäßigen Ausschluss des Sonderkündigungsrechts für unangemessen, wenn eine Untervermietung nach der Vertragsgestaltung zwar nicht untersagt ist, der Vermieter jedoch die Erlaubnis nach Belieben verweigern kann.

> BGH, Urt. v. 24.5.1995 – XII ZR 172/94, ZIP 1995, 1091 = NJW
> 1995, 2034,
> dazu EWiR 1995, 751 *(H.-G. Eckert)*.

661 Gerade bei der Geschäftsraummiete, so führt er aus, bei der langfristige Verträge üblich seien und das Risiko für den geschäftlichen Erfolg allein der Mieter zu tragen habe, sei dessen Interesse anzuerkennen, durch Untervermietung Verluste abzuwenden, die ihm bei unvorhergesehenen wirtschaftlichen Entwicklungen wegen nicht mehr sinnvoller Nutzbarkeit der Räume drohten. Die Belange des Vermieters würden nach der gesetzlichen Regelung dadurch hinreichend berücksichtigt, dass der Mieter nicht vorzeitig kündigen könne, wenn in der Person des Untermieters ein wichtiger Grund für die Versagung der Untervermieterlaubnis vorliege.

662 Die Ausübung dieses außerordentlichen Kündigungsrechts ist rechtsmissbräuchlich, wenn dem kündigenden Hauptmieter bekannt ist, dass der von ihm benannte Untermieter gar nicht mieten will.

> BGH, Urt. v. 11.11.2009 – VIII ZR 294/08, NZM 2010, 120
> = MDR 2010, 200.

663 Bei der Pacht ist das Sonderkündigungsrecht wegen Verweigerung der Erlaubnis zur Untervermietung nach § 584a Abs. 1 BGB ausgeschlossen. Das OLG Düsseldorf hatte in dem der Entscheidung des BGH vom 24.5.1995 vorausgegangenen Berufungsurteil seine entgegengesetzte Ansicht auf diese Regelung gestützt.

> OLG Düsseldorf, Urt. v. 27.6.1994 – 10 U 152/93, BB 1994,
> 1521.

664 Auch der BGH bezieht sie in seine Argumentation ein: Bei der Pacht könne der Pächter nicht damit rechnen, auf eine Unterverpachtung ausweichen zu können, während der Mieter erwarten könne, dass ihm die Untervermietung gestattet werde, sofern nicht berechtigte Gründe in der Person des Untermieters entgegenstehen. Wenn der Vermieter die Untervermieterlaubnis nach freiem Belieben sanktionslos verweigern könne, bestehe die Gefahr, dass er für die Erlaubnis zusätzliche Leistungen fordere. Der ausgewogene Interessenausgleich der gesetzlichen Regelung werde empfindlich gestört, wenn der Mieter bei Versagung der – nicht von vornherein ausgeschlossenen – Untervermieterlaubnis an den Vertrag gebunden bleibe.

Nach dem Urteil des BGH vom 24.5.1995 dürfte demnach eine Formular- **665** klausel, die eine der Pacht ähnliche Situation schafft und dem Mieter von vornherein die Untervermietung verbietet – also erst keine Hoffnung aufkommen lässt –, der Inhaltskontrolle standhalten.

Zweifelsfrei unangemessen benachteiligt wird der Mieter durch eine Klausel, **666** in der sich der Vermieter ausbedingt, die einmal erteilte Erlaubnis jederzeit ohne Grund widerrufen zu dürfen; sie hindert den Mieter, im Rahmen der Untervermietung disponieren zu können.

> BGH, Urt. v. 11.2.1987 – VIII ZR 56/86, ZIP 1987, 517 = NJW 1987, 1692, dazu EWiR 1987, 557 *(H.-G. Eckert)*.

Verweigert der Vermieter die Erlaubnis zur Untervermietung, so macht er **667** sich hierdurch, sofern er nicht ausnahmsweise aufgrund der besonderen Vertragsgestaltung zur Erteilung der Erlaubnis verpflichtet war, nicht schadensersatzpflichtig. Der Mieter kann kündigen; weitere Rechte hat er nicht. Die gesetzliche Regelung ist eindeutig.

> OLG Düsseldorf, Urt. v. 29.4.1993 – 10 U 179/92, EWiR 1993, 755 *(H.-G. Eckert)*.

Streitig ist, ob es als Verweigerung der Erlaubnis zur Untervermietung anzu- **668** sehen ist (mit der Folge, dass das Sonderkündigungsrecht besteht), wenn der Mieter um die Erlaubnis nachgesucht und alle notwendigen Angaben zur Person des Untermieters gemacht hat, der Vermieter aber (lediglich) schweigt. Nach dem Kammergericht jedenfalls dann nicht, wenn der Mieter nicht eine Frist gesetzt und angekündigt hat, er werde Schweigen nach Ablauf der Frist als Verweigerung der Zustimmung werten.

> KG, Urt. v. 11.10.2007 – 8 U 34/07, NZM 2008, 287 = ZMR 2008, 128 m. N.

Trotz Untervermieterlaubnis braucht der Vermieter eine weitere Unterver- **669** mietung durch den Untermieter nicht zu dulden; er kann das Mietverhältnis nach Abmahnung fristlos kündigen, wenn der Mieter die unerlaubte Untervermietung durch seinen Untermieter nicht verhindert.

> OLG Hamm, Urt. v. 17.1.1992 – 30 U 36/91, NJW-RR 1992, 783.

Enthält der Hauptmietvertrag keine Regelung über die Zulässigkeit einer **670** Untervermietung und schließt der Hauptmieter einen Untermietvertrag ab, ohne zuvor die nach § 540 Abs. 1 BGB erforderliche Erlaubnis des Hauptvermieters einzuholen, so hat der Hauptmieter grundsätzlich dafür einzustehen, dass die Erlaubnis nachträglich erteilt wird. Ein Rechtsmangel entsteht allerdings erst dann, wenn der Hauptvermieter die Erlaubnis verweigert und seine Rechte in einer Weise geltend macht, die zu einer Beeinträchtigung des Gebrauchs durch den Untermieter führt.

671 Die Gewährleistung wegen eines solchen Rechtsmangels ist nach der Rechtsprechung des BGH zum alten Recht nach §§ 541, 539 BGB a. F. (§§ 536, 536b Satz 1 BGB n. F.) wegen Kenntnis des Mieters nicht schon dann ausgeschlossen, wenn der Untermieter bei Abschluss des Untermietvertrages wusste, dass die Erlaubnis zur Untervermietung erforderlich und noch nicht erteilt war. Kenntnis von dem Rechtsmangel i. S. d. §§ 536, 536b Satz 1 BGB hatte der Untermieter danach nur, wenn er sich darüber im Klaren war, dass der Hauptvermieter sein Recht möglicherweise geltend machen werde und wenn er das Risiko, das damit für ihn verbunden war, bewusst in Kauf nahm.

> BGH, Urt. v. 4.12.1995 – XII ZR 215/94, WM 1995, 2195
> = ZMR 1996, 15 = NJW 1996, 46,
> dazu EWiR 1996, 159 *(Sternel)*.

672 Ob diese Rechtsprechung zum neuen Recht uneingeschränkt aufrechterhalten werden kann, erscheint fraglich, weil nun (anders als beim alten Recht) nicht nur positive Kenntnis von dem Rechtsmangel schadet, sondern auch grob fahrlässige Unkenntnis.

673 Bei unberechtigter Untervermietung (ohne Erlaubnis des Vermieters) hat der Vermieter (auch) keinen gesetzlichen Anspruch auf Zahlung eines Untermietzuschlages oder auf Herausgabe des von dem Mieter durch die Untervermietung erzielten Mehrerlöses.

> BGH, Urt. v. 13.12.1995 – XII ZR 194/93, BGHZ 131, 297
> = ZIP 1996, 232 = NJW 1996, 838,
> dazu EWiR 1996, 253 *(H.-G. Eckert)*.

674 Von einer Untervermietung zu unterscheiden ist die schlichte Beteiligung eines Dritten an dem vertragsgemäßen Gebrauch der Mietsache (z. B. Aufnahme eines zusätzlichen Sozius). Diese zu dulden kann der Vermieter je nach Interessenlage verpflichtet sein.

2. Haftung des Mieters für die Beschädigung oder Zerstörung der Mietsache durch den Untermieter

675 § 540 Abs. 2 BGB sichert den Vermieter insofern ab, als der Mieter ihm gegenüber jedes Verschulden des Untermieters zu vertreten hat. Der Wortlaut der Vorschrift ist eindeutig. Er unterscheidet nicht zwischen Vorsatz und Fahrlässigkeit und enthält auch sonst keine Einschränkungen.

676 Gleichwohl traten Teile des Schrifttums dafür ein, die Haftung des Mieters in der Weise einzugrenzen, dass er nur das typische Gebrauchsrisiko zu tragen hat, er also nur für solche Schäden haften soll, die in Zusammenhang mit dem Mietgebrauch entstehen. Auch wird die Haftung des Mieters für vorsätzliches schädigendes Verhalten des Untermieters abgelehnt.

677 Der BGH folgt dem nicht und weist auch einen Ausschluss der Haftung des Mieters für vorsätzliches Verhalten des Untermieters zurück.

BGH, Urt. v. 17.10.1990 – VIII ZR 213/89, BGHZ 112, 307
= ZIP 1990, 1480 = WM 1991, 106 = NJW 1991, 489,
dazu EWiR 1991, 33 *(H.-G. Eckert)*;
so auch OLG München, Urt. v. 5.2.1986 – 7 U 490/85, NJW-RR
1987, 727.

Der Fall betraf einen extremen Exzess des Untermieters; dieser hatte in den **678** Mieträumen vorsätzlich eine Explosion ausgelöst. Es kommt allein darauf an, so die knappe Begründung des Senats, ob es sich um ein Verschulden des Untermieters „bei dem Gebrauch" der Mietsache handelt oder nicht. Sind ihm die Räume überlassen, so gehört der Aufenthalt in den Räumen zu ihrem Gebrauch. Alles was der Dritte in den Räumen tut, geschieht folglich „bei dem Gebrauch". Die Ausführungen des BGH betreffen nur das schädigende Verhalten des Untermieters in den Mieträumen; schädigende Einwirkungen von außen oder in nicht vermieteten, aber zwangsläufig mitbenutzten Teilen des Mietgrundstücks waren nicht zu beurteilen.

3. Vorenthaltung nach Beendigung des Hauptmietverhältnisses

Nach Beendigung des Untermietverhältnisses steht dem Hauptmieter gegen **679** den Untermieter kein Anspruch auf Nutzungsentschädigung nach § 546a Abs. 1 BGB (mehr) zu, wenn auch das Hauptmietverhältnis beendet ist. Denn nach Beendigung des Hauptmietverhältnisses hat der Hauptmieter keine eigene Nutzungsberechtigung mehr. Allerdings kommt ein Anspruch des Hauptmieters/Untervermieters auf Ersatz des Verzugsschadens (§ 286 BGB) in Betracht, wenn der Untermieter die Mietsache nicht rechtzeitig an ihn (§ 546 Abs. 1 BGB) oder an den Hauptvermieter (§ 546 Abs. 2 BGB) herausgibt.

BGH, Urt. v. 4.10.1995 – XII ZR 215/94, ZMR 1996, 15 = NJW
1996, 46,
dazu EWiR 1996, 159 *(Sternel)*.

4. Ansprüche zwischen Hauptvermieter und Untermieter

Zwischen Hauptvermieter und Untermieter bestehen keine vertraglichen **680** Ansprüche; der Untermieter ist nicht in den Schutzbereich des Hauptmietvertrages einbezogen, auch nicht bei erlaubter Untervermietung.

BGH, Urt. v. 15.2.1978 – VIII ZR 47/77, BGHZ 70, 327 = NJW
1978, 883;
BGH, Urt. v. 20.12.1978 – VIII ZR 69/78, WM 1979, 307.

Das bedeutet z. B., dass der Untermieter gegen den Hauptvermieter keinen **681** Anspruch auf Beseitigung aufgetretener Mängel und dass umgekehrt der Hauptvermieter, wenn er Erhaltungsmaßnahmen durchführen will, keinen Duldungsanspruch gegen den Untermieter hat. Einen solchen Duldungsanspruch gegen den Untermieter hat eventuell der Hauptmieter und von ihm – seinem Vertragspartner – kann der Hauptvermieter verlangen, dass er ihn durchsetzt.

682 Der Untermieter schuldet dem Hauptvermieter Schadensersatz nach § 823 BGB, wenn er die Mietsache schuldhaft beschädigt. Er kann u. U. gegen den Hauptvermieter Verwendungsersatzansprüche geltend machen, zwar nicht nach § 536a Abs. 2 BGB, aber wegen ungerechtfertigter Bereicherung oder Geschäftsführung ohne Auftrag.

683 Problematisch ist, welche Verjährungsregel im Verhältnis zwischen Hauptvermieter und Untermieter gilt. Kann § 548 Abs. 1 BGB mangels vertraglicher Beziehungen nicht eingreifen, so verjährt der deliktische Anspruch des Vermieters gegen den Untermieter nach § 199 Abs. 2–4 BGB erst in 10 bzw. 30 Jahren, obwohl der inhaltsgleiche Anspruch des Vermieters gegen den Mieter nach § 548 Abs. 1 BGB in sechs Monaten nach Rückgabe der Mietsache verjährt. Hat der Untermieter dem Mieter die Sache zurückgegeben, kann er Schadensersatzansprüche des Mieters – seines Vertragspartners – wegen Verschlechterung der Mietsache nach sechs Monaten mit der Verjährungseinrede abwehren, nicht aber gleiche Forderungen des Vermieters. Entsprechendes gilt für den Verwendungsersatz. Der Untermieter, der seine Forderung gegen seinen Vertragspartner hat verjähren lassen, kann gleichwohl noch den Hauptvermieter in Anspruch nehmen, sofern die Anspruchsvoraussetzungen im Übrigen erfüllt sind. Auch muss der Vermieter damit rechnen, dass trotz Verjährung der Verwendungsersatzforderung des Mieters der Untermieter gegen ihn vorgehen kann.

684 Eine allgemeingültige Lösung ist bisher nicht gefunden worden und auch kaum zu finden. Die Rechtsprechung hat einige Einzelfälle entschieden.

685 Jedenfalls wendet der BGH die Verjährungsregelung des § 548 Abs. 1 BGB auf den Beseitigungsanspruch (§ 1004 BGB) des Eigentümers an, der nicht selbst vermietet, aber die Vermietung durch einen anderen gestattet hat, sowie auf den Schadensersatzanspruch des Hauptvermieters für den Fall, dass der Eigentümer oder Hauptvermieter die (Unter-)Vermietung gestattet hat.

> BGH, Urt. v. 21.3.1997 – V ZR 217/95, ZIP 1997, 985 = ZfIR
> 1997, 340 = NJW 1997 1983,
> dazu EWiR 1997, 587 (H.-G. Eckert),
> unter Hinweis auf
> BGH, Urt. v. 29.3.1978 – VIII 220/76, BGHZ 71, 175 = NJW
> 1978, 1426;
> BGH, Urt. v. 11.12.1991 – XII ZR 269/90, BGHZ 116, 293
> = ZIP 1992, 184 = NJW 1992, 1820,
> dazu EWiR 1992, 657 (H.-G. Eckert).

686 Der Eigentümer, so die Begründung, rechne nämlich damit oder wisse, dass seine Sache von dem Dritten aufgrund Mietvertrags genutzt werde, und ermögliche ihre Überlassung an den Dritten. Aus der Sicht des Mieters sei die Personenverschiedenheit zwischen Vermieter und Eigentümer zufällig. Sei das Verhältnis zwischen Eigentümer und Vermieter auf den Mietvertrag zwischen Vermieter und Mieter abgestimmt, so müsse sich der Mieter gegenüber Ansprüchen des Eigentümers oder Hauptvermieters auf die mietvertragliche Verjährung berufen können.

Obwohl der BGH die Einbeziehung des Untermieters in den Schutzbereich   687
des Mietvertrags auch bei erlaubter Untervermietung nach wie vor ablehnt,
löst er die Verjährungsfrage (aus nachvollziehbaren praktischen Erwägungen) im Ergebnis so, als würde diese Schutzwirkung bestehen. Schadensersatzansprüche des Hauptvermieters gegen den Untermieter verjähren somit
wie die Ansprüche des Untervermieters gegen den Untermieter in der kurzen Verjährungsfrist des § 548 Abs. 1 BGB, wobei die Verjährungsfrist für
Ansprüche des Hauptvermieters schon zu laufen beginnt, wenn der Untervermieter die Sache zurückerhält.

Hat sich der Hauptvermieter dem Untermieter gegenüber unmittelbar zum   688
Verwendungsersatz verpflichtet, so verjährt der Verwendungsersatzanspruch
des Untermieters in sechs Monaten nach Rückgabe gem. § 548 Abs. 2 BGB.
Vgl. zu § 547 BGB a. F.

> BGH, Urt. v. 2.10.1985 – VIII ZR 326/83, WM 1985, 1499
> = NJW 1986, 254,
> dazu EWiR 1985, 955 *(H.-G. Eckert)*.

In den Fällen unerlaubter Untervermietung greift diese Rechtsprechung   689
nicht ein. Auch in diesen Fällen könnte aber die uneingeschränkte Anwendung des § 199 Abs. 2–4 BGB n. F. – jedenfalls im Einzelfall – zu Härten
führen, die kaum hinnehmbar wären.

Trotz eines rechtskräftigen Räumungsurteils des Hauptvermieters gegen den   690
Hauptmieter kann der Untermieter gegenüber einem Herausgabeverlangen
des Hauptvermieters jedenfalls dann nach wie vor geltend machen, der Hauptmieter sei nicht zur Herausgabe verpflichtet, wenn er – der Untermieter – den
unmittelbaren Besitz vor Rechtshängigkeit des Prozesses zwischen Hauptvermieter und Hauptmieter erlangt hat. Insofern besteht keine Rechtskraft-
erstreckung.

> BGH, Urt. 12.7.2006 – XII ZR 178/03, ZfIR 2006, 861 = NZM
> 2006, 699 = ZMR 2006, 763.

5. Ansprüche des Hauptvermieters gegen den Hauptmieter auf Herausgabe von Nutzungen aus dem Untermietverhältnis

Nach Beendigung des Hauptmietverhältnisses und Rechtshängigkeit seines   691
Anspruchs auf Herausgabe der Mietsache kann der Hauptvermieter von dem
Hauptmieter im Rahmen der Herausgabe von Nutzungen nach den §§ 546
Abs. 1, 292 Abs. 2, 987 Abs. 1, 99 Abs. 3 BGB auch die Herausgabe eines
durch die Untervermietung erzielten Mehrerlöses verlangen. Dazu gehört
auch eine „Entschädigung", die der Mieter von dem Untermieter als Abfin-
dung für eine vorzeitige Auflösung des Untermietverhältnisses erhalten hat.

> BGH, Urt. v. 12.8.2009 – XII ZR 76/08, ZfIR 2009, 869
> (m. Anm. *Scheer-Hennings/Beisken*, S. 872) = NZM 2009, 701
> = ZMR 2010, 21.

XV. Gesellschaftsrechtliche Fragen

1. Gesellschaft als Partei des Mietvertrages

Häufig schließen Gesellschaften des bürgerlichen Rechts gewerbliche Miet- **692** verträge ab, und zwar auch auf Mieterseite, insbesondere aber auf Vermieterseite. In der Vergangenheit ergaben sich Probleme daraus, dass nach damaligem Rechtsverständnis nicht die Gesellschaft als solche, sondern die Gesellschafter als Gesamthand berechtigt und persönlich verpflichtet wurden und dass Gesellschafter ausscheiden, hinzukommen oder ersetzt werden konnten. Es konnte u. a. Unklarheit darüber bestehen, in welcher personellen Zusammensetzung die Gesellschaft jeweils Vertragspartner war bzw. haftete.

> Vgl. *Kraemer*, in: Bub/Treier, III Rz. 1009.

Vertragspartner waren regelmäßig für die gesamte Dauer des Mietvertrages **693** die Gesellschafter, die den Vertrag abgeschlossen hatten. Klagen und verklagt werden konnte nicht die Gesellschaft, sondern konnten nur alle Gesellschafter als notwendige Streitgenossen (bzw. als Gesamtschuldner).

Der für Gesellschaftsrecht zuständige II. Zivilsenat des BGH hat 2001 unter **694** Aufgabe der bisherigen Rechtsprechung entschieden, dass die (Außen-)Gesellschaft bürgerlichen Rechts Rechtsfähigkeit besitzt, soweit sie durch Teilnahme am Rechtsverkehr eigene Rechte und Pflichten begründet. Das bedeutet, dass sie mit wechselndem Gesellschafterbestand Vertragspartner werden kann, dass also ihre Stellung als Vertragspartner durch einen Gesellschafterwechsel nicht berührt wird.

In diesem Rahmen ist sie im Zivilprozess parteifähig, kann also als Gesell- **695** schaft klagen und verklagt werden.

Die GbR kann mit der im Gesellschaftsvertrag vorgesehenen Bezeichnung **696** im Grundbuch eingetragen werden, hilfsweise als „Gesellschaft bürgerlichen Rechts bestehend aus . . . (Namen ihrer Gesellschafter)"

> BGH, Beschl. v. 4.12.2008 – V ZB 74/08, BGHZ 179, 102 = ZfIR 2009, 514 = NZM 2009, 199 = ZMR 2009, 296.

Soweit die Gesellschafter für Verbindlichkeiten der Gesellschaft bürgerlichen **697** Rechts persönlich (mit dem eigenen Vermögen) haften, entspricht das Verhältnis zwischen Verbindlichkeit der Gesellschaft und Haftung der Gesellschafter demjenigen bei der OHG.

> BGH, Urt. v. 29.1.2001 – II ZR 331/00, BGHZ 146, 341 = ZIP 2001, 330 (m. Bespr. *Ulmer*, S. 585) = NJW 2001, 1056 = WM 2001, 408,
> dazu EWiR 2001, 341 *(Prütting)*.

Auch nach der neuen Rechtsprechung bleiben zahlreiche Probleme. Sie er- **698** geben sich nicht zuletzt daraus, dass die GbR – anders als z. B. die OHG –

keine „Registerpublizität" hat und dass der Gesellschaftsvertrag formlos geschlossen und geändert werden kann.

699 Probleme bereitet es jedenfalls in vielen Fällen, die GbR im Mietvertrag oder in der Klageschrift eindeutig zu bezeichnen. Die GbR muss keinen Namen und keine Anschrift haben und die Gesellschafter können den Namen jederzeit formlos ändern. Häufig wird man gezwungen sein, zur Identifizierung der Gesellschaft die Namen der Gesellschafter anzugeben. Gerade dies wollte die neue Rechtsprechung aber vermeiden, weil bei großen Gesellschaften nach der alten Rechtsprechung oft ein Rubrum von vielen Seiten erforderlich war.

700 Erklärungen zu einseitigen Rechtsgeschäften (Kündigung, Ausübung des Optionsrechts) müssen von einem (oder mehreren Gesamt-)Vertretungsberechtigten abgegeben werden. Enthält der Gesellschaftsvertrag keine abweichende Regelung, wird die GbR von allen Gesellschaftern gemeinsam vertreten (§§ 709, 714 BGB). Es müssten also alle Gesellschafter gemeinsam kündigen oder eine entsprechende Vollmacht erteilen. Durch Bevollmächtigte vorgenommene einseitige Rechtsgeschäfte kann der Erklärungsempfänger zurückweisen, wenn ihm nicht eine Vollmachtsurkunde (im Original) vorgelegt wird (§ 174 BGB). Ergibt sich die Vertretungsbefugnis z. B. aus dem Gesellschaftsvertrag, muss der für die GbR Handelnde (anders als ein „organschaftlicher" Vertreter) notfalls den Gesellschaftsvertrag vorlegen, um die mögliche Zurückweisung nach § 174 BGB auszuschließen.

> BGH, Urt. v. 9.11.2001 – LwZR 04/01, ZIP 2002, 174 = NZM
> 2002, 125 = ZMR 2002, 893 = NJW 2002, 1194.

701 Bei gegenüber der GbR abzugebenden Erklärungen genügt dagegen die Abgabe gegenüber einem Gesamtvertreter.

> St. Rspr.: zuletzt
> BGH, Urt. v. 10.9.1997 – VIII ARZ 1/97, BGHZ 136, 314 = ZIP
> 1998, 27 = ZfIR 1997, 650 = ZMR 1998, 17 = NZM 1998, 22.

702 Ein Gesellschafter einer GbR ist kraft einer konkludent erteilten Vollmacht befugt, die Gesellschaft allein zu vertreten, wenn ihm von den übrigen Gesellschaftern gestattet worden ist, nahezu sämtliche Verträge (im konkreten Fall: 95 %) allein im Namen der Gesellschaft abzuschließen.

> BGH, Urt. v. 14.2.2005 – II ZR 11/03, ZIP 2005, 524 = WM
> 2005, 563 = NZM 2005, 314,
> dazu EWiR 2005, 629 (Wiedemann/Wimber).

703 Liegt bei einem Vertragsschluss durch eine GbR, bei der entsprechend der gesetzlichen Regelung alle Gesellschafter gesamtvertretungsberechtigt sind, ein Vertretungsmangel vor, kann eine Heilung dieses Mangels nur unter Beteiligung aller Gesellschafter erfolgen.

> OLG Saarbrücken, Urt. v. 13.11.2008 – 8 U 444/07, NZM 2009,
> 663 = NJW-RR 2009, 1488.

Bei der Prüfung, ob das nur von einem der beiden gesamtvertretungsberech- 704
tigten Gesellschafter einer GbR – entgegen § 181 BGB – vorgenommene
Rechtsgeschäft von dem anderen Gesellschafter – eventuell konkludent – ge-
nehmigt wurde, kommt es nur auf dessen Kenntnisstand an.

> BGH, Urt. v. 16.12.2009 – XII ZR 146/07, ZIP 2010, 270 = DB
> 2010, 268 = NZM 2010, 198 (zur Veröffentlichung in BGHZ
> vorgesehen).

Obwohl die Gesellschafter einer GbR für Gesellschaftsverbindlichkeiten per- 705
sönlich haften, können sie nicht zur Abgabe einer Willenserklärung in Anspruch genommen werden, die die GbR schuldet. Eine entsprechende Klage
muss sich deshalb gegen die GbR richten, nicht gegen die Gesellschafter.

> BGH, Urt. v. 25.1.2008 – V ZR 63/07, ZIP 2008, 501 = NZM
> 2008, 264 = WM 2008, 738,
> dazu EWiR 2008, 499 (M. Häublein).

Ein gegen die GbR erstrittenes Urteil ermöglicht nicht die Zwangsvoll- 706
streckung gegen nicht mitverklagte (als Gesamtschuldner haftende) Gesellschafter. Der Versuch einer Vollstreckung in das Gesellschaftsvermögen einer
GbR ist oft nicht erfolgreich, weil die GbR kein oder kein nennenswertes
Vermögen haben muss, weil vorhandenes Vermögen oft schwer aufzufinden
ist und weil die Gesellschaft jederzeit ihren Namen ändern kann. Es empfiehlt sich deshalb, die Gesellschafter oder wenigstens einen oder mehrere
(als solvent eingeschätzte) Gesellschafter mitzuverklagen.

Bei einer erfolglosen Klage einer GbR, die kein nennenswertes Gesellschafts- 707
vermögen hat, ist der Kostentitel des Beklagten wertlos. Bei Aktivprozessen
einer GbR wird deshalb in der Literatur eine Drittwiderklage gegen die Gesellschafter der GbR für zulässig gehalten mit dem Antrag, die als Gesamtschuldner für Verbindlichkeiten der GbR haftenden Gesellschafter im Falle
der Abweisung der Klage zu den Kosten zu verurteilen.

> Kraemer, NZM 2002, 465, 473 m. N.;
> Wolf/Eckert/Ball, Rz. 49.

Ob die Rechtsprechung dies als einen gangbaren Weg ansieht, bleibt abzu- 708
warten.

Der Umstand, dass auf Mieter- oder Vermieterseite mehrere Personen den 709
Mietvertrag abschließen, rechtfertigt nicht die Annahme, Vertragspartner
werde eine GbR. Soll die GbR Vertragspartei werden, müssen die für sie
Handelnden dem Partner gegenüber klarstellen, dass sie für eine GbR mit
u. U. wechselndem Personenbestand abschließen wollen. Andernfalls werden
sie selbst Vertragspartner, und zwar auch dann, wenn sie zuvor bereits eine
GbR gegründet hatten. Auch die Regeln über ein „Geschäft wen es angeht"
dürften in einem solchen Fall wohl nicht eingreifen.

Der Abschluss eines langfristigen Mietvertrages mit einer GbR ist für den 710
Vermieter nicht unproblematisch, weil er damit rechnen muss, dass die der-

zeitigen Gesellschafter ausscheiden und durch andere ersetzt werden, weil er deshalb nicht weiß, mit welchen Personen er es in Zukunft zu tun haben wird und ob, wenn die bisherigen Partner ausgeschieden sind und die Zeit ihrer Nachhaftung abgelaufen ist, die dann aktuellen Gesellschafter solvent sind.

711 Wenn der Vermieter nicht mit einer GbR abschließen will, die GbR aber die Mieträume nutzen soll, kann vereinbart werden, dass Mieter die für die GbR handelnden Personen werden – nicht die GbR –, der GbR die Mietsache aber – Regelung des zulässigen Mietgebrauchs – überlassen werden darf.

712 Die persönliche Haftung der Gesellschafter für Verbindlichkeiten der GbR ergibt sich aus dispositivem Recht, ist also abdingbar. Sie kann aber nicht durch einen einseitigen Akt der Gesellschaft oder der Gesellschafter abbedungen werden (z. B. durch eine entsprechende Klausel im Gesellschaftsvertrag oder den Zusatz: „GbRmbH" im Firmenkopf), sondern nur durch eine individualvertragliche Vereinbarung mit dem Vertragspartner.

> BGH, Urt. v. 27.9.1999 – II ZR 371/98, BGHZ 142, 315 = ZIP 1999, 1755 (m. Anm. *Altmeppen*, S. 1758) = NJW 1999, 3483, dazu EWiR 1999, 1053 *(Keil)*;
> BGH, Urt. v. 23.7.2003 – XII ZR 16/00, NZM 2003, 871 = ZMR 2003, 827;
> und BGH, Urt. v. 24.11.2004 – XII ZR 113/01, NZM 2005, 218 = ZMR 2005, 282.

713 Im Zusammenhang mit dem Abschluss eines Pachtvertrages kann deshalb zwischen dem Verpächter und einer Gesellschaft bürgerlichen Rechts als Pächterin wirksam vereinbart werden, dass die Haftung der Gesellschafter der Pächterin auf das Gesellschaftsvermögen beschränkt sein soll, sie also nicht persönlich haften. Eine solche Vereinbarung stellt keine Vorausverfügung über den Pachtzins i. S. v. §§ 566c, 1124 Abs. 2 BGB dar.

> BGH, Urt. v. 23.7.2003 – XII ZR 16/00, NZM 2003, 871 = ZMR 2003, 827.

714 Haften im Außenverhältnis mehrere BGB-Gesellschafter als Gesamtschuldner für einen Schadenersatzanspruch gegen die Gesellschaft, kann sich dennoch im Innenverhältnis zwischen den Gesellschaftern (§§ 426 Abs. 1, 254 BGB) die Alleinhaftung eines Gesellschafters ergeben, wenn er allein den Schadensersatzanspruch schuldhaft verursacht hat.

> BGH, Urt. v. 9.6.2008 – II ZR 268/07, ZIP 2008, 1915 = WM 2008, 1873.

715 Der Eintritt eines Gesellschafters in den Betrieb eines Einzelkaufmanns und die Fortführung des Geschäfts durch die neu gegründete Gesellschaft führen nicht kraft Gesetzes dazu, dass die Gesellschaft Vertragspartei eines zuvor von dem Einzelkaufmann abgeschlossenen Mietvertrages über die weiter genutzten Geschäftsräume wird. Zu einem solchen Vertragsübergang ist die Mitwirkung des Vermieters erforderlich.

BGH, Urt. v. 25.4.2001 – XII ZR 43/99, ZIP 2001, 1007 = NJW
2001, 2251 = WM 2001, 1623 = MDR 2001, 862,
dazu EWiR 2001, 675 *(H.-G. Eckert)*.

Das gilt unabhängig davon, ob der Vermieter aus besonderen Gründen ver-   716
pflichtet ist, einer bloßen Gebrauchsüberlassung an die gegründete Gesellschaft zuzustimmen.

Vgl. zu einer solchen Fallgestaltung
BGH, Urt. v. 22.1.1955 – VI ZR 70/53, NJW 1955, 1066.

Wird über das Vermögen einer GmbH, die Gewerberäume gemietet hat, das   717
Insolvenzverfahren eröffnet und gründet der Geschäftsführer der GmbH
eine GbR, mit der er in den gemieteten Räumen das Geschäft fortführt, so
wird die GbR zwar nicht Mieterin, sie wird aber dadurch, dass der Geschäftsführer der GmbH den Besitz der GmbH „durch Eigennutzung" in Besitz
der GbR umgewandelt hat, Besitzerin des Mietobjektes und schuldet deshalb
nach den §§ 990,987 BGB eine Nutzungsentschädigung, für die ihre Gesellschafter als Gesamtschuldner haften.

OLG Köln, Urt. v. 4.7.2006 – 22 U 13/06, ZMR 2006, 862.

Dagegen hat das OLG Karlsruhe entschieden, eine GmbH werde kraft Ge-   718
setzes – d. h.: ohne Mitwirkung des Vermieters – Mieterin, wenn das Unternehmen eines Einzelhandelskaufmanns, der Gewerberäume gemietet habe,
gem. § 152 UmwG in eine GmbH umgewandelt werde.

OLG Karlsruhe, Urt. v. 19.8.2008 – 1 U 108/08, NZM 2009, 84.

Eine Revision ist beim BGH anhängig (Az.: XII ZR 147/08). Vgl. hierzu   719
auch

BGH, Urt. v. 27.11.2009 – LwZR 15/09, ZIP 2010, 377 betref-
fend die Umwandlung einer GbR in eine GmbH.

2. Haftung eintretender und ausscheidender Gesellschafter

Ausgeschiedene Gesellschafter haften gem. §§ 736 Abs. 2 BGB, 160 HGB   720
nach ihrem Ausscheiden für fünf Jahre weiter, bei Mietverträgen auch wegen
der in diesem Zeitraum fällig werdenden Verbindlichkeiten der GbR (insbesondere der Miete), und zwar nach neuer Rechtsprechung (unter Aufgabe
der sog. Kündigungstheorie) auch dann, wenn der Gläubiger (im Falle der
Haftung für die Mietforderung: der Vermieter) vor Ablauf der fünf Jahre
hätte kündigen können.

BGH, Urt. v. 27.9.1999 – II ZR 356/98, BGHZ 142, 324 = ZIP
1999, 1967 = NJW 2000, 208.

Neu eingetretene Gesellschafter haften – unter Aufgabe der bisherigen   721
Rechtsprechung – jedenfalls im Regelfall auch für Altschulden der GbR persönlich, nicht nur mit dem Gesellschaftsvermögen. Erwägungen des Vertrauensschutzes gebieten es jedoch, diesen Grundsatz erst auf künftige Fälle

anzuwenden. Die seit langem bestehende gefestigte Rechtsprechung des BGH, wonach der Neugesellschafter einer GbR für deren Altverbindlichkeiten nicht mit seinem Privatvermögen haftet, hat aufseiten der Neugesellschafter schützenswertes Vertrauen dahin begründet, dass sie für Altverbindlichkeiten nicht mit ihrem Privatvermögen einzustehen haben. Aus der Regelung in § 8 PartGG ergibt sich, dass diese Grundsätze auch gelten für eine GbR, die von Angehörigen freier Berufe gegründet worden ist.

> BGH, Urt. v. 7.4.2003 – II ZR 56/02, BGHZ 154, 370 = ZIP 2003, 899 = ZVI 2003, 273 = NJW 2003, 1803, dazu EWiR 2003, 513 *(H. P. Westermann)*.

722 Inzwischen hat der BGH diesen Vertrauensschutz aber eingeschränkt: Der Neugesellschafter kann sich nicht darauf berufen, er habe bei seinem Eintritt in die Gesellschaft auf die vor der Publikation der Entscheidung BGHZ 154, 370 bestehende Rechtslage vertraut, wenn er damals die Altverbindlichkeit, für die er in Anspruch genommen werden soll, kannte oder „bei nur geringer Aufmerksamkeit" hätte erkennen können.

> BGH, Urt. v. 12.12.2005 – II ZR 283/03, ZIP 2006, 82 = WM 2006, 187 = BB 2006, 118 = DB 2006, 151.

723 Allerdings dürfte gerade derjenige, der die Altschulden der Gesellschaft kannte und dennoch beigetreten ist, auf die alte Rechtsprechung vertraut haben.

724 Das OLG Naumburg leitet eine Haftung des neu als Sozius in die Kanzlei eines Einzelanwalts eintretenden Rechtsanwalts für alte Mietverbindlichkeiten aus einer Analogie zu § 28 HGB her, auch wenn er nicht in den bestehenden Mietvertrag als weiterer Mieter eintritt.

> OLG Naumburg, Urt. v. 17.1.2006 – 9 U 86/05, MDR 2006, 1320 = ZMR 2007, 116, dazu EWiR 2006, 239 *(Knöfel)*.

725 In einem Leitsatz hat der IX. Zivilsenat des BGH ausgesprochen, eine rückwirkende Haftung berufsfremder Mitglieder einer in der Rechtsform einer BGB-Gesellschaft geführten „gemischten Sozietät" scheide aus (z. B.: drei Anwälte, ein Steuerberater, Frage der Haftung des Steuerberaters für anwaltliche Beratungsfehler aus der Zeit vor seinem Beitritt).

> BGH, Urt. v. 26.6.2008 – IX ZR 145/05, ZIP 2008, 1432 = WM 2008, 1563, dazu EWiR 2008, 523 *(Schodder)*.

Nach den Entscheidungsgründen kann man Zweifel haben, ob der Leitsatz ohne jede Einschränkung gelten soll oder – jedenfalls zunächst – nur für die hier vorliegende besondere Fallgestaltung.

726 Zu § 8 PartGG:

Ist ein Partner nach seinem Eintritt in die Partnerschaft mit der Bearbeitung einer Sache befasst, so haftet er persönlich auch für berufliche Fehler, die vor seinem Eintritt ein anderer Partner in dieser Sache gemacht hat, und zwar auch dann, wenn er sie nicht mehr korrigieren kann.

BGH, Urt. v. 19.11.2009 – IX ZR 12/09, ZIP 2010, 124 = WM
2010, 139 = DB 2010, 101,
dazu EWiR 1010, 89 *(Henssler/Deckenbrock).*

3. Nutzungsüberlassung als Kapitalersatz

Am 28.10.2008 ist das „ Gesetz zur Modernisierung des GmbH-Rechts und **727** zur Bekämpfung von Missbräuchen" (MoMiG) verkündet worden (BGBl I, 2026) und am 1.11.2008 in Kraft getreten. Nach Art. 1 Nrn. 20/22 dieses Gesetzes wurden die §§ 32a und 32b GmbHG a. F. aufgehoben. Fußend auf diesen aufgehobenen Bestimmungen hatte der BGH eine umfangreiche Rechtsprechung zum Eigenkapitalersatz und seinen Folgen entwickelt. Danach ersetzte eine Gesellschafterleistung Eigenkapital der GmbH, wenn die Gesellschafter als ordentliche Kaufleute ihrer Gesellschaft die Mittel statt in Form eines Fremdkredits als Eigenkapital zugeführt hätten. Das war nach der Rechtsprechung des BGH nicht nur bei der Kreditgewährung durch die Gesellschafter, sondern auch bei der Gewährung von Sicherheiten für Fremdkredite u. a. dann der Fall, wenn die Gesellschaft von dritter Seite zu marktüblichen Bedingungen einen nicht von den Gesellschaftern abgesicherten Kredit nicht mehr erhalten hätte und deshalb ohne die Hilfe der Gesellschafter hätte liquidiert werden müssen. Die Leistung durfte dann nach den von der Rechtsprechung zu den §§ 30 f GmbHG entwickelten Grundsätzen nicht aus dem zur Deckung des Stammkapitals erforderlichen Vermögen zurückgewährt werden. Wurde das Insolvenzverfahren eröffnet, waren die im letzten Jahr vor seiner Eröffnung erbrachten Leistungen anfechtbar und der Rückgewähranspruch konnte nicht geltend gemacht werden (§ 32a GmbHG, §§ 129 ff, 135 InsO = § 32a KO).

Weiter hatte der BGH entschieden, dass auch die Gebrauchsüberlassung auf- **728** grund eines Miet- oder Pachtvertrages den Regeln über den Ersatz von Eigenkapital unterliegen kann.

BGH, Urt. v. 16.10.1989 – II ZR 307/88, BGHZ 109, 55, 57 f
= ZIP 1990, 1542 = WM 1989, 1844 = NJW 1990, 516,
dazu EWiR 1990, 371 *(Fabritius).*

Sobald und solange die Gebrauchsüberlassung kapitalersetzenden Charakter **729** hatte, konnte der Gesellschafter das vereinbarte Entgelt nicht verlangen – auch nicht für die Zeit nach Insolvenzeröffnung.

BGH, Urt. v. 14.6.1993 – II ZR 252/92, ZIP 1993, 1072 m. w. N.,
dazu EWiR 1993, 1207 *(v. Gerkan).*

Der Insolvenzverwalter war zwar nicht befugt, die Substanz des im Wege der **730** eigenkapitalersetzenden Nutzungsüberlassung zur Verfügung gestellten Gegenstandes zu verwerten. Verwerten durfte er aber – jedenfalls für eine gewisse Zeit – das Nutzungsrecht, und zwar entweder, indem er die Sache selbst nutzte oder indem er das Nutzungsrecht gegen Entgelt weiterübertrug.

> BGH, Urt. v. 11.7.1994 – II ZR 162/92, BGHZ 127, 1 = ZIP
> 1994, 1441 = WM 1994, 2349 = NJW 1994, 2760,
> dazu EWiR 1994, 1107 *(Fleck)*;
> BGH, Urt. v. 11.7.1994 – II ZR 146/92, BGHZ 127, 17 = ZIP
> 1994, 1261 = WM 1994, 1663 = NJW 1994, 2349,
> dazu EWiR 1994, 1201 *(Timm)*.

Zu weiteren Einzelheiten dieser Rechtsprechung wird auf die Vorauflage verwiesen.

731 § 30 Abs. 1 Satz 3 GmbHG n. F. bestimmt nun ausdrücklich, dass das Verbot, das zur Erhaltung des Stammkapitals erforderliche Vermögen der Gesellschaft an die Gesellschafter auszuzahlen, nicht (mehr) anzuwenden ist auf die Rückgewähr eines Gesellschafterdarlehens und auf Leistungen auf Forderungen aus Rechtshandlungen, die einem Gesellschafterdarlehen wirtschaftlich entsprechen (also auch nicht auf Gebrauchsüberlassungen). Damit ist den dargestellten Rechtsprechungsregeln des II. Zivilsenats des BGH für die Zukunft die gesetzliche Grundlage entzogen. Bei der kapitalersetzenden Gebrauchsgewährung entfällt das Recht des Insolvenzverwalters, die Sache unentgeltlich zu nutzen.

732 Die alten Bestimmungen und die darauf gründenden Rechtsprechungsregeln sind aber nicht obsolet. Das neue Recht ist nämlich nur anzuwenden auf Insolvenzverfahren, die nach dem Inkrafttreten des MoMiG eröffnet worden sind, also nach dem 1.11.2008.

> BGH, Urt. v. 26.1.2009 – II ZR 260/07, BGHZ 179, 249 = ZIP
> 2009, 615 = NJW 2009, 1277 = WM 2009, 609,
> dazu EWiR 2009, 303 *(Habighorst)*.

733 Da die Abwicklung solcher Verfahren oft lange dauert, behalten diese Rechtsprechungsregeln auf Jahre hinaus Bedeutung.

734 Die Neuregelung ergibt sich aus dem Insolvenzrecht, ihr Kern ist der neu eingeführte Abs. 3 des § 135 InsO, der lautet:

> Wurde dem Schuldner von einem Gesellschafter ein Gegenstand zum Gebrauch oder zur Ausübung überlassen, so kann der Aussonderungsanspruch während der Dauer des Insolvenzverfahrens, höchstens aber für die Zeit von einem Jahr ab der Eröffnung des Insolvenzverfahrens, nicht geltend gemacht werden, wenn der Gegenstand für die Fortführung des Unternehmens des Schuldners von erheblicher Bedeutung ist. Für den Gebrauch oder die Ausübung des Gegenstandes gebührt dem Gesellschafter ein Ausgleich, bei der Berechnung ist der Durchschnitt der im letzten Jahr vor der Verfahrenseröffnung geleisteten Vergütung in Ansatz zu bringen, bei kürzerer Dauer der Überlassung ist der Durchschnitt während dieses Zeitraums maßgebend.

735 Die Bestimmung wird wohl nur relevant, wenn der Mietvertrag nach den Regeln der §§ 103 ff InsO beendet worden ist. Dann schafft § 135 Abs. 3 InsO, wenn seine Voraussetzungen vorliegen, eine Art gesetzliches Schuldverhältnis. Der Insolvenzverwalter kann, um Zeit für eine Sanierung zu haben, die Sache ein Jahr lang weiternutzen, aber nicht unentgeltlich, es sei denn, der Gesellschafter hat schon vor der Eröffnung keine Miete erhalten. Die Ausgleichszahlung schuldet nach § 55 Abs. 1 Nr. 1 InsO die Insolvenzmasse.

Es bleiben Fragen offen, vgl.   **736**

> *K. Schmidt*, DB 2008, 1727 ff;
> *Bitter*, ZIP 2010, 1 ff m. N.;
> *Heinze*, ZIP 2008, 110,

die die Rechtsprechung klären muss, die dazu aber wohl erst in einigen Jahren Gelegenheit haben wird. Unklar ist z. B. das Verhältnis von § 135 Abs. 3 InsO, der seinem Wortlaut nach nur die Zeit nach Insolvenzeröffnung betrifft, zu den Regeln über die Insolvenzanfechtung. Es wäre ein merkwürdiges Ergebnis, wenn der vermietende Gesellschafter angefochtene Mietzahlungen aus der Zeit vor Insolvenzeröffnung zurückzahlen müsste, nach der Eröffnung die Masse aber auf Zahlung eines entsprechenden Überlassungsentgelts in Anspruch nehmen könnte. Gerichtliche Auseinandersetzungen wird es geben um die Frage, wann ein Gebäude oder Gebäudeteil für die Fortführung des Betriebes erhebliche Bedeutung hat und ob das im konkreten Fall so ist.

XVI. Verfahrensfragen

1. Urkundenprozess

Mietzinsforderungen können (entgegen Meinungen in der Literatur) im Ur- **737** kundenprozess geltend gemacht werden.

> BGH, Beschl. v. 10.3.1999 – XII ZR 321/97, ZMR 1999, 380
> = NJW 1999, 1408,
> dazu EWiR 1999, 479 *(H.-G. Eckert).*

Der VIII. Zivilsenat des BGH hat sich dem – auch für das Wohnungsmiet- **738** recht – angeschlossen.

> BGH, Urt. v. 1.6.2005 – VIII ZR 216/04, NZM 2005, 661
> = ZMR 2005, 773 = NJW 2005, 2701.

Der VIII. Zivilsenat hat klargestellt, dass Mietforderungen jedenfalls dann, **739** wenn nach den Regeln des Urkundenprozesses davon auszugehen ist, dass der Mieter die Wohnung in vertragsgemäßen Zustand übernommen hat und nur nachträglich eingetretene Mängel geltend macht, nicht nur dann im Urkundenprozess eingeklagt werden können, wenn sich der Mieter wegen dieser Mängel auf Minderung beruft, sondern auch dann, wenn er auf sie die Einrede des nicht erfüllten Vertrages stützt.

> BGH, Urt. v. 20.12.2006 – VIII ZR 112/06, NZM 2007, 161
> = NJW 2007, 1061.

Die Behauptung des beklagten Mieters, die Mietsache sei schon bei der Über- **740** gabe fehlerhaft gewesen, steht der Statthaftigkeit des Urkundenprozesses nicht entgegen, wenn unstreitig ist, dass der Mieter sie rügelos übernommen hat oder der Vermieter dies mit den Beweismitteln des Urkundenprozesses nachweisen kann.

> BGH, Urt. v. 8.7.2009 – VIII ZR 200/08, NZM 2009, 734
> = NJW 2009, 3099 = ZMR 2010, 19 = MDR 2009, 1297.

Nicht statthaft ist der Urkundenprozess, wenn die vom Vermieter zu bewei- **741** sende Überlassung der Mietsache bestritten ist und mit den Beweismitteln des Urkundenprozesses nicht bewiesen werden kann.

> OLG Düsseldorf, Urt. v. 1.4.2004 – 24 U 227/03, ZMR 2004,
> 673.

Das OLG Düsseldorf meint in dieser Entscheidung weiter, der Urkunden- **742** prozess sei auch dann „unzulässig", wenn der Mieter die tatsächlichen Voraussetzungen einer Minderung mit den im Urkundenprozess zulässigen Beweismitteln nachweisen könne. Das leuchtet nicht ohne Weiteres ein. Die Klage im Urkundenprozess dürfte dann in Höhe der geminderten Miete statthaft und begründet sein, evtl. müsste ein Teilurteil ergehen.

Erhebliche Einwendungen des Beklagten (hier: des Mieters), die auf un- **743** streitigen Tatsachen beruhen, sind im Urkundenprozess auch dann – mit der

Folge der Abweisung der Klage – zu berücksichtigen, wenn sie nicht durch Urkunden belegt werden können.

> OLG München, Urt. v. 14.1.2004 – 7 U 4293/03, MDR 2004, 531.

744 Ein in einem selbständigen Beweisverfahren eingeholtes schriftliches Sachverständigengutachten kann in einem nachfolgenden Urkundenprozess nicht als Beweis durch Sachverständige verwertet werden. Zu diesem Zweck als Urkunde vorgelegt, ist es kein im Urkundenprozess zulässiges Beweismittel.

> BGH, Urt. v. 18.9.2007 – XI ZR 211/06, BGHZ 173, 366 = ZIP 2008, 40 = NJW 2008, 523.

745 Den Anspruch auf Einzahlung der Kaution kann der Vermieter im Urkundenprozess einklagen.

> Fischer, in: Bub/Treier, VIII Rz. 41;
> Blank, NZM 2000, 1083, 1084.

746 Ob der Mieter seinen Rückerstattungsanspruch im Urkundenprozess verfolgen kann, ist streitig.

> Dafür: Both, NZM 2007, 156;
> dagegen: Blank, NZM 2000, 1083, 1084.

2. Beweiserhebung zur Miethöhe

747 Beruft sich ein mit der Ermittlung des Mietwertes eines Mietobjektes beauftragter Sachverständiger weniger auf sein Erfahrungswissen, sondern vorrangig auf die für Vergleichsobjekte gezahlte Miete, so muss er diese Vergleichsobjekte grundsätzlich in einer Weise offen legen, die dem Gericht und den Beteiligten eine Überprüfung ermöglicht.

> BVerfG, Beschl. v. 7.4.1997 – 1 BvR 587/95, NJW 1997, 1909
> = ZMR 1997, 341,
> dazu EWiR 1997, 1087 (Sander);
> BGH, Urt. v. 15.4.1994 – V ZR 286/92, NJW 1994, 2899.

748 Abstriche an der Offenlegungspflicht können gerechtfertigt sein, z. B. wenn eine Partei ihre Zweifel nicht hinreichend substantiiert hat oder der Sachverständige eine Offenlegung aus anerkennenswerten Gründen verweigert und die Nichtverwertung des Gutachtens für die beweisbelastete Partei zum Rechtsverlust führen würde. Ein Hinweis des Sachverständigen auf seine berufliche Schweigepflicht allein reicht nicht aus.

749 Eine „Lagebezeichnung ohne Adressenangabe" kann genügen.

> BVerfG, Beschl. v. 7.4.1997 – 1 BvR 587/95, NJW 1997, 1909
> = ZMR 1997, 341,
> dazu EWiR 1997, 1087 (Sander).

750 Zu den Voraussetzungen, unter denen man die unterbliebene Offenlegung der Vergleichsobjekte mit der Revision rügen kann, vgl.

> BGH, Beschl. v. 15.10.1996 – XII ZR 33/95, NJW-RR 1997, 459.

Das Brandenburgische Oberlandesgericht führt in einer Beschwerdeent- **751**
scheidung in einer PKH-Sache aus, der Vermieter könne eine Zahlungsklage
nicht allein damit schlüssig begründen, für eine bestimmte Zeit sei nach dem
Vertrag eine bestimmte Mietforderung entstanden, auf die der Mieter nur
einen bestimmten Betrag gezahlt habe, der Saldo übersteige die Klageforde-
rung. Er müsse vielmehr getrennt angeben, welcher Monat „rückstandsbe-
troffen" sei. Dabei sei er nicht befugt zu bestimmen, auf welchen Monat
Zahlungen des Mieters zu verrechnen seien. Im Zweifel gelte § 366 Abs. 2
BGB.

> OLG Brandenburg, Beschl. v. 15.1.2007 – 3 W 2/07, NZM 2007,
> 685.

3. Klage und Verurteilung zur zukünftigen Leistung

Schuldet der Mieter Nutzungsentschädigung gem. § 546a BGB (dazu oben **752**
Rz. 607 ff), so sind Klage und Verurteilung zur zukünftigen Zahlung der
monatlichen Nutzungsentschädigung bis zur Rückgabe zulässig, obwohl das
Ende der Vorenthaltung nicht absehbar ist.

> BGH, Urt. v. 20.11.2002 – VIII ZR 66/02, NJW 2003, 1395
> = NZM 2003.

Nach Rückgabe des Mietobjekts kann der Mieter mit der Vollstreckungsge- **753**
genklage (§ 767 ZPO) gegen die weitere Zwangsvollstreckung vorgehen.

4. Feststellungsklage

Der Mieter, der meint, die Klauseln zur Abwälzung der Schönheitsrepara- **754**
turen seien unwirksam, kann auf Feststellung der Unwirksamkeit klagen.
Nicht erforderlich ist, dass der Vermieter ihn zur Renovierung auffordert. Es
genügt, dass er sich zu einer Anfrage des Mieters nicht eindeutig erklärt.

> BGH, Urt. v. 13.1.2010 – VIII ZR 351/08, zur Veröffentlichung
> vorgesehen.

5. Einstweilige Verfügungen

Der glaubhaft gemachte Vortrag, Mietrückstände seien uneinbringlich, recht- **755**
fertigt nicht die Durchsetzung des Räumungsanspruchs im Wege einer einst-
weiligen Verfügung.

Ebenso wenig der Vortrag, nach beendetem Hauptmietverhältnis weigere **756**
sich der Untermieter, das Mietobjekt an den Hauptmieter herauszugeben
und nutze es weiter, ohne ein Entgelt zu zahlen

> OLG Düsseldorf, Beschl. v. 26.2.2009 – 10 W 14/09, NZM 2009,
> 818 = ZMR 2009, 444.

6. Gerichtsstand

757 Der Gerichtsstand für die Klage des Vermieters gegen den Bürgen folgt nicht dem besonderen Gerichtsstand für Streitigkeiten über Ansprüche aus Mietverhältnissen über Räume (§ 29a ZPO)

BGH, Beschl. v. 16.12.2003 – X ARZ 270/03, BGHZ 157, 200
= NJW 2004, 1239 = NZM 2004, 299.

7. Streitverkündung gegenüber gerichtlichem Sachverständigen

758 Die Streitverkündung einer Partei gegenüber einem gerichtlichen Sachverständigen zur Vorbereitung von Schadensersatzansprüchen wegen angeblich fehlerhafter Gutachterleistungen, die er im selben Rechtsstreit erbracht hat, ist unzulässig. Die Zustellung einer solchen Streitverkündungsschrift wäre rechtswidrig.

BGH, Beschl.v.19.12.2006 – VIII ZB 49/06, NZM 2007, 211
= NJW 2007, 919.

8. Schlichtungsvereinbarung

759 Eine Schlichtungsvereinbarung in einem Miet- oder Pachtvertrag begründet eine von dem Beklagten zu erhebende prozessuale Einrede (ist also nicht von Amts wegen zu berücksichtigen), die die Klagbarkeit vorübergehend ausschließt – anders als eine Schiedsvereinbarung, die die Entscheidung einem Schiedsgericht überträgt. Ist die Schlichtungsvereinbarung allgemein und weit gefasst, ist sie im Zweifel dahin auszulegen, dass sie auch für einen Streit über die Wirksamkeit des Vertrages gelten soll, in dem sie enthalten ist.

BGH, Urt. v. 29.10.2008 – XII ZR 165/06, NZM 2009, 277
= MDR 2009, 284.

9. Kosten

760 Bei der Wertberechnung für Räumungsklagen nach § 41 Abs. 2 GKG ist, wenn die „streitige Zeit" länger ist als ein Jahr und die Miete – z. B. bei Staffelmietverträgen – während dieser Zeit unterschiedlich hoch ist, der höchste Betrag anzusetzen, der in der streitigen Zeit innerhalb eines Jahres angefallen ist.

BGH, Beschl. v. 21.9.2005 – XII ZR 256/03, ZfIR 2006, 111
(m. Anm. *Eckert*, S. 113) = NZM 2005, 944 = ZMR 2006, 28.

761 Zu den Kosten des Rechtsstreits gehören grundsätzlich auch die Kosten eines vorausgegangenen selbständigen Beweisverfahrens, wenn die Parteien des Beweisverfahrens und des Hauptprozesses identisch und die Streitgegenstände beider Verfahren auch nur teilweise identisch sind.

762 Das gilt auch, wenn im Hauptprozess die Klage zurückgenommen worden ist. Die dann auf Antrag zu erlassende Kostenentscheidung nach § 269 Abs. 4 ZPO umfasst auch die Kosten des selbständigen Beweisverfahrens.

Über die Kosten des selbständigen Beweisverfahrens ist nur ausnahmsweise **763** gesondert zu entscheiden, wenn der Antragsteller dieses Verfahrens nach Ablauf einer ihm gesetzten Frist keine Hauptsacheklage erhoben hat (§ 494a ZPO).

> BGH, Beschl. v. 13.12.2006 – XII ZB 176/03, FamRZ 2007, 374
> = NJW 2007, 1279;
> BGH, Beschl. v. 10.1.2007 – XII ZB 231/05, GE 2007, 440 =
> ZMR 2007, 266.

Werden in einer Klage auf Zahlung von Miete alle Rechtsanwälte, die den **764** Mietvertrag als GbR abgeschlossen haben, persönlich als Gesamtschuldner in Anspruch genommen, kann sich jeder selbst vertreten. Ihr Kostenerstattungsanspruch kann dann aber insgesamt auf den Betrag beschränkt sein, der angefallen wäre, wenn sie einen gemeinsamen Prozessbevollmächtigten beauftragt hätten. Dies ergibt sich aus der aus dem Prozessrechtsverhältnis abgeleiteten Verpflichtung jeder Partei, die Kosten, die ihr im Falle ihres Obsiegens vom Gegner zu erstatten sind, so niedrig zu halten, wie es ihr zumutbar ist. Im Einzelfall kann etwas anderes gelten, zum Beispiel, wenn Interessenskonflikte zwischen den beklagten Rechtsanwälten in Betracht kommen.

> BGH, Beschl. v. 2.5.2007 – XII ZB 156/06, NZM 2007, 565
> = ZMR 2007, 680 = NJW 2007, 2257.

Stichwortverzeichnis